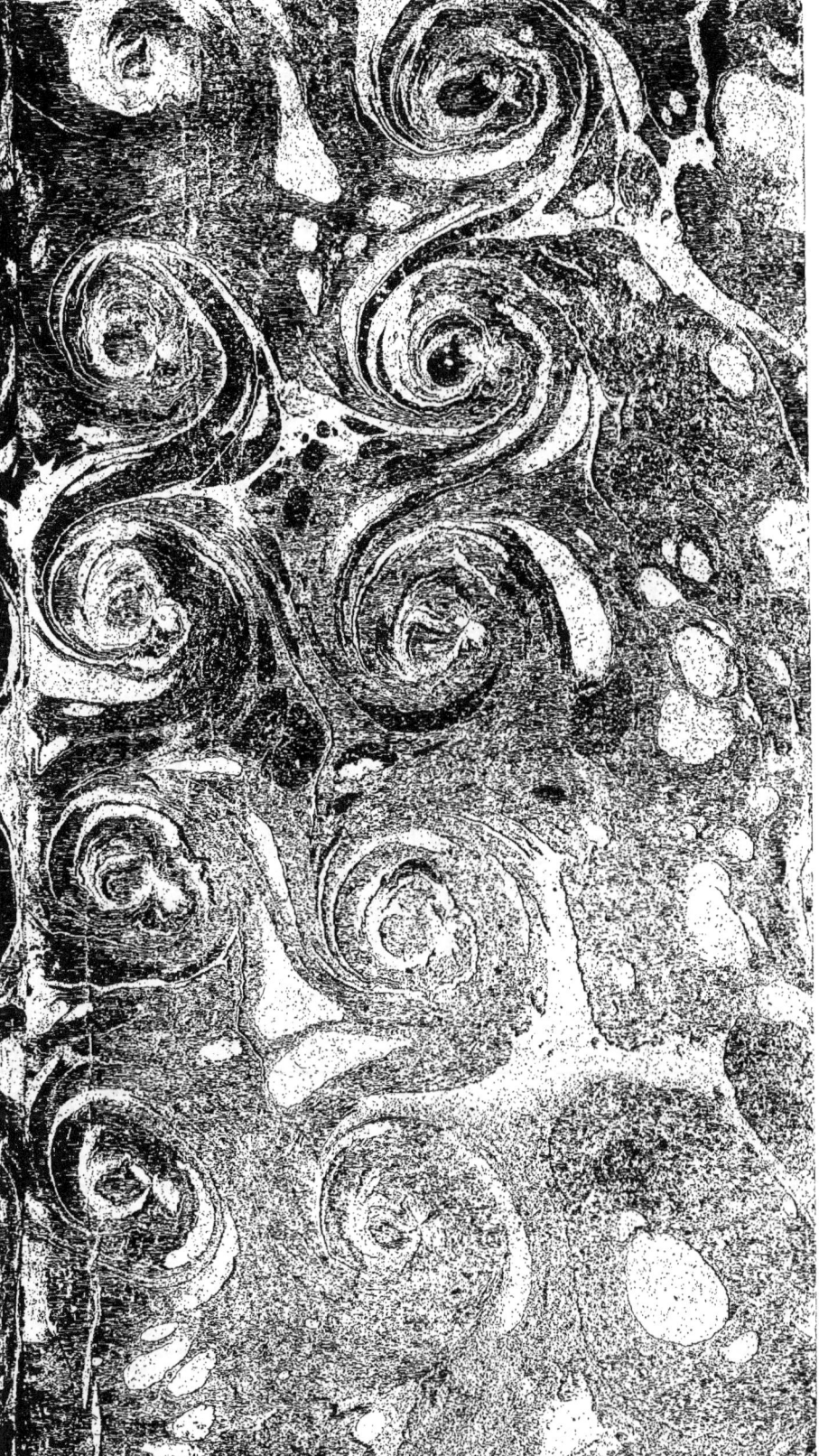

2857^a
S.A

INSTRUCTIONS
POUR
LES JEUNES DAMES

Qui entrent dans le Monde, se marient, leurs devoirs dans cet état & envers leurs Enfans;

Pour servir de Suite

AU MAGASIN DES ADOLESCENTES:

PAR

Mme LE PRINCE DE BEAUMONT.

TOME QUATRIÉME.

A PARIS,

Chez DESAINT & SAILLANT, rue S. Jean de Beauvais, vis-à-vis le Collége.

MDCCLXIV.
Avec Approbation & Permission.

SUITE DU MAGASIN DES ADOLESCENTES.

QUATORZIÉME JOURNÉE.

Toutes les écoliéres rassemblées.

Madem. BONNE.

LADY *Mary*, dites-nous la leçon du Saint Evangile. Renouvellons notre attention, Mesdames.

Lady MARY.

Vous avés appris qu'il a été dit: œil pour œil, & dent pour dent; & moi, je

Tom. IV. A vous

vous dis de ne point chercher à vous venger de celui qui vous traite mal ; mais si quelqu'un vous donne un soufflet sur la jouë droite, présentés-lui encore l'autre. Si quelqu'un veut plaider contre vous pour avoir votre robe, laissés-lui encore emporter votre manteau. Donnés à celui qui vous demande, & ne rejettés point celui qui veut emprunter de vous. Aimés vos ennemis ; faites du bien à ceux qui vous haïssent ; priés pour ceux qui vous persécutent.

Miss SOPHIE.

Là, ma Bonne, pouvés-vous dire que ces préceptes soient pratiquables ? Si j'avois un fils, pourrois-je lui dire : si on vous donne un soufflet sur la jouë droite, présentés la gauche ?

Madem. BONNE.

Non, Madame ; il faut lui dire : si on vous donne un soufflet, passés votre épée au travers du corps de celui qui vous le donnera. Il est vrai que vous tuerés un homme qui probablement n'est pas dans la grace de Dieu ; mais qu'importe qu'une âme rachetée du sang de Jésus-Christ soit éter-

éternellement damnée, pourvûque votre réputation soit sans tache ?

Lady LOUISE.

A Dieu ne plaise, ma Bonne, que nous pensions ainsi ; mais ce point est le plus délicat de tous ceux que nous puissions traiter : je vous prie, discutons-le à fond. Ces paroles de Jésus, sont-elles un précepte, ou devons-nous les regarder comme des conseils qui ne regardent que les parfaits ?

Madem. BONNE.

Il faut distinguer, Madame. Présenter l'autre joüe quand on nous a souffleté sur une, est une maniére de s'exprimer, qui veut dire, à ce que je crois ; exposés-vous plûtôt à une seconde injure, que de la repousser par une injure ; & voici sur quoi je me fonde, c'est que Jésus ayant reçû un soufflet dans le cours de sa passion, ne présenta pas l'autre joüe, ce qu'il eût fait, assûrement, s'il l'avoit ordonné à la lettre. Un chrêtien qui céde quelque chose de ses droits pour éviter un procès, fait fort bien; il céde sa robe à celui qui lui prend son manteau. Mais c'est un conseil : on peut plaider sans crime, pourvûque ce soit sans animosité ; on doit même plaider lorsqu'on est chargé d'un bien qui ne nous appartient pas. Ainsi le tuteur est obligé de plaider pour son pupille, l'homme d'église pour défendre le bien des pauvres, le magistrat pour les droits de sa charge ; mais encore un coup, cela est bien délicat, & les personnes qui sont dans ce cas, doivent veiller bien exactement sur elles-mêmes pour ne pas confondre l'intérêt de leur amour propre avec celui de la justice. A l'égard de ces paroles, *aimés vos ennemis*, &c. gardés-vous de les regarder comme un conseil : c'est un des préceptes les plus positifs de l'Evangile, & sans l'accomplissement duquel, il est impossible d'entrer dans le royaume des cieux.

Lady CHARLOTTE.

Mais, ma Bonne, c'est vous qui décidés que ceci est un précepte dont l'accomplissement est nécessaire à salut : ces derniéres paroles n'ont rien de plus positif que les autres ; pourquoi appeller les unes des conseils, & les autres un précepte ?

Madem. BONNE.

Si je cherchois à vous tromper, Mesdames, j'y aurois bien de la difficulté : grace à à Dieu ! vous ne laiſſés rien paſſer, & j'en ſuis charmée. L'erreur cherche à ſe diſſimuler les objections, parcequ'elle ne peut pas les réſoudre ; la vérité au contraire gagne à être diſcutée ſcrupuleuſement. Voici d'où je conclus, Madame, que le pardon des ennemis eſt de précepte & de néceſſité abſoluë pour le ſalut : *Pardonnés-nous nos offenſes, comme nous pardonnons à ceux qui nous ont offenſé.* Comment, ſouhaités-vous que Dieu vous pardonne, ma chère, pleinement, parfaitement, ſans reſtriction, ſans détour ? c'eſt ainſi que vous devés pardonner à vos ennemis. La méſure du pardon que vous leur accorderés, ſera la méſure de celui que Dieu vous accordera. O vous qui conſervés une haine ſécrette dans votre cœur, ne ſoyés pas aſſés hardies pour dire cette divine prière ! En répétant ces paroles, vous diriés à Dieu : conſervés une haine ſécrette contre moi ; ne me pardonnés pas ſincérement.

Lady LOUISE.

Cela fait frémir, & nous autres femmes, nous ſommes bienheureuſes de pouvoir pardonner tout autant qu'il nous plaît ; mais les pauvres hommes, que faut-il qu'ils deviennent? Le monde a établi qu'ils sont déshonorés s'ils ne se vengent pas. Oh! que la condition d'une mère est malheureuse! Si elle dit à son fils: mon enfant, soyés chrêtien; c'est comme si elle lui disoit: mon fils, perdés l'estime de tous les honnêtes gens; faites-vous chasser de partout, bafouer de tout le monde; rendés-vous incapable de conserver un emploi si vous l'avés obtenu.

Madem. BONNE.

Il n'y a pourtant pas à choisir, Madame. Si vous trouvés qu'il est dur de lui dire: risqués tout plûtôt que de perdre la grace de Dieu; voyons si vous aurés le front de lui tenir le langage opposé. Dites-lui si vous l'osés: mon fils, la disgrace de Dieu est une bagatelle au prix de l'estime des hommes. Exposés-vous à la haine de votre créateur, à être damné pour toute l'éternité plûtôt que de faire croire que vous êtes un lâche. Oh, Mesdames! que ne puis-je faire entendre ma voix à tous les Rois du monde! Je leur dirois: O vous que le maître de l'univers a établi pour ses Lieutenans, qu'il a revétu de son autorité visible pour le faire craindre, aimer & servir: souvenés-vous que vous
lui

lui répondrés de tous les désordres qui se commettent, & que vous pouviés empêcher. Vainement avés-vous fait des édits qui paroissent très-sevéres pour éviter les duëls, ou même ce que l'on a trouvé moyen de faire passer pour rencontre; vous n'êtes point en sûreté de salut si vous n'en cherchés de plus efficaces pour déraciner le faux point d'honneur.

Lady LUCIE.

Mais, ma Bonne, que voulés-vous que fassent les Rois ? Ils condamnent à mort les duëllistes : que peuvent-ils faire de plus ?

Madem. BONNE.

Et ils souffrent qu'un homme qui obéit à leur ordonnance en refusant de se battre, soit déshonoré ? O vous qui approchés de la personne des Rois, qu'ils honorent de leur confiance, qu'ils accablent de leurs bienfaits : répondés à leurs bontés en leur répétant ce que je vais dire, ou craignés de participer aux fautes que la négligence leur fait commettre à cet égard. On ne guérit un mal que par son contraire. La crainte d'être déshonoré, force un homme à s'exposer à l'enfer, à la mort, ou tout au moins à l'exil. Que la crainte de la honte arrête cet excès ! On m'a dit que la Reine de Hongrie a trouvé par-là le moyen d'extirper les duels : si cela est, que Dieu la bénisse ! si cela n'est pas, qu'il lui inspire le désir de faire ce que l'on suppose qu'elle a fait !

On dit donc que dans les Etats de la Reine de Hongrie, un homme qui en insulte un autre, est déshonoré pour jamais. S'il a donné un soufflet, le bourreau lui rend ce soufflet ; s'il a dit une injure, le bourreau lui rend publiquement cette injure. Que cet usage est bien propre à reprimer la brutalité d'un jeune emporté qui croit s'honorer en brusquant tout le monde ! Mais si j'étois législatrice de toute l'Europe seulement pour vingt quatre heures, je ne me contenterois pas de cela. Non seulement celui qui a insulté, souffriroit une peine infamante, mais aussi celui qui auroit repoussé l'insulte. On coupe la tête à un duëlliste ; bagatelle ! le faux honneur est plus fort que la crainte de la mort. Au lieu de lui couper la tête, je le ferois mettre au carcan deux fois chaque semaine pendant dix ans : je ferois subir la même peine à ceux qui refuseroient de servir avec un autre qui n'auroit pas
voulu

voulû se battre par la crainte de désobéïr & à son Dieu & à son Roi; & bientôt les duëls seroient absolument abolis. Vous savés, Mesdames, que les Indiens ont eû de tous tems une coûtume fort barbare: les femmes se brûlent toutes vivantes avec le corps mort de leur mari. Ce n'est pas qu'il y ait une loi qui les y oblige; mais celles qui refuseroient de se sacrifier ainsi, seroient déshonorées, & la crainte de l'infamie l'a toûjours emporté chés elles sur l'horreur d'une mort cruëlle. Un Roi dans une partie des Indes résolût à quelque prix que ce fût, d'abolir cette coûtume barbare, & après y avoir employé inutilement son autorité, il s'avisa d'un moyen qui lui réussit : ce fût de faire publier qu'il ne donneroit la permission de se brûler, qu'aux femmes qui lui auroient fait dire en secret qu'elles avoient été infidélles à leurs maris. La crainte d'être soupçonnées d'adultére, arrêta cette cruëlle manie, & depuis ce tems-là, les femmes de ce canton ont perdu la fantaisie de se brûler.

Miss BELOTTE.

Quelle rage de se brûler avec un mari mort, quand cela ne peut lui rapporter aucune utilité !

Madem. BONNE.

Quelle rage de s'exposer à être tué ou à tuer un autre pour une parole qui ne nous a fait aucun mal réel !

Lady LOUISE.

Je conviens avec vous, ma Bonne, qu'il n'y a rien de plus contraire, je ne dis pas seulement au christianisme, mais encore à la raison. Cependant, ma Bonne, il a plû aux hommes des derniers tems de déshonorer celui qui ne le fait pas. En attendant qu'il plaise aux Princes d'établir les bonnes loix que vous venés de prescrire, que devons-nous dire à nos enfans ?

Madem. BONNE.

Demandés-le à Jésus-Christ, Madame. Peut-on faire une telle question après qu'il a parlé si positivement ? Il faut leur dire, qu'il vaudroit mieux perdre mille fois sa réputation que de commettre un seul péché,
même

même véniel, de propos délibéré, à plus forte raison, plûtôt que de commettre un crime. Mais, Mesdames, il est un moyen presque sûr de préserver vos enfans de l'occasion de se battre, sur quoi je vous prie de faire une remarque.

Il est certain qu'un homme qui refuseroit de se battre un jour de bataille, seroit un lâche, & mériteroit d'être méprisé parcequ'il préféreroit sa vie à son devoir. Sur le pied où les choses sont aujourd'hui, refuser de faire mettre l'épée à la main à un homme qui a offensé, est une lâcheté pour tout homme qui ne s'en abstiendra pas, ou par religion, ou par raison. Cet homme méritera donc d'être méprisé parcequ'il préfére sa vie à son honneur. Or je vous le demande : la plûpart de nos jeunes gens, auroient-ils bonne grace d'alléguer la religion ou la raison pour motifs de leur modération en certains cas, eux qu'on voit depuis le matin jusqu'au soir fouler aux pieds tout ce qu'elles ont de plus sacré ? La religion & la raison qui défendent d'exposer sa vie autrement que par devoir, défendent aussi de jurer, de s'enyvrer, de se mettre en colére, de blesser la chasteté & la décence. Un homme vraiment religieux a une égale horreur pour tous ces déréglemens. Il ne se trouve point dans les lieux où naissent ordinairement les quérelles, tels que sont les maisons de jeu, de débauches, les bals, les danses. La charité ne lui permet point de critiquer la conduite de ses camarades, de badiner de leurs défauts, de relever leurs fautes ; au contraire, il est doux, complaisant, ne s'occupant que des moyens de rendre service. Comment voulés-vous qu'on cherche quérelle à un tel homme ? au contraire, il se fera respecter, aimer de tous ses compagnons ; c'est le propre de la vertu quand elle est réelle. Mais si cet homme si doux, si modéré dans la société, ne s'épargne pas lorsqu'il est question du service ; si on le voit intrépide, gai, tranquille au milieu des occasions dangéreuses : un tel homme sera à l'abri de toute affaire. Je le répéte, les plus libertins lui laisseront prendre sans s'en appercevoir, un certain ascendant sur eux, qu'ils sentiront d'autant moins qu'il sera incapable d'en abuser jamais. C'est à vous, Mesdames, de former de tels hommes pour l'Etat, & alors vous n'aurés pas besoin de leur inculquer le grand précepte qui vous effraye actuellement. Votre fils pénétré de l'horreur du péché en général, n'exceptera aucun

crime

crime de ceux qu'il est déterminé à fuir; & s'il falloit en commettre un, je ne dis pas pour conserver son emploi, mais pour acquérir une couronne, il en auroit la même frayeur.

Lady LUCIE.

Je conviens que ce moyen seroit le plus efficace, assûrement; mais, ma Bonne, une mère, est-elle la maîtresse d'élever ses fils comme il faut? On les lui arrache lorsqu'ils commencent à peine à raisonner pour les mettre à des études séches; entre les mains du fils d'un païsan grossier, ou tout au plus d'un vil artisan décoré du titre de gouverneur; sous l'inspection de maîtres trop occupés pour avoir le tems de former le cœur & les mœurs de leurs élèves, & en compagnie de jeunes gens mal-disciplinés, & qui n'ont d'autre éducation que celle qu'on lui prépare à lui-même, c'est-à-dire, la plus mauvaise qu'il soit possible d'imaginer quand même on s'appliqueroit exprès à chercher le plan d'éducation le plus vicieux.

Madem. BONNE.

Les pères qui ôtent les garçons à leurs mères,

mères, ont-ils tort, Mesdames? Quel profit tireroient-ils de l'éducation maternelle? Une femme qui se couche à une heure, se léve à neuf ou à dix, court toute la journée, & s'applaudit quand elle a donné deux heures par jour à ses enfans; une telle mère, est-elle bien capable d'élever ses fils? Cette femme sotte, puérile, ignorante, qui n'a jamais lû que des romans, pourroit-elle former l'esprit & le cœur d'un jeune homme? Qu'apprendroit-il dans la compagnie d'une telle mère? à médire, à disserter gravement sur des bagatelles: ç'a donc été une nécessité aux pères d'ôter à leurs épouses l'éducation de leurs fils. Aujourd'hui l'usage a prévalû, & c'est à cet usage fatal qu'on doit attribuer la dépravation de nos mœurs. Oui, Mesdames, c'est la mauvaise éducation des écoles, le choix des mauvais gouverneurs qui corrompent toute une nation, qui étouffent toute semence de vraye vertu dans les cœurs.

Miss CHAMPETRE.

Ah, ma Bonne! vous n'êtes pas tout à fait équitable: j'avoue que nous ne valons pas grand chose; mais encore y a-t-il

chés

chés nous des vertus. On y trouve de l'humanité, de la charité, de la droiture. La dépravation des mœurs n'a pas tellement gagné, qu'on n'y voye encore des hommes qui pourroient fervir de modéles.

Madem. BONNE.

Je ne vous ai pas raſſemblées, Meſdames, pour vous faire des complimens, mais pour vous inſtruire, & pour le faire même ſans ménagement toutes les fois que la politeſſe & les égards pourroient vous nuire. J'ai reçû des marques d'affection des Anglois autant que j'en devois attendre de leur caractère ; ils m'ont par-là impoſé la loi de ne les point flatter. Le déſir de les voir répondre aux vûës de la nature ou plûtôt de la providence, me force à vous dire des choſes extrêmement dures. Souvenés-vous, s'il vous plaît, que la charité a ſon éguillon, qu'elle bleſſe quelquefois dans l'intention de guérir.

Vous voyés des vertus en Angleterre, dites-vous ; mais y voyés-vous des vertus réelles ? Pour moi, je n'y apperçois que des actions de tempérament & de caprice, (à peu de choſe près, car il n'y a point de régle ſans exception.) J'ai conſidéré,

exa-

examiné les Anglois dans la racine, si je puis m'exprimer ainsi, & je puis dire avec vérité qu'ils naissent vertueux : le physique de leur être est susceptible des plus grandes vertus. Ils naissent tendres, compatissans, dociles ; ils n'ont point cette horreur de l'étude qu'on remarque chés les autres peuples : les vices sont, pour ainsi dire, étrangers à leur naturel. Que devient cet heureux fond ? L'éducation le gâte : châque année voit affoiblir ces heureuses dispositions ; mais elles ne s'effacent pas si absolument en tous, qu'il n'en reste quelques traces qui produisent des vertus de tempérament. Heureux, si la fougue des passions n'interceptoit pas le plus souvent ces bonnes dispositions !

Lady SPIRITUELLE.

Vous me faites souvenir, ma Bonne, d'un roman ou d'une histoire que Papa lisoit il y a quelques jours. C'étoit celle d'un jeune Anglois. *Il apprit dans les écoles*, dit l'auteur, *le Latin, le Grec, la Rhétorique, la Logique, la Philosophie &c. mais on ne lui enseigna point à se connoître lui-même, & à vaincre ses passions, car on n'apprend point cela dans les écoles.* Cet

hom-

homme avec les dispositions les plus heureuses fût le malheureux jouet des passions toute sa vie : c'est un mêlange perpétuël de grandes actions, de foiblesses puériles ; en un mot, c'est un haut & un bas perpétuël.

Madem. BONNE.

C'est un beau cheval sans frein, auquel il eût été facile d'en donner un dans la jeunesse, & qui faute d'avoir été soûmis au joug de bonne heure, devient inutile, & même pernicieux à la société.

Lady CHARLOTTE.

Mais, ma Bonne, les choses, sont-elles autrement chés les François ? Sont-ils mieux élévés que nous ?

Madem. BONNE.

Un fort petit trajet vous sépare de la France, Mesdames, & cependant le feu & l'eau ne sont pas plus dissemblables que le François ne l'est de l'Anglois. Le François, comme le dit Madame *de Grafigné*, semble s'être échappé des mains du créateur lorsqu'il n'avoit encore employé que
l'air

l'air & le feu pour former son corps. Aussi l'éducation en France est beaucoup plus difficile à donner qu'en Angleterre. Fixer la tête d'un jeune François, c'est vouloir fixer le vif-argent : elle reçoit tout, ne retient rien, ne s'imprime rien fortement, prend toute la superficie des choses, n'approfondit rien assés pour prendre des impressions durables ; tout l'affecte, mais légérement : il est séduit cent fois par jour, & la séduction n'a pas de durée ; on peut le faire changer d'objet à châque moment sans pouvoir l'arrêter à un seul. Il paroîtra fortement pénétré de certains principes ; n'en croyés rien, il ne vous dira son dernier mot qu'environ à trente ans : alors la fougue des passions étant calmée, le mercure de sa tête étant évaporé, il récapitulera tout ce qu'il aura vû, entendu. Comme il ne tenoit à rien, & n'avoit fait que tout effleurer, il n'aura pas de sistéme à détruire : le bon trouvera une tête & un cœur libre pour s'y loger sans résistance. L'Anglois est tout le contraire ; tout prend chés lui de si fortes racines qu'il n'est plus possible de rien arracher à un certain âge. Ainsi on a besoin en France plus qu'en Angleterre de soustraire les jeunes gens à l'occasion de malfaire jusqu'à un certain âge,

âge, parceque les raisons les plus fortes, les motifs les plus preſſans, ne faiſant que gliſſer ſur leur eſprit, ne peuvent l'arrêter. En Angleterre, ces raiſons & ces motifs ſeront entendus, goûtés, & feront une impreſſion que rien ne ſera capable de détruire. Mais ſi malheureuſement on donne à un enfant de faux principes; ſi on lui laiſſe contracter de mauvaiſes habitudes: le mal eſt, pour ainſi dire, ſans reméde, & les premiéres impreſſions ſont ineffaçables. Jugés par-là, Meſdames, de quelle conſéquence il eſt de veiller ſur vos enfans.

Miſs CHAMPETRE.

Je conviens de tout ce que vous dites, ma Bonne. Mais enfin, le préjugé a prévalû: en vain réunirions-nous les plus grandes qualités; on ne nous abandonnera pas l'éducation de nos garçons. Ce malheureux Latin qu'il faut qu'ils apprennent, nous ne pouvons le leur enſeigner; nous ne le ſavons pas, & je ne ſuppoſe pas que vous vouluſſiés nous aſſujettir à l'apprendre.

Madem. BONNE.

Et pourquoi non, Meſdames? Vous

vous êtes bien données la peine d'apprendre le François. Pouvés-vous rien trouver de trop pénible lorsqu'il s'agira de conserver l'innocence de vos fils, de vous mettre en état de former leur esprit & leur cœur ?

Lady LOUISE.

Vous badinés, ma Bonne. Ne voyons-nous pas les jeunes gens employer plusieurs années à l'étude de la langue Latine qu'ils entendent pourtant assés mal au sortir du collége ? Comment pourrions-nous l'apprendre à notre âge ?

Madem. BONNE.

Comme vous avés appris le François, Laissés-là toutes ces méthodes de colléges, & prenés celle que le bon sens vous dicte. Il en est parmi vous, Mesdames, quelques-unes qui entendent cette langue, & que je ne nommerai pas, parcequ'elles ne veulent pas se singulariser : elles l'ont appris en badinant, en suivant la méthode que je leur ai préscrite. J'avoue qu'elles ne le parlent pas ; mais elles le lisent & le traduisent aussi aisément que leur langue naturelle. Si elles ont des garçons, elles les met-

mettront dans une année en état de lire le Latin & d'entendre quelques auteurs : leurs époux charmés de ces progrès, leur abandonneront fans peine une éducation dont elles s'acquittent fi bien. Un bon gouverneur fuppléera fous leurs yeux à ce qu'elles ne pourront faire. Je dis fous leurs yeux, Mefdames. Une mère, maîtreffe d'école, ne doit point perdre de vûë fes enfans. Repas, promenades, vifites, études, elle doit veiller fur tout, & le fruit de fes peines feront des enfans vertueux, éclairés, capables de tout ce que leur naiffance exigera d'eux, refpectés dans le Public qui bénira leur mère, & en état de perpétuer pendant les fiécles entiers la bonne éducation qu'ils auront reçû.

Lady LOUISE.

Vous me féduifés, ma Bonne. La fin de votre difcours a fait difparoître ce que le commencement avoit de dur. Oh que j'avois befoin d'être encouragée ! Je vous dirai pourquoi à la fin de la leçon.

Madem. BONNE.

Allons, Mefdames, foulons aux pieds
le

le préjugé ; sacrifions des amusemens frivoles à des biens solides, & cherchons dans le Saint Evangile des motifs nouveaux de le faire avec moins de répugnance. Continués, Lady *Mary*.

Lady MARY.

Il faut que je répéte le dernier verset, ma Bonne, car il est lié avec ce qui suit. Aimés vos ennemis, faites du bien à ceux qui vous persécutent, & priés pour ceux qui vous haïssent, afin que vous soyés enfans de votre père qui est dans le ciel, qui fait léver son soleil sur les bons & sur les méchans, & fait pleuvoir sur les justes & les injustes. Car si vous n'aimés que ceux qui vous aiment, quelle récompense en aurés-vous ? Les publicains, ne le font-ils pas aussi ? Et si vous ne salués que vos frères, que ferés-vous en cela de particulier ? Les payens, ne le font-ils pas aussi ? Soyés donc parfaits vous autres, comme votre père céleste est parfait.

Lady MARY.

Cela n'est pas possible, ma Bonne, d'être parfait comme le père céleste. Il est
Dieu,

Dieu, & nous sommes de foibles créatures.

Madem. BONNE.

Pour répondre à votre question, ma chère, je vais achever mon conte de fée. Cette difficulté y est résolûe.

Le royaume de Lutésie étoit soûmis à douze fées qui tour à tour y exerçoient leur empire un mois de l'année. Six de ces fées étoient du plus mauvais naturel qu'on puisse imaginer. Ce n'étoit point en ôtant les biens, la santé, & les autres avantages extérieurs aux Lutésiens, qu'elles signaloient leur méchanceté : elles étoient trop éclairées pour regarder comme un mal réel, la perte de ces avantages frivoles. Pour rendre les hommes misérables à coup sûr, elles s'appliquoient à les rendre vicieux. Tel qui étoit honnête homme dans une condition médiocre, devenoit par le secours d'une de ces six fées, favori de *Plutus*, & voyoit disparoître sa probité avec son indigence. Une fille trop occupée de sa beauté étoit prête à la perdre par une petite vérole ou quelque autre accident : elles lui présentoient avec empressement, des remédes sûrs pour conserver des traits qui devoient occasionner sa perte. Avant le régne d'*Aris*, les Lutésiens dont le défaut n'étoit pas de trop réfléchir, avoient été dupes de la malice de ces fées; on les croyoit les meilleures personnes du moude, toûjours prêtes à accorder aux hommes les choses qui sont les objets de leurs désirs. *Aris* étoit enfin parvenû à faire comprendre à ses sujets, que le plus souvent les avantages extérieurs sont des dons funestes & empoisonnés. Il s'étoit servi de l'expérience pour les en convaincre, & les méchantes fées qui jusqu'alors avoient été l'objet de la vénération des Lutésiens, leur étoient devenues suspectes & ensuite odieuses. On peut imaginer quelle devoit être leur rage contre *Aris*; on ne peut la décrire. La haine d'un méchant homme est sans doute très-dangéreuse; mais ce n'est rien, en comparaison de la haine d'une méchante femme. Quelle devoit être la situation d'*Aris*, qui se voyoit entouré, obsédé par six furies femelles que l'intérêt, la vanité, animoient contre lui!

Quelle grimace feront les Dames en lisant cet article! La vérité est offensante, j'en conviens: je leur demande pardon de le dire; mais je suis femme, & puisque je
re-

reconnois les défauts de mon sexe, j'ai droit d'en parler.

Outre ces six méchantes fées dont *Aris* avoit à se défendre, deux autres mois de l'année étoient sous la domination de deux fées qui sans être aussi méchantes que les premiéres, ne lui donnoient pas moins d'embarras. Elles avoient de ces caractères équivoques qu'il n'est pas possible de définir. La legéreté en faisoit la base. Des passions violentes dans leurs accès, mais qui n'avoient pas plus de consistence que leur caractère, sembloient leur en donner un nouveau dix fois par jour. Elles aimoient passionnement le matin une chose dont elles ne se soucioient pas le soir, & qu'elles haïssoient le lendemain. Leur âme molle se prêtoit avec facilité aux nouvelles impressions, & l'on pouvoit deviner le soir à coup sûr par les dispositions où elles étoient, du caractère de ceux avec lesquels elles avoient passé la journée. Elles ne vouloient le bien ou le mal que par occasion, car elles n'étoient ni vertueuses ni méchantes : l'objet présent les déterminoit. Tout entroit dans leur âme ; rien ne s'y fixoit. J'ai dit que ces deux fées donnoient plus d'embarras à *Aris* que les six méchantes, parcequ'avec des personnes de ce caractère on ne peut se faire un plan de conduite : il seroit plus facile de fixer le mercure que leurs pensées, & on leur déplaît souvent, par les mêmes choses qui avoient mérité leurs bonnes graces deux jours auparavant.

On auroit peine à se persuader qu'*Aris* eût pû échapper à la méchanceté décidée des six premiéres fées, & aux inconséquences de la conduite des deux autres ; mais jamais les Dieux qui permettent les maux, ne manquent d'y apporter le reméde. Les mois de Janvier, d'Avril, Juillet & Novembre, étoient gouvernés par quatre fées qui réunissoient en elles tout ce qui pouvoient en faire des chefs-d'oeuvres. Quatre contre huit, disent mes lecteurs, c'est bien peu. Ceux qui raisonnent ainsi, n'ont pas fait réflexion à la supériorité que la vertu a sur le vice. Un honnête homme fait trembler dix scélérats : il a sur eux un ascendant auquel ils ne peuvent se dérober ; & *Aris* avec le secours de ces bonnes fées, triompha de la malice des autres, & vint à bout de remédier au mal qu'elles faisoient à ses sujets. Ils étoient devenus heureux, c'est-à-dire vertueux, car ces deux mots sont synonymes, & on peut les employer l'un

pour

pour l'autre ; & comme rien n'eſt plus vrai que la maxime qui eſt à la tête de cet ouvrage, *du bonheur que l'on fait, le nôtre naît toûjours*, Aris étoit heureux du bonheur de ſes ſujets. Cependant, comme la félicité des hommes ne peut être ſans nuage, celle d'*Aris* & de *Mithra* étoit troublée : ils aimoient tendrement leurs ſujets, & ne pouvoient penſer ſans douleur qu'ils étoient ménacés de tous les maux qu'entraînent néceſſairement une guerre civile. *Aris*, précieux reſte d'une famille chère aux Lutéſiens, *Aris* n'avoit point d'enfans, & dix ans de ſtérilité ſembloient ôter à *Mithra* tout eſpoir d'en avoir jamais. Ils gémiſſoient ſouvent enſemble de ce qu'ils prévoyoient devoit arriver après leur mort, & ils ne ceſſoient de demander aux Dieux un héritier auquel ils pûſſent tranſmettre avec leur ſang, les vertus qu'ils s'efforçoient d'acquérir. Les Lutéſiens joignoient leurs priéres aux leurs, mais moins éclairés que leurs Souvérains : ils ne pouvoient comprendre que les Dieux eûſſent de bonnes raiſons de rejetter leurs demandes, & pluſieurs d'entre eux étoient tentés de murmurer contre leurs ordres.

Un jour *Uranie*, la plus ſage des quatre fées, vint au palais. Elle trouva le Roi & la Reine environnés d'une foule nombreuſe qui en se livrant à la joye de trouver des pères dans leurs Souvérains, gémissoit du malheur de ceux qui devoient naître, & qui ne pouvoient espérer un tel bonheur. La fée qui avoit le meilleur coeur du monde, fût attendrie, & mêla ses larmes avec celles qu'elle voyoit couler. Le Roi crût le moment favorable pour l'intéresser à lui obtenir la grace qu'il souhaitoit avec tant d'ardeur.

Généreuse fée, lui dit-il, les Dieux connoissent mon cœur ; ils savent par quel motif je leur demande un enfant : seroit-il possible qu'ils fussent irrités des voeux que je forme ? l'amour que je porte à mon peuple, me les inspire.

Et croyés-vous que les Dieux aiment votre peuple moins que vous ? répondit *Uranie*. Si leur bien demande que votre postérité monte sur le trône, ils vous donneront un héritier. Croyés-moi, *Aris*, le propre intérêt se masque sous toutes sortes de formes ; tel croit n'aimer que sa patrie, qui n'est excité que par ses passions. Vous devés souhaiter, sans doute, le bien de vos sujets, le demander sans cesse aux immortels ; mais comme vous ignorés absolument les moyens qui doivent perpétuer leur félicité, abandonnés-en le soin

à

à leur providence. Ne prévoyés rien dans les choses où vous ne pouvés rien changer; en travaillant à vous rendre les Dieux propices par vos vertus, ne craignés rien, ne désirés rien : souvent, hélas ! ils exaucent dans leur colére les voeux indiscrets. N'allés pourtant pas croire que je condamne vos désirs & ceux de votre peuple ; je n'en reprends que l'excès, & il y a toûjours de l'excès quand le refus de ce que nous demandons, produit le chagrin, le désespoir ou le murmure. Une fée trompeuse ou politique vous diroit pour appaiser votre douleur, qu'elle va consulter ses livres où l'on trouve d'une bout à l'autre toutes les décisions du destin ; pour moi, je suis trop amie de la vérité pour vous débiter de pareils contes : les Dieux seuls connoissent l'avenir, & il ne peut être découvert que par eux. Je vais donc demander leurs lumiéres ; s'ils m'exaucent, je vous instruirai de ce qu'ils daigneront m'apprendre.

Après avoir prononcé ces paroles, *Uranie* s'adressant aux Dieux, parût quelques momens hors d'elle-même. Tendre mère ! s'écrioit-elle, je vois ton cœur déchiré.....
Que de pleurs !... Quelles alarmes !....

La fée se tût après avoir prononcé ce peu de mots, & ayant repris sa tranquillité ordinaire, vous aurés une fille, dit-elle au Roi & à la Reine ; mais je vois pour elle deux destinées bien différentes. Conçûë dans le mois de *Megére*, la plus méchante de nos soeurs, elle n'oubliera rien pour lui former un corps susceptible des passions les plus violentes. Les deux fées équivoques qui succéderont à *Megére*, en travaillant à mêler les humeurs qui formeront son corps, selon que leur fantaisie journaliére le leur suggérera, lui donneront des dispositions à l'inégalité, au caprice, qu'il sera bien difficile de vaincre. La Reine est ménacée d'accoucher quinze jours avant son terme : alors la Princesse naîtra dans mon mois, & je pourrai la préserver des malheurs qu'*Alecto*, confidente de *Megére*, lui destine ; mais alors je n'aurai aucun pouvoir sur son éducation. Si la Reine finit ses neuf mois, elle accouchera dans le mois d'*Alecto* : alors *Clio*, mon amie, restera la maîtresse, & en vous privant de sa vûë, conduira à son gré ses premiéres années, & pourra par le secours d'une bonne éducation tourner à son avantage les artifices de nos ennemies. Choisissés pour la Princesse une vie remplie d'événemens

nemens heureux fans vertu fi elle naît dans mon mois ; la jeuneffe la plus malheureufe fi elle naît dans le mois d'*Alecto* jointe avec la facilité d'acquérir les plus grandes vertus.

Aris étoit honnête homme, & eût été furpris de voir un père balancer un moment, fi on lui eût laiffé cet alternative. Les vertus que les autres doivent pratiquer, nous paroiffent fi belles, fi naturelles, fi aifées, que nous avons peine à concevoir leur répugnance ; mais lorfque c'eft nous qui devons furmonter ces répugnances, c'eft tout autre chofe. Le Roi ouvrit trois fois la bouche pour faire ce choix qui lui auroit parû fi facile pour tout autre que pour fa fille future, & trois fois la trifte deftinée dont la Princeffe étoit ménacée, glaça fa langue d'effroi. La Reine tremblante, interdite, attendoit en frémiffant le choix de fon époux. La vertu triompha enfin. Que les événemens qui paroiffent les plus funeftes, tombent fur la tête de ma fille, s'écria-t-il, pourvûqu'elle devienne telle qu'il le faut pour faire la félicité de mon peuple !

A peine, *Aris* eût-il prononcé ces paroles, qu'on vit tous ceux qui étoient préfens, verfer des larmes de joye, d'admiration

tion & de douleur. On élévoit sa générosité jusqu'aux cieux; on le plaignoit ainsi que son épouse: tous les assistans conjuroient *Uranie* de la récommander à *Clio*, & l'on attendoit avec une impatience mêlée de crainte les grands événemens prédits.

Une suivante favorite de *Mithra* voulant faire diversion aux tristes pensées de sa maîtresse, s'avisa de faire une question à la fée. J'avois toûjours crû, lui dit-elle, que nos vices ou nos vertus dépendoient d'une fatalité ou destin que rien ne pouvoit changer, & que tout le pouvoir des fées consistoit à faire naître les enfans sous des aspects si favorables ou si funestes, que tous les soins de l'éducation devenoient inutiles.

Vous étiés dans l'erreur, répondit *Uranie*; cette pensée outrage la sagesse & la bonté des Dieux. Croyés-vous donc qu'ils ayent abandonné à un hasard aveugle les choses d'où dependent la félicité des mortels? C'est leur supposer bien peu d'amour pour les créatures qui sont leurs ouvrages. Si nos vices ou nos vertus dépendoient d'une fatalité insurmontable, de quel droit puniroient-ils des crimes involontaires? La vertu ne seroit plus qu'un vain nom, puisqu'on ne peut appeller vertueux qu'un homme qui choisit de faire le bien. *Aris*
seroit

feroit injuste s'il punissoit celui qui l'auroit outragé en dormant ou dans le délire. Croyés-vous donc les Dieux moins équitables que votre Roi, Madame ? dit un courtisan soit disant esprit fort, car il en étoit resté quelques-uns à la cour d'*Aris*. Comparaison n'est pas raison. Je crois surtout qu'on n'en doit jamais faire par rapport à la divinité. Nos idées sur la justice & les autres perfections des Dieux sont peut-être fausses, & certainement, elles sont très-foibles. Le fini ne peut porter de jugement sûr par rapport à l'infini, & doit adorer les immortels sans chercher à les comprendre ; car pour connoître la nature de leurs perfections, il faudroit participer à leur divinité.

Lady MARY.

Je vous jure, ma Bonne, que j'ai entendu ce raisonnement mot pour mot, & je mourrois d'envie d'y répondre ; mais je n'osai, & parceque je suis trop petite pour disputer avec des gentilhommes, & parceque j'avois peur de ne pas pouvoir bien expliquer ce que j'avois dans l'esprit, car cet homme étoit un savant qui parle très bien.

Madem. BONNE.

Je suppose, ma chère, que vous n'aurés pas la même crainte avec nous. Expliqués-nous donc librement votre pensée à cet égard : je loue d'ailleurs votre modestie ; cependant, on peut à tout âge dire son sentiment sur ce qui regarde la morale, pourvûqu'on le fasse modestement, & à la *Socrate*, parcequ'alors on paroît vouloir s'instruire.

Miss BELOTTE.

Cela, ne tireroit-il pas un peu sur le mensonge, ma Bonne ? car enfin, on cherche à tromper celui qu'on interroge.

Madem. BONNE.

On ne le trompe pas, ma chère : il comprend bientôt le motif des interrogations, à moins qu'il ne soit la stupidité même ; alors il faudroit le laisser de raisonner tout seul. Eh bien ! Lady *Mary*, répondés à l'objection proposée.

Lady MARY.

D'abord je comprends parfaitement que Dieu étant infini, nous ne pouvons com-

comprendre l'étenduë de ses perfections; mais puisque Jésus-Christ nous a dit, soyés parfaits comme votre père céleste est parfait, il faut bien que nous connoissions la nature de ses perfections, car il seroit ridicule de nous commander d'imiter ce qu'il nous seroit absolument impossible de connoître. Voilà ce que j'avois dans l'esprit.

Madem. BONNE.

Et ce qui étoit fort juste; aussi la fée le dit-elle au courtisan qui après avoir fait le beau raisonnement que nous avons rapporté, prit un air satisfait, & regardant l'assemblée avec dédain, il sembloit lui reprocher par un souris mocqueur l'applaudissement qu'elle avoit donné au discours de la sage *Uranie*. Elle lui dit froidement :

Vous avés pris une expression pour une autre, Monsieur. Vous dites que nous ne pouvons comprendre la nature des perfections des Dieux; vous avés voulû dire, sans doute, *l'etenduë* au lieu de la *nature*, & alors vous auriés parlé juste. Destinés à adorer les perfections de la divinité, nous devons les connoître; d'ailleurs, notre justice consiste à les imiter. Mais ayés la bonté de répondre aux questions que je prendrai la liberté de vous faire. Dites-moi, si la justice que les Dieux commandent aux hommes, est d'une nature différente de la leur, & en quoi consiste cette différence ? Eh ! mais, dit le courtisan un peu interdit, celle des Dieux est, sans doute, plus excellente que celle des hommes.

Sont-elles de même nature ? continua la fée ; car il est hors de doute que les Dieux exercent la justice & les autres vertus dans toute leur étenduë, & les hommes d'une maniére très-imparfaite. Mais est-ce la même justice exercée d'un côté dans toute sa perfection, & de l'autre souvent blessée par malice, foiblesse ou ignorance ? Le courtisan très-embarrassé bégayoit, car il sentoit fort bien, qu'avouer que la justice qu'exercent les Dieux, est de la même nature que celle des hommes, étoit convenir que son objection étoit ridicule ; si les hommes exercent la justice, donc ils la connoissent, & en ont une idée juste. Pour se tirer d'affaire, il fallût donc répondre, que c'étoit peut-être chés les Dieux une justice, une bonté & des autres perfections toutes à fait différentes de celles dont nous avons l'idée, & que nous pratiquons.

Cou-

Courage! ajoûta la fée; nous touchons au dénouement: n'est-il pas vrai que deux choses ne diffèrent que par des qualités contraires? Assûrement! dit le courtisan. Dites-moi à présent, reprit la fée, si la justice, la miséricorde, telles que nous les pratiquons, sont des choses louables? On ne peut le nier, répondit le courtisan.

Concluons, dit la fée. La justice & les autres vertus, telles que nous en avons l'idée, sont des choses louables; le contraire de ces vertus doit donc être méprisable & mauvais. Si les vertus des Dieux diffèrent des nôtres, c'est par des qualités contraires; donc les vertus des Dieux sont mauvaises si les nôtres sont bonnes.

Miss CHAMPETRE.

Permettés-moi une objection, ma Bonne; il y a plusieurs sortes de beautés, ne pourroit-il pas y avoir plusieurs sortes de justices?

Madem. BONNE.

Vous vous trompés, ma chère; il n'y a qu'un vrai beau, & il n'a qu'un contraire qui est la laideur: de même, il n'y a qu'une seule justice, & tout ce qui lui est

est contraire, est l'injustice. J'avoue qu'il y a des préjugés par rapport à ce que l'on appelle beauté. Dieu ne nous a pas donné d'idées infaillibles sur celle que nous imaginons en de certains traits, parceque l'erreur sur cet article ne peut nous causer aucun préjudice ; car nous ne choisissons pas nos traits, nous ne pouvons les changer, & il ne nous importe guére qu'ils soyent beaux ou laids. Les vertus au contraire étant essentielles au bonheur du genre humain, rien ne seroit plus dangéreux que de n'avoir pas des idées fixes sur cet article. Elles sont gravées par le doigt du créateur au fond de nôtre âme, & on ne peut s'écarter dans la pratique de ces idées innées sans être en proye aux remords, ce qui est une preuve de la possibilité qu'ont tous les hommes d'acquérir & de pratiquer la justice : les remords seroient inutiles si les actions étoient nécessitées.

Miss MOLLY.

Permettés-moi de faire aussi mon objection, ma Bonne. Puisqu'il dépend de la volonté des hommes d'être vertueux, & qu'*Uranie* en convenoit, que pouvoit-elle craindre de la méchanceté de ses sœurs ?

D'ailleurs, quel rapport pouvoit avoir l'arrangement des humeurs qui compofoient fon corps, avec fa volonté ? Si la formation du corps influe fur les opérations de l'âme, ne peut-on pas dire qu'un corps formé de telle & telle maniére, eft une efpéce de fatalité ?

Madem. BONNE.

Retenés bien, ma chère, ce que je vous ai dit vingt fois. La vertu des hommes dépend de deux caufes : du fecours de Dieu, fans quoi nous fommes impuiffans à tout bien ; & de la coopération de la créature aux bons mouvemens qu'elle reçoit de la divinité. Le fecours de Dieu ne nous manque jamais ; mais nous manquons à ce fecours, & ce manquement a pour caufe la violence des paffions qu'on a d'abord négligé de reprimer, la légéreté du caractère qui ne nous permet guére de faire de longues réflexions. C'eft-à-dire, que pour les perfonnes légéres, molles & paffionnées, la vertu eft plus difficile ; mais elle n'eft pas impoffible : au contraire elles ont l'occafion d'acquérir les plus héroïques vertus, & Dieu proportionne fes graces aux difficultés qu'elles ont à vaincre. Je vais à préfent continuer mon conte.

Uranie

Uranie de retour chés elle invita les trois bonnes fées, & elles tinrent un grand conseil pour examiner la conduite qu'elles devoient tenir pour rendre inutile la mauvaise volonté de leurs compagnes. *Thalie*, la plus jeune, commença à parler par l'ordre d'*Uranie*; & comme elle savoit que l'amour devoit causer tous les maux de la Princesse, elle décida qu'il falloit l'élever dans un palais inaccessible aux hommes, jusqu'à ce que sa raison fût entiérement formée, & capable de la fortifier contre les dangers de l'amour. Je voudrois au contraire, dit la seconde qui se nommoit *Alzire*, la faire élever dans un palais rempli d'hommes si laids & si dégoûtans, qu'elle pût prendre tout le sexe en horreur. Doucement, ma sœur, reprit *Uranie*; nous nous retrouverions bientôt dans le même embarras qu'aujourd'hui. La Princesse doit un jour donner un héritier à cet empire; il ne seroit pas à propos que son horreur pour les hommes fût si générale: elle deviendroit peut-être sans reméde, & outre que cela ne conviendroit pas à nos vûës, cette horreur pour les hommes ne seroit pas juste. Il faut avouer qu'il y en a d'estimables qui méritent l'attachement d'une femme de bon sens; mais le nombre en en est si petit, que nous ne devons rien oublier pour la rendre circonspecte. Je voudrois donc que du milieu du palais solitaire où nous la ferons élever, elle pût découvrir les malheurs que causent dans le monde toutes les passions, & principalement l'amour ; cela suffiroit ce me semble pour l'obliger à se tenir sur ses gardes, & à travailler de bonne heure à se modérer.

Les Dieux commencent à protéger notre Princesse, s'écria *Clio* en pleurant de joye : ils m'en donnent présentement une preuve sensible. Je connois, mes sœurs, la supériorité de vos lumiéres sur les miennes, & j'y ferai hommage dans toutes sortes d'occasions ; mais dans celle-ci, les immortels qui me chargent des premiéres années de la Princesse qui se nommera *Rannée*, les Dieux, dis-je, me communiquent leur sagesse pour ce grand ouvrage. Ils proportionnent nos talens aux emplois qu'ils nous destinent, & voici ce qu'ils me découvrent.

Toutes les passions de *Rannée* seront violentes, mais subordonnées à la tendresse qui sera chés elle la dominante. Dans les intentions de nos méchantes sœurs, ce cœur susceptible & tendre est un présent funeste qui doit rendre mon éléve la plus méprisable

ble de toutes les femmes ; mais les Dieux se jouent des méchans, & tournent contre eux les artifices dont ils se servent. La sensibilité du cœur de *Rannée* deviendra le reméde de tous ses autres défauts. Elle amortira son ambition, lui fera mépriser les richesses, fixera sa légéreté, ses caprices & son inconstance. Il y a long-tems, mes chères sœurs, que j'ai compris qu'un des grands écueils de l'éducation, est que ceux qui l'entreprennent, regardent certaines dispositions comme funestes, & veulent les changer, comme s'il étoit possible de changer la nature : toute disposition devient heureuse, dans la main d'un maître qui sait l'employer.

Thalie a proposé de soustraire les hommes à la vûë de *Rannée*, jusqu'à ce que sa raison soit affermie. Hélas ! l'expérience ne nous apprend-elle pas l'impuissance de la raison contre un penchant dominant ? N'exposons à ses yeux que des hommes capables de lui inspirer du dégoût, dit *Alzire* ; mais outre l'inconvénient remarqué par *Uranie*, il en est un autre. Lorsque le besoin d'aimer se fait sentir, le cœur n'est ni délicat ni éclairé. Pressé par ce besoin, il pare le premier objet qui se présente de perfections imaginaires qui pro-

dui-

duisent le même attachement que si elles étoient réelles. Remarqués encore que certains hommes ne sont laids & dégoûtans que par comparaison. Dans ce grand nombre d'objets rebutans que vous offrirés à sa vûë, la laideur, les vices seront différenciés : nul, je l'avoue, ne sera capable de plaire à sa raison, & à coup sûr il s'en trouvera quelques-uns qui plairont à son caprice, & chés les femmes, nous ne l'éprouvons que trop, le caprice a plus d'empire que la raison. D'ailleurs, notre Princesse plaira à ces hommes que nous supposons incapables de lui plaire ; & quel changement l'amour n'est-il pas capable de produire chés eux ! Le brutal deviendra complaisant, le capricieux égal, le vicieux hypocrite : je ne jurerois pas même que quelques-uns d'entre eux ne devinrent vertueux, mais d'une vertu momentanée, & qui peut-être ne dureroit qu'autant que son amour ; or vous savés, mes sœurs, combien peu il faut compter sur la durée de ce sentiment.

Considerés encore, je vous prie, qu'il s'agit de corriger notre Princesse. Que seroit-ce, si aux défauts de son caractère se joignoient ceux de son amant ? Elle les adopteroit, j'en suis sûre : l'expérience ne me permet pas d'en douter.

La

La sage *Uranie* propose de lui mettre sans cesse devant les yeux les funestes effets de l'amour ; cette vûë la rendra malheureuse sans diminuer le penchant qu'elle aura à être tendre. *Rannée* connoîtra clairement qu'elle ne pourra être heureuse que par le cœur ; & dans l'impossibilité où elle se croira de la devenir, l'amertume, le dégoût de la vie s'empareront de son âme. Son humeur s'aigrira, pour tâcher de remplir le vuide qu'elle trouvera au dedans d'elle-même : elle se précipitera dans les plaisirs qu'elle ne goûtera pas, mais qui lui feront perdre un tems précieux. Fatiguée de lutter contre elle-même, & des combats pénibles qu'il lui faudra rendre à châque instant pour arracher son cœur à tout ce qu'elle trouvera digne d'être aimé, ou qui lui paroîtra tel, elle abandonnera tout par lassitude, & malheureuse pour malheureuse, elle se déterminera à l'être de la façon qui lui paroîtra la plus conforme au penchant de son cœur. Croyés-vous, mes sœurs, que dans ces différentes positions, *Rannée* soit bien propre à remplir les devoirs du haut rang auquel la destinent les Dieux ? Son triste cœur accablé n'aura pas le courage

de

de s'occuper d'autre chose que de ses malheurs, & ne sera pas en situation de penser à procurer le bonheur des autres.

Ah, ma sœur ! s'écrièrent les trois fées comme de concert, que vous nous causés de vives alarmes ! Seroit-il possible que les Dieux en vous découvrant toute la grandeur du mal, ne vous en eûssent point appris le remède ?

N'en doutés pas, mes sœurs, répondit *Clio* ; ils ne m'ont point éclairée à demi. Ils veillent avec une bonté toute particulière sur les hommes, mais beaucoup plus sur les Souvérains qui sont leur image sur la terre. C'est sans doute leur providence qui m'a confié depuis deux ans le dépôt le plus précieux, & qui me présente un moyen presque infaillible d'assûrer en même tems le bonheur & la vertu de *Rannée*.

Alindor & *Zaïde* qui règnent dans les Indes, ont merité ma protection dès leur enfance, par leur docilité à suivre mes conseils. *Zaïde* mit au monde il y a deux ans, un Prince en faveur duquel la nature semble s'être épuisée. Les dispositions que je démêle en lui, promettent les plus hautes vertus si elles sont cultivées par une très-bonne éducation. C'est lui que je des-

destine à former le caractère de *Rannée*. Il fixera sa légéreté, & remplira toute la capacité d'aimer de cette Princesse. La désir de mériter son estime, fera germer toutes les vertus dans le cœur de ma Princesse, & détruira tous ses vices. Nos méchantes sœurs ont choisi l'amour pour perdre *Rannée*; c'est à ce Dieu que je veux devoir toutes ses vertus.

En verité, ma sœur, dit *Uranie*, si l'amour entend ses intérêts, il secondera vos intentions. Un tel miracle le reconcilieroit avec les plus sevéres qui déclament sans cesse contre lui, & qui l'accusent de tous les désordres de l'univers.

C'est une injustice, répondit *Clio*: l'amour est par lui-même le lien de la société; mais il prend la teinture des cœurs qu'il blesse. Dans une âme vertueuse, il augmente les vertus; il se dénature dans les cœurs vicieux, & devient brutalité & aveuglement: en un mot, l'amour trop souvent père de tous les vices, peut & doit devenir dans le dessein des immortels père de toutes les vertus. Quand elles sont offertes par la main de ce Dieu à des jeunes cœurs, ils s'ouvrent avec empressement pour les recevoir; mais il faut remarquer que cet amour pour être en état

de

de produire les grands biens que j'en promets, doit être préfenté des mains du devoir. Il faut que ce foit lui qui détermine une jeune perfonne à s'abandonner aux mouvemens naturels que la providence a mis dans le cœur de tous les hommes pour former la fociété.

Miss SOPHIE.

Mais fi le devoir me prefente un époux laid, vieux, de mauvaife humeur; mon cœur refufera abfolument de s'ouvrir, & devenue l'époufe d'un tel homme, ce pauvre cœur reftera vuide & prêt à recevoir des impreffions qui lui paroîtront plus agréables. Quelles reffources refteront à une pauvre victime que fes parens auront facrifiée à un rang élévé ou à une fortune confidérable ?

Madem. BONNE.

Une vertu héroïque, ma chère. Il faudra que cette perfonne fe hâte de mettre Dieu dans fon cœur, pour en remplir toute la capacité, & en boucher toutes les avenuës. D'ailleurs, ma chère, un époux qui n'auroit nulle qualité eftimable, ne peut être offert par la main du devoir.
L'o-

L'obéissance qu'elle doit à ses parens, a des bornes, & s'il s'en trouvoit d'assés barbares pour exiger un tel sacrifice, une jeune personne est autorisée à refuser d'entrer dans un état dont elle ne pourroit remplir les devoirs. Il n'est pas essentiel d'avoir de l'amour pour un mari; au contraire, cela nuit souvent par la suite, au lieu qu'on ne peut être heureuse s'il porte en lui un obstacle invincible à l'estime & à l'amitié. La laideur, la vieillesse ne peuvent former un tel obstacle; il n'y a que le vice. Aussi ne conseillerai-je jamais à une jeune personne d'épouser un homme vicieux sans ressource: il vaut mieux rester fille toute sa vie.

Miss BELOTTE.

Qu'est-ce que vous appellés un homme vicieux sans ressource? J'ai crû vous avoir ouï dire qu'il n'y en avoit pas de tels.

Madem. BONNE.

Ecoutés bien ceci, Mesdames. Il est peu d'hommes qui échappent au délire de la jeunesse, & l'on doit attribuer ce malheur à la mauvaise éducation qu'on leur donne. On prêche à un jeune homme
cer-

certaines vertus ; on lui inculque certains principes, & l'on en voit peu qui s'en écartent. Par exemple, le père le moins vertueux lui répéte sans cesse le grand mot *honneur*, & lui fait entendre qu'il vaudroit mieux mourir que de le blesser. Malheureusement, cet honneur tant récommandé n'est qu'un honneur de convention ; les hommes en ont réglé les bornes au gré de leurs passions, & se sont laissé la commodité de blesser le vrai honneur sans se déshonorer. Il est vrai que les régles de la probité réelle sont gravées au fond de notre âme ; mais un jeune homme dissipé dans le tems de la fougue des passions, ne s'avisera guére de chercher à les lire au dedans de lui-même : il est plus aisé pour lui de suivre le torrent. Un tel passe pour honnête homme parcequ'il tient exactement sa parole, qu'il est fidéle à ses amis, qu'il paye exactement les dettes du jeu, qu'il est exact aux bienséances. Il est vrai qu'il ne se fait pas un scrupule de séduire une fille en prodiguant les parjures ; qu'il compte pour rien de l'exposer à perdre son âme, sa réputation, sa tranquillité ; qu'il prodigue son bien en jeux, spectacles, cadeaux, & qu'il ne lui reste rien pour les pauvres. Il est vrai encore qu'il se dispense aisément de ce qu'il doit à Dieu : exercices de religion, fidélité à l'accomplissement des préceptes du Seigneur, tout cela ne touche point à l'honneur, & n'ôte pas l'estime des hommes ; donc dit machinalement le jeune homme en question : toutes ces choses ne sont que des bagatelles. Cependant, malgré ce beau raisonnement, il n'est pas tranquille : il a besoin de se le répéter vingt fois par jour pour calmer les remords de sa conscience ; encore n'en peut-il venir à bout. Un tel homme est certainement vicieux ; mais il ne l'est pas sans ressource : il n'est question que d'aider à ses remords, de tirer le rideau qui voile au fond de son âme les grandes vérités de la religion. Une épouse vertueuse est capable de rendre cet important service à son époux. Si elle s'en fait aimer par sa douceur & sa complaisance, c'est alors qu'on pourra dire comme *Clio*, que le devoir devient facile quand il est présenté des mains de l'amour. Si au contraire un homme est parvenu à blesser ses devoirs sans scrupule ; s'il s'est fait la malheureuse habitude d'avaler l'iniquité comme l'eau : il faut un miracle pour le changer, & je ne conseillerai jamais à une personne d'une vertu commune de l'entreprendre.

Miss

Miss CHAMPETRE.

Et si cette personne d'une vertu commune se trouvoit dans le cas sans avoir pû le prévoir ou l'éviter ?

Madem. BONNE.

Elle devroit espérer le miracle, le demander sans cesse au Seigneur, & tâcher de l'accélérer par la pratique des plus héroïques vertus. Je vais continuer le discours de *Clio* que nos réflexions ont interrompu.

Le grand point est de ne présenter aux yeux d'une jeune personne que des objets dignes d'être aimés, que des hommes vertueux : en un mot, ma soeur, *Rannée* eût-elle tous les défauts réunis, j'ose assûrer qu'il m'en coûtera peu pour les détruire si le Prince *Mascave* parvient à lui plaire.

Lady LOUISE.

Votre conte est contagieux avec ces réflexions, ma Bonne ; vous voyés qu'il fait naître les nôtres, & en voici une nouvelle. J'adopterois volontiers la recepte de la fée pour corriger une jeune personne ; mais il faudroit multiplier les Princes *Mascaves*.

Où trouver des hommes, tels qu'il le faut pour corriger une âme disposée au vice ? Comment, ne lui montrer que cet homme destiné à la corriger ? Comment trouver dans cet homme toutes les convenances propres à en faire son gendre ? Car enfin, avec les vertus, il faut encore autre chose : quoique la naissance & la fortune ne fassent pas l'essentiel dans un mariage, vous conviendrés pourtant, ma Bonne, qu'il faut y avoir quelque égard.

Madem. BONNE.

Il faut bien que j'en convienne, ma chère, sur le pied où sont les choses aujourd'hui ; mais elles n'étoient point telles dans le commencement. *Abraham* étoit devenu un grand Seigneur ; nous ne voyons pourtant pas qu'il ait recherché pour son fils la fille d'un des Rois du païs où il habitoit, ni qu'il ait fait mention de la dot : il ne chercha que la vertu. Les choses ont changé depuis, & j'avoue qu'il faut accorder quelque chose à l'usage. Cependant, lorsqu'il sera question d'établir vos enfans, croyés-moi, Mesdames, ne soyés pas extrêmement scrupuleuses sur ces deux articles, & que beaucoup de vertus

tus puissent compenser à vos yeux un peu d'inégalité sur la naissance, & beaucoup sur les richesses.

Vous me dites qu'il faudroit multiplier les *Mascaves*; cela dépend de vous, Mesdames. Les parens souhaitent de bien établir leurs enfans. On sait aujourd'hui que de grandes richesses procurent une grande alliance : les pères en conséquence ne s'attachent qu'à amasser beaucoup de bien ; lorsque l'on sera persuadé que les vertus peuvent compenser la dot, ils s'appliqueront à enrichir leurs enfans de cette sorte de bien. S'il est établi que les vices seront un obstacle invincible à un bon établissement, on se donnera toutes les peines nécessaires de part & d'autre pour les extirper.

Enfin, Lady *Louise* paroît trouver difficile de n'offrir aux yeux d'une jeune personne que celui qui possède assés de vertus pour la corriger de ses défauts. Je dis plus qu'elle : je le trouve impossible de la maniére dont on éléve les jeunes filles aujourd'hui. On les produit dans le monde avant que leur esprit & leur cœur soit formé ; on les expose à toutes sortes d'impressions dans les bals & dans les assemblées où elles sont abandonées sur leur prud'hommie au hasard de tout ce qui peut en arriver.

Lady Spirituelle.

Vous ne rendés pas justice aux mères, ma Bonne ; il en est bien peu qui se dispensent d'accompagner leurs filles dans les bals & dans les assemblées : elles sont toûjours sous leurs yeux.

Madem. Bonne.

Et sous leurs oreilles, ma chere ? Pendant qu'une mère s'occupe d'un jeu considérable, sa fille à l'autre bout de la sale avec d'autres personnes de son âge, s'occupe à passer en revûë tous les Cavaliers qui composent l'assemblée, & tous ceux de sa connoissance. On y disserte sur leurs bonnes & leurs mauvaises qualités, & Dieu sait si celles du cœur, & qui constituent l'homme religieux, entrent pour rien dans cette discussion. Quelques Cavaliers s'approchent du jeune cercle, se mêlent de la conversation qu'ils tournent toûjours sur la galanterie. Une parole, un coup d'oeil, un geste suffit pour empoisonner le cœur d'une jeune personne, & la rendre malheureuse le reste de sa vie. Encore, si ces mères étoient les amies de leurs filles, il y auroit

auroit une reſſource ; elles pourroient apprendre d'elles les impreſſions qu'auroient fait ſur elles les différens objets qu'elles auroient vû. Mais une mère pour être l'amie de ſa fille, & avoir droit de lire dans ſon cœur, doit l'avoir paitrie, pour ainſi dire, de ſes propres mains : elle doit lui avoir fait prendre dès l'enfance l'habitude de lui ouvrir ſon âme, ou s'être miſe à portée d'en connoître tous les reſſorts malgré elle. Quelle eſt la mère d'aujourd'hui qui puiſſe ſe vanter d'avoir cette connoiſſance ? Pour l'acquérir, il faut avoir toûjours eû ſes enfans ſous les yeux. Si vous ne les voyés que quelques heures par jour, ils vous ſont étrangers : car un enfant quelque jeune qu'il ſoit, a l'adreſſe de ſe contraindre devant ſes parens. J'en ai élévé un grand nombre, Meſdames ; je n'ai rien épargné pour les mettre à leur aiſe avec moi : j'avoue cependant, que celles que je n'ai vû que quelques heures par jour, ſont parvenues à m'en impoſer quelquefois, & qu'il m'a fallû recueillir les diſcours de leurs compagnes, gouvernantes & femmes de chambre pour les connoître à fond ; au lieu que je connois juſqu'aux moindres mouvemens du cœur de celles que j'ai toûjours eû ſous mes yeux. Je gagerois bien que les mères de ces filles ne les connoissent absolument point.

Lady LOUISE.

Comme les choses s'éclaircissent dans ma tête ! Je comprends parfaitement qu'il n'est point de plaisir innocent pour une mère de famille que ceux qu'elle peut goûter avec ses enfans. Vous me paroissiés trop sevére, ma Bonne ; à présent je vous trouve raisonnable, pourvûque vous nous permettiés de nous amuser en attendant que nous ayons famille.

Madem. BONNE.

Oh ! vous êtes bien les maîtresses, Mesdames. Hâtés-vous de former des habitudes qu'il faudra nécessairement rompre dans la suite. Préparés-vous des combats ; Dieu sera obligé de vous donner assés de force pour vaincre des ennemis que vous vous serés procurés volontairement. Dépêchés-vous de perdre le tems nécessaire pour vous instruire des choses nécessaires à l'éducation de votre famille ; vous les saurés quelque jour par infusion.

Lady

Lady LOUISE.

Il faut avouer que vous êtes bien méchante, ma Bonne. Comme vous vous mocqués de moi ! Il est vrai que je le mérite ; cependant, vous devriés avoir pitié des gens. Je vous prie, continués votre histoire ou votre conte : peut-être après m'avoir éclairée, y trouverai-je des motifs d'exciter mon courage.

Madem. BONNE.

Les six méchantes fées rioient de la conférence de leurs sœurs. Elles croyoient avoir pris des mesures infaillibles par rapport à *Rannée*. Toutefois elles n'oublièrent rien pour s'instruire du résultat de leur conférence : ce fût en vain ; les bonnes fées par un privilége spécial étoient femmes & savoient se taire. Le moment de la naissance de *Rannée* approchoit. *Alecto*, dans le mois de laquelle elle devoit naître, se méfiant de ses talens, résolut d'intéresser l'amour à la perte de cette Princesse. Elle avoit ouï dire que ce Dieu n'est favorable aux mortels que dans le printems de leur âge : elle touchoit à son hiver, & craignoit avec raison de n'être

point admise dans le palais du Dieu de la jeunesse. Elle résolût de recourir à l'art pour cacher les ravages que les années avoient fait sur sa personne. Elle avoit vécû cinquante cinq ans sans savoir que la parure ajoûte le ridicule à la laideur. Elle contoit sur les talens des femmes de Lutésie : la nature les faisoit naître fées, lorsqu'il s'agissoit d'inventer des modes capables de cacher quelques années. Nul défaut qui n'eût un reméde dans la disposition du corps de baleine, du panier ; dans l'arrangement des cheveux, des rubans & des mouches. Les marchands de la capitale vendoient du teint, de l'embonpoint ; les maîtres à danser des graces, ou quelque chose qui y ressembloit si fort, qu'on s'y méprenoit souvent. Tous leurs talens fûrent employés pour dérober aux yeux de l'amour une vingtaine des années d'*Alecto* qui mit à la place de la pudeur & de l'ingénuosité de la jeunesse, un air coquet, hardi, indécent. Elle présentoit une gorge soûtenue par artifice qu'elle n'avoit pas couverte du voile le moins épais. Elle étudia devant son miroir les regards les plus séduisans ; & comme elle se trouvoit encore fort aimable, elle ne douta pas un moment de l'effet de ses charmes, ou plûtôt

tôt elle fit semblant de n'en point douter. Ce qui prouve qu'elle s'en méfioit au fond du cœur, c'est qu'elle étala une magnificence capable d'éblouir les yeux, de les séduire, & de les distraire de l'examen de sa personne.

L'amour se fit un plaisir malin de rire aux dépens de la vieille fée. N'allés pas conclûre de-là qu'il eût un mauvais caractère ; mais il est de tels personnages, qu'on ne peut s'empêcher de ridiculiser quelque honnête homme qu'on soit. Elle affectoit une démarche aisée, légére, qui n'ajoûtoit pas peu au plaisir du spectacle. L'amour joua la surprise, l'éblouissement involontaire : il étoit resté stupéfait à la vûë d'un attirail si peu fait pour la figure qui en étoit ornée. *Alecto* prit ce mouvement pour de l'admiration : son effronterie en redoubla, & elle se tint sûre du succès de son entreprise. Je ne répéterai point le compliment qu'elle fit au Dieu ; il étoit assorti au reste, & dans une cour qui n'étoit rien moins que grave, on se fit les plus grandes violences pour ne point éclater : chacun sourioit pourtant, & *Alecto* prenoit tout comme elle souhaitoit qu'il fût, c'est-à-dire, pour des applaudissemens. Elle ne demandoit au reste qu'une bagatelle ; elle

C 6   pré-

prétendoit que l'amour lui remît son arc & ses flêches. L'amour qui commençoit à s'impatienter, (car le ridicule outré n'amuse qu'un moment,) lui répondit : Qu'en feriés-vous, Madame ? ma flêche la plus aiguë seroit émoussée si elle étoit lancée de votre main. Voici tout ce que je puis faire en votre faveur : au moment où *Rannée* connoîtra son amant, je vous abandonne ses traits ; elle cessera d'être belle.

A peine la vieille fût-elle sortie, que toute la cour de *Cupidon* murmura de ce qu'il venoit de lui accorder. De quoi vous plaignés-vous ? dit l'amour. *Alecto* pourra empêcher *Rannée* d'être belle ; mais tous ses efforts ne pourront la rendre moins aimable : la malice de son ennemie servira au triomphe de la Princesse & du mien. Croyés-vous que je ne puisse retenir un cœur sans le secours de deux beaux yeux ? Ma puissance auroit de trop foibles fondemens. Je ne règne despotiquement que sur les âmes unies par les liens de la vertu ; ce sont les seuls durables.

A peine *Alecto* étoit-elle descendue sur la terre, qu'on vit paroître *Clio* dans l'empire de l'amour. Elle étoit conduite par
les

les graces qui ne l'avoient point abandonné, quoiqu'elle fût auſſi âgée que ſa compagne. Sa parure étoit ſimple & ſans art, & dans ſon état négligé, elle conſervoit une fraîcheur que le calme des paſſions avoit entretenu, & qui faiſoit oublier qu'elle n'étoit plus jeune. La paix de l'âme recule la vieilleſſe, & la vertu orne le viſage quand la beauté diſparoît.

L'amour ſaiſi d'un ſentiment reſpectueux à la vûë de *Clio*, met à ſes pieds ſes armes victorieuſes. Diſpoſés-en, Madame, lui dit-il ; les mortels n'auroient qu'à ſe louer de moi, ſi je vous eûſſe toûjours fait dépoſitaire de ma puiſſance. *Clio* remercia l'amour d'un éloge qui la flattoit à juſte tître. Dieu charmant, ajoûta-t-elle, ſi j'ai employé tous les momens de ma vie à vous offrir des victimes dont vous n'euſſiés point à rougir ; que je reçoive aujourd'hui la récompenſe de mon zéle : que *Rannée* ne puiſſe jamais aimer que *Maſcave* ; que ce Prince n'éprouve la puiſſance de vos traits que pour *Rannée*.

J'en jure par le ſtix, lui répondit le Dieu de *Cithére* ; vous le ſavés, *Jupiter* lui-même n'oſe violer ce ſerment redoutable. *Clio* ſe hâta de revenir ſur la terre : une nuée d'encens qui des autels s'élévoit

juſ-

jusqu'aux cieux, lui annonça la naissance de son éléve. *Alecto* assistée de ses collégues, s'étoit emparée de cette Princesse au moment où elle avoit vû le jour. Comme elle n'avoit qu'une minute à exercer sa malice, car le mois de *Clio* alloit commencer, elle se hâta de profiter de ce moment.

Je souhaite, dit cette furie qui tenoit *Rannée* dans ses bras, je souhaite que ton cœur ne puisse se refuser au premier mortel qui s'offrira à ta vûë, & que tu ne puisses conserver ta beauté que jusqu'au moment où tu connoîtras ton amant. Je souhaite que méconnûe de tous ceux à qui tu seras chère, tu te voye disputer ton rang, ton amant & ton nom. Je souhaite.....

Doucement, ma sœur ! dit *Clio* ; le soleil a parcourû la moitié du chemin qu'il doit faire pendant son absence de ces lieux : minuit sonne. Ne croyés pas pourtant que je fasse le plus petit effort pour déranger ce que vous venés de souhaiter : que vos vûës soient remplies par rapport à *Rannée*, j'y consents.... ; mais si elle conserve toute vertu jusqu'à sa vingtiéme année, son sort sera fixé, & vous perdrés sur elle les droits que vous ont donné le moment de sa naissance. Nous en resterons là pour aujourd'hui, Mesdames ; nos réflexions nous ont

ont mené si loin que nous n'aurons pas le tems de finir ce conte aujourd'hui. Lady *Sensée* va continuer à nous parler de l'histoire Romaine.

Lady SENSE'E.

Vous avés vû, Mesdames, jusqu'où les Tribuns & le peuple Romain à l'ombre de leur autorité avoient poussé l'insolence : bientôt les Sénateurs furent réduits à leur faire bassement la cour. Un des membres du Sénat, nommé *Cassius*, résolût de profiter de la faveur du peuple pour parvenir à la tyrannie. Pour gagner les bonnes graces de la multitude, il proposa la loi agraire, c'est-à-dire, qu'il vouloit qu'on examinât les titres de ceux qui possédoient des terres, pour en dépouiller ceux qui les auroient injustement acquis. *Apius*, fils du grand *Apius*, ne s'opposa point à cette recherche ; mais ce fût à une condition qui ne plût point à ceux qui demandoient cet examen, car ils prétendoient que ces terres dont on dépouilleroit les usurpateurs, fussent distribuées au peuple, & *Apius* vouloit au contraire qu'elles fussent employées au besoin de l'Etat. Cette condition refroidit les plus animés, & cette affaire pour
lors

lors n'eût pas de suite, car une guerre qui survint, obligea de la suspendre. Les vûës de *Cassius* fûrent découvertes, & il fût précipité ; mais le mal qu'il avoit fait au Sénat, subsista long-tems. Cette loi agraire étoit comme les verges que les Tribuns montroient aux Patriciens, toutes les fois qu'ils vouloient arracher quelque grace du Sénat.

Miss BELOTTE.

Et pourquoi les Patriciens craignoient-ils cet examen ? C'étoit une chose juste. Falloit-il laisser les terres à ceux qui les avoient usurpé, & qui les retenoient injustement ? L'intention de *Cassius* étoit mauvaise ; mais ce qu'il proposoit, étoit bon.

Madem. BONNE.

La sagesse d'un gouvernement, ma chère, ne consiste pas à adopter tout ce qui paroit bon, parceque ce bon entraîne souvent des suites fâcheuses. Je suppose qu'un Lord a usurpé une terre il y a trois cens ans : il l'avoit acheté pourtant ; mais il ne l'avoit pas payé le quart de sa valeur, & en ce cas, c'est un vol. Ce Lord a
vendu

vendu cette terre à un autre qui l'a payé ce qu'elle valoit, & à qui elle appartient légitimement. Ce second poffeffeur la donne pour dot à une de fes filles qui a dix enfans : cette terre eft vendue pour en partager le prix entre tous ces frères ; enfin, après avoir paffé par vingt mains différentes, vous venés de l'acheter. Le gouvernement s'avife de dire : mais il y a trois cens ans que cette terre a été ufurpé à l'Etat, il faut donc que Mifs *Belotte* la reftitue. Vous répondrés : moi, je l'ai acheté, qui me rendra mon argent ? On vous dira : prenés-vous en à celui qui vous l'a vendu ; faites-lui un procès. Celui-là fera obligé d'attaquer celui qui lui aura laiffé la terre, & avant de retourner au premier poffeffeur qui l'avoit ufurpé, il faudra faire foixante procès. Qu'en dites-vous, Mifs *Belotte* ?

Mifs BELOTTE.

Cela feroit bien fâcheux ; cependant, il faut trouver un remède à cette ufurpation.

Madem. BONNE.

La loi y a fagement pourvû, ma chère, par ce que l'on appelle la préfcription. Je vais

vais vous expliquer ce mot. Un homme qui a possédé un bien quarante ans sans que personne lui ait contesté la possession, a acquis le droit de préscription, c'est-à-dire, qu'on ne peut plus lui rien demander. J'ai dit, sans que personne lui en ait disputé la possession ; car supposé que ce bien m'appartient, & que je n'eûsse pas le moyen de faire un procès pour l'avoir, je ferois un acte en justice pour reclamer mon droit: alors j'ai encore quarante ans depuis le jour où j'ai fait cet acte qui avertit le Public de ne point acheter ce bien qui est en contestation. Continués, Lady *Sensée*, mais ne vous attachés pas à nous faire un détail si circonstancié : parlés-nous seulement des grands événemens qui influent sur toute la suite de l'histoire.

Lady SENSE'E.

Les Tribuns attentifs à tous les moyens de chagriner le Sénat, en trouvèrent enfin un légitime. Les Romains jusqu'à ce tems n'avoient pas eû des loix écrites pour terminer les procès : les juges les décidoient selon leurs lumiéres. Cette méthode qui feroit peut-être la meilleure si les juges étoient exempts de passions, étoit sujette à l'abus, l'abus, & les Tribuns demandèrent des loix écrites. Rien n'étoit plus juste que cette demande : les Sénateurs auroient dû la prévenir ; mais ils s'avisèrent de la contester, & un jeune Patricien, nommé *Céso*, & fils de *Quintius Cincinnatus*, se mit à la tête de toute la jeune Noblesse pour braver les Tribuns. Ils le citèrent devant l'assemblée du peuple, & voyant à sa contenance qu'il étoit résolû de leur y tenir tête, & n'ayant d'ailleurs aucun motif raisonnable de l'y faire condamner, ils suscitèrent contre lui un faux témoin qui l'accusa d'un meurtre. Les amis de *Céso* le cautionnèrent pour de grosses sommes afin de l'empêcher d'aller en prison, & ne voyant nul moyen de confondre la calomnie, il prit le parti le plus prudent qui étoit de se sauver. Ainsi ses amis fûrent contrains de payer les sommes pour lesquelles il avoit été cautionné. Le père de *Céso* ne pût souffrir qu'ils fussent incommodés pour son fils : il vendit tout son bien pour les payer, & devenu pauvre, il se retira à la campagne pour cultiver lui-même une petite terre qui lui restoit.

Miss CHAMPETRE.

Oh ! la respectable pauvreté que celle de

de cet honnête homme! Aussi *Cincinnatus* a-t-il toûjours été mon héros.

Miss SOPHIE.

Pourquoi l'appellés-vous un héros, Madame? Doit-on donner ce nom aux personnes qui n'ont pas remporté des victoires?

Madem. BONNE.

L'héroïsme, ma chère, consiste à faire de grandes actions, de quelque genre qu'elles soient; or vous verrés bientôt que *Cincinnatus* a mérité ce nom en tous les sens. Auparavant Lady *Sensée* va vous rapporter une méchanceté des Tribuns.

Lady SENSÉE.

Les Tribuns enragés de ne pouvoir abattre la fermeté des jeunes Patriciens que la fuite de *Céso* n'avoit point découragé, résolurent d'essayer à les perdre tout d'un coup dans l'esprit du peuple. Un jour qu'ils étoient assemblés, un jeune homme remit publiquement une lettre à l'un des Tribuns, & se retira. Le Tribun l'ayant ouverte, trouva qu'elle contenoit l'avis

d'une

d'une conspiration que les Patriciens avoient faite contre le peuple, & plusieurs personnes considérables étoient nommées dans cette lettre. Le Tribun fût sur le champ au Sénat, & lui ayant fait part de l'avis qu'il avoit reçû, prétendit qu'on devoit arrêter les accusés. On se mocqua de sa prétention, & on lui dit qu'il devoit avoir fait arrêter le porteur de la lettre. Sur ces entrefaites un Sabin, nommé *Herdonius*, s'empara du Capitole, & y fit suspendre un chapeau.

Lady CHARLOTTE.

Et que signifioit cette cérémonie de faire pendre un chapeau au Capitole ?

Madem. BONNE.

Le chapeau chés les Romains étoit la marque de la liberté; ainsi quand un maître vouloit affranchir son esclave, il lui mettoit un chapeau sur la tête, & dès ce moment il devenoit libre. *Herdonius* par ce signal promettoit la liberté à tous les esclaves qui viendroient se ranger sous ses étendarts; & comme il y en avoit un grand nombre à Rome, cette conspiration pouvoit devenir dangéreuse. Cependant, les Tri-

Tribuns trouvèrent le moyen de faire entendre au peuple, que c'étoit une suite de l'avis qu'ils avoient reçû, que le Capitole étoit rempli de gens dévoués aux Sénateurs, & qu'on ne cherchoit à leur faire prendre les armes que pour en faire périr un grand nombre. Cette fable ridicule produisit l'effet qu'en attendoient les Tribuns, & le Sénat ne pût jamais ni par priéres ni par ménaces obliger le peuple à s'enrôler.

Miss CHAMPETRE.

Ma Bonne, je suë à grosses gouttes de honte quand j'entends rapporter quelque grande sottise des Tribuns, non que je les aime encore ; mais l'amour propre souffre quand on me prouve que je me suis trompée : il faut avouer que je l'ai été aussi sottement que le peuple Romain, car enfin, j'avois lû tout cela sans en être indignée.

Madem. BONNE.

Toutes les fois, Mesdames, que nous avons fortement adopté une opinion, la même chose nous arrive. Si nous lisons, si nous parlons, nous cherchons moins à nous instruire & nous éclairer qu'à nous con-

confirmer dans notre façon de penser; nous y réussissons presque toûjours, en tournant à notre sens les choses qui y répugnent le plus. Soyons donc bien en garde contre le préjugé, & tâchons de nous dépouiller de toute opinion quand nous lisons un auteur, pour pouvoir en juger impartialement: ceci est de plus grande conséquence que nous ne pensons. C'est à ce défaut qu'il faut attribuer les divisions des chrétiens en matiére de religion. Un homme, a-t-il une opinion particuliére, il cherche vîte dans la Sainte Ecriture un passage qui puisse l'autoriser, & il tort tellement les paroles de Jésus, qu'il en vint à bout. Continués, Lady *Sensée*.

Lady SENSÉE.

Une ville voisine & alliée de Rome ayant appris l'entreprise d'*Herdonius*, se hâta de léver des troupes pour secourir les Romains. Alors le peuple ouvrit les yeux, s'enrôla en foule, & on commença l'attaque du Capitole dans laquelle un des deux Consuls fût tué. On se hâta de remplir sa place, & on élût tout d'une voix *Cincinnatus*. Ceux qu'on lui députa pour lui annoncer sa nomination, le trouvèrent vétû d'une mauvaise robe & labourant son champ. Etant arrivé à Rome, il dissipa le parti d'*Herdonius*, après quoi il fit les reproches les plus amèrs aux Sénateurs, accusant leur lâcheté & leur mollesse de l'insolence du peuple ; puis s'adressant aux soldats, c'est-à-dire, à presque tout le peuple armé, il leur dit qu'il alloit les tirer de Rome, où ils ne rentreroient pas tout le tems de son Consulat, & qu'il les meneroit dans un lieu où leurs Tribuns ne pourroient les exciter à la revolte : car l'autorité de ces Magistrats finissoit à une certaine distance de la ville. Les Tribuns lui répondirent fièrement qu'il sortiroit tout seul, que les soldats ne lui avoient point prêté serment de fidélité, mais au Consul qui avoit été tué.

Ils ont fait serment de ne point abandonner leurs drapeaux, répondit *Cincinnatus* : voyons si après les avoir aguerris à la désobéïssance, vous les rassûrerés contre la crainte des Dieux vengeurs du parjure ; & comme il se disposoit à faire enlever les drapeaux, les Tribuns effrayés de sa fermeté, se jettèrent à ses pieds suivis de la multitude, & demandèrent miséricorde. Le Consul leur pardonna, & pendant tout le tems qu'il fût en place, il sût si bien allier

lier la douceur & la fermeté, que le Sénat & le peuple fût tranquille, & on étoit si charmé de sa conduite, que les deux ordres réunis vouloient le continuer dans le Consulat. Il n'y voulût jamais consentir, & ayant déposé la pourpre consulaire, il retourna à sa charruë & à ses autres occupations champêtres.

Lady Mary.

Ah ! que je suis fâchée que cet honnête homme ait refusé le Consulat ! On auroit dû le lui continuer toute sa vie ; il seroit venu à bout de ramener le bon ordre dans Rome, & de faire observer les loix.

Madem. Bonne.

En les violant, ma chère. Ce grand homme savoit que s'il eût donné ce mauvais exemple, il n'eût plus été en droit d'en recommander l'observation. Retenés bien ceci, Mesdames ; vous avés ou vous devés établir un certain ordre dans votre famille : voulés-vous qu'il soit inviolable & qu'il se perpétue, donnés vous-même l'exemple, & sous quelque prétexte que ce soit, ne le violés jamais, sinon chacun prendra droit de ce que vous férés vous-même pour s'en exempter. J'en dis autant des devoirs du chrêtien ; fi vous y manqués, n'efpérés pas d'y affujettir les autres.

Miss BELOTTE.

Je m'attendois à tous momens à voir revenir *Céfo* : comment, *Cincinnatus* qui étoit fi jufte envers tout le monde, ne fit-il pas punir ceux qui avoient calomnié fon fils ? car enfin, il devoit favoir qu'il étoit innocent du crime dont on l'accufoit.

Madem. BONNE.

Il le favoit fans doute, Madame ; mais il n'en avoit pas de preuve, & devoit par conféquent refpecter les loix qui ne permettoient pas à fon fils de rentrer dans Rome, avant d'être juftifié. Lady *Senfée*, continués à nous raconter ce qui regarde ce grand homme.

Lady SENSE'E.

Un Conful affiégeoit une ville, & favoit fi mal fon métier, qu'il fe laiffa lui-même enfermer dans fon camp. Alors on nomma *Cincinnatus* Dictateur pour le dégager.
Non

Non seulement, il réuffit dans cette entreprife; mais il prit la ville dont il abandonna le pillage à ceux qui l'avoient fuivi, fans en rien donner aux foldats qu'il avoit fecourû. Un châtiment impofé fans paffion & avec juftice, indifpofe rarement celui même qui eft puni : on en vit une preuve dans cette occafion. Ces foldats loin d'avoir contre lui la moindre animofité, fe cotifèrent, & lui offrirent une couronne d'argent. Il dépofa auffi le Conful qui s'étoit laiffé enfermer. Dans l'intervalle de fon Confulat & de fa Dictature, il avoit fait des recherches touchant l'affaire de fon fils : il prouva fon innocence, le fit rappeller, & fe contenta d'exiler le calomniateur. Toutes ces affaires ayant été terminé au bout de feize jours, il abandonna la Dictature, refufa les préfens qu'on lui offroit du tréfor public pour réparer fes pertes, & retourna au champ où il remporta pour tout bien l'admiration générale.

Madem. BONNE.

Ce ne fût pas la dernière fois que *Cincinnatus* fût élevé au Confulat. Je ne me fouviens pas, dans quelle guerre il étoit employé lorfqu'il écrivit au Sénat pour obtenir permission de quitter l'armée, parceque son esclave s'étant enfui il étoit obligé de retourner pour ensémencer son champ, sans quoi sa famille couroit risque de mourir de faim. Quelle simplicité de mœurs !

Miss CHAMPETRE.

Voilà justement, ma Bonne, ce qui m'avoit fait illusion. En examinant la pureté des mœurs de certains Romains, je me suis persuadée qu'elle étoit une suite de leur gouvernement; c'est ce qui m'y avoit affectionnée.

Madem. BONNE.

Elle étoit une suite de leur pauvreté, qui en les forçant à un travail assidu, leur ôtoit le tems & les moyens de se dérégler ; mais remarqués, Mesdames, que si les Romains n'étoient pas ce qu'on appelle vicieux, ils n'étoient pas non plus ce qu'on peut appeler vertueux. Outre le secours de la pauvreté qui les éloignoit des vices grossiers, une passion dominante faisoit taire chés eux toutes les autres; c'étoit l'ambition, l'amour de la domination:

tion : en un mot, c'étoit l'orgueil déguifé fous vingt formes diverfes. Ainfi le défintéreffement de *Cincinnatus* que nous admirons du premier coup d'œil, n'étoit dans le fond qu'un orgueil raffiné. *Diogéne* dans fon tonneau, *Cincinnatus* à fa charruë, étoient mûs pat les mêmes motifs : c'étoit dans tous les deux un défir violent d'attirer les regards & l'eftime des citoyens.

Lady LUCIE.

Si j'ofois, je dirois à ma Bonne qu'elle juge témérairement le pauvre *Cincinnatus*; car enfin, quelle preuve a-t-elle de cet orgueil qu'elle lui fuppofe gratuitement ? Aucune de fes actions ne prouve qu'il eût de mauvais motifs : il n'a point choifi la pauvreté par fingularité, mais par juftice, & feulement pour payer les dettes de fon fils.

Madem. BONNE.

Je conviens fans chicaner du motif louable de l'action de *Cincinnatus* lorfqu'il fe dépouilla de fon bien ; mais je le condamne de n'en avoir point demandé ou

accept

accepté la restitution lorsqu'il eût prouvé l'innocence de son fils. Je vous l'ai dit, Mesdames, toutes les vertus ont des bornes, au delà desquelles elles se dénaturent. La justice demandoit que les amis de *Cincinnatus* fussent remboursés des sommes qu'ils avoient payé, & qu'ils rendissent conséquemment celles qu'ils avoient reçû de lui. C'étoit du bien de sa famille que *Cincinnatus* avoit fait cette restitution ; donc il devoit le rendre à ses enfans, & il fit mal de le refuser. Remarqués encore que les richesses ne sont pas intrinséquement un mal, ni la pauvreté un bien ; ce n'est que par accident qu'ils deviennent l'un & l'autre. Refuser les richesses par la crainte d'en abuser ; parcequ'on s'accommode mieux de l'indépendance de la pauvreté que de l'embarras que procurent les richesses ; parcequ'on veut imiter Jésus qui étoit pauvre, ou enfin pour se singulariser & attirer les yeux : voilà quatre motifs très-différens, & qui changent absolument l'action du refus. Le premier est bon & louable ; le second est pure paresse, & ne peut être approuvé ; le troisiéme est la perfection du Christianisme, & le quatriéme est orgueil. Tout ce qui est singulier, & qui sort des voyes

voyes ordinaires & permifes, doit être fufpect d'orgueil ; mais en voici affés fur cet article. La tentation de refufer les richeffes par orgueil ou par pareffe, n'eft pas la tentation de notre fiécle, & excepté un feul homme qui s'y eft laiffé entraîner, je n'en connois aucun qui y ait fuccombé.

Lady LUCIE.

Vous voulés, fans doute, parler du Citoyen de Généve ; j'en connois un autre, ma Bonne, c'eft Mr. *d'Alembert* qui n'eft pas riche, & qui vient de refufer une fortune confidérable avec le titre de gouverneur de l'héritier du trône de Ruffie.

Madem. BONNE.

Diftinguons, je vous prie, Mefdames ; les deux actions font bien differentes : au refte, je ne les fais que par ouï-dire, & je n'en garantis pas les circonftances.

Le Citoyen de Généve étoit né pour faire l'admiration de fon fiécle, s'il eût fait de fes talens l'ufage qu'on devoit en efpérer : il n'en fait que l'étonnement, &

c'eft

c'est l'esprit de singularité qui l'a perdu. Il est peu d'hommes qui ayent autant d'esprit que lui ; son stile est d'une éloquence qui séduit, à moins qu'on ne soit extrêmement sur ses gardes : voilà ce que je connois par moi-même, voilà ce que ses ennemis mêmes avouent. Son cœur est droit, tendre & compatissant ; ses mœurs sont pures. Mais que dire de l'emploi qu'il fait de ses talens ? Je me condamne au silence sur cet article : j'estime trop ce qu'il a de bon pour avoir le courage de péser sur le mauvais usage qu'il en fait. Au reste, Mesdames, je suis persuadée qu'il est de bonne foi dans les paradoxes qu'il avance ; il se trompe le premier, & c'est ce qui augmente ma pitié & mes regrets à son égard. Voici celle de ses actions qui m'a fait souvenir de lui en parlant de *Cincinnatus*.

Le Citoyen de Généve est persuadé que châque homme doit travailler manuëllement pour gagner sa vie. S'il eût dit que châque homme doit s'occuper d'une maniére utile à la société, nous serions d'accord. En conséquence de ce qu'il croit, on dit qu'il copie de la musique, & qu'un Prince voulant lui faire un présent d'une maniére honnête, lui donna quelque chose

à

à copier. L'ouvrage fini, il lui envoya une somme considérable. *Rousseau* soûtient qu'on se trompe, que cette somme ne lui est pas destinée, & en ayant pris une très-petite partie, refuse & renvoye le reste. Je suis persuadée que le Prince qui faisoit cette générosité, n'avoit pas l'intention d'*Alexandre* lorsqu'il offrit une grace à *Diogène*, & que c'étoit au contraire par estime pour sa personne. Mais quel motif pouvons-nous donner au refus ? La bonté du cœur du Citoyen devoit ce semble lui faire une loi d'accepter ce don : s'il étoit un superflu pour lui, il seroit devenu le nécessaire de quelque indigent à qui le Prince ne s'avisera pas de l'envoyer. L'amour de l'independance s'est opposé à la reception & à l'emploi de cette somme. Or en bon François, l'amour de l'indépendance, qu'est-il autre chose que l'orgueil sous un nom honnête ?

Par rapport à Mr. *d'Alembert*, la délicatesse de sa santé, une société choisie dans son païs dont il fait les délices, & bien d'autres motifs raisonnables ont pû lui faire refuser la fortune qui lui a été offerte sans qu'on puisse l'accuser d'orgueil ni d'amour pour la singularité.

D 5 *Lady*

Lady LOUISE.

Je vous ai obéï, ma Bonne ; je n'ai pas voulu lire la *Nouvelle Héloïse* de Mr. *Rousseau*, & je vous avoue qu'il m'en a coûté beaucoup, car une infinité de personnes m'ont dit qu'il y avoit d'excellentes choses dans cet ouvrage.

Madem. BONNE.

L'auteur avertit dans sa préface qu'une honnêt fille ne peut lire son livre sans être perduë. Voudriés-vous le lire après cela ?

Lady MARY.

Comment, un honnête homme, tel que vous nous dépeignés Mr. *Rousseau*, a-t-il pû connoître que son livre étoit capable de produire ce mauvais effet, & le donner ensuite au Public ? Cela me paroît contradictoire. Qu'un libertin qui ne respecte point les mœurs, donne un tel ouvrage, & soûtienne qu'il n'y a aucun inconvénient à le lire, je n'en suis pas surprise ; mais qu'un homme qui aime l'humanité & la vertu, dise froidement, je vous avertis

tis que mon livre eſt capable de faire beaucoup de mal, cependant je le donne: je ne comprends pas cela. C'eſt comme ſi un cuſinier excellent alloit dans une ville peuplée de gourmands qui ne craigniſſent pas la mort; qu'il accommodât ſupérieurement quelques plats de ragouts, & les expoſât dans la place publique en diſant: ces plats ſont empoiſonnés; n'y touchés pas, que ſi vous le faites, je ne ſuis plus coupable de votre mort, car je vous ai averti qu'ils contenoient du poiſon.

Madem. BONNE.

En vérité, ma chère *Mary*, votre comparaiſon eſt excellente, & je voudrois de tout mon cœur que Mr. *Rouſſeau* l'eût entendu; car enfin, on ne m'ôtera pas de l'eſprit que ſon cœur eſt droit, & que ſon eſprit ſeul eſt coupable. Quel bonheur ſi on pouvoit ramener un tel homme à raiſonner conſéquemment! Il connoit aſſés le goût du ſiécle pour penſer que ſur cent jeunes filles, on n'en trouvera pas dix que la crainte de ſa ménace arrêtera. S'il eût dit: la lecture de mon livre gâtera le teint ou crévera les yeux de celles qui le liront; il n'eût pas eû de lectrices. Il aſſûre que

cela pourra nuire à leurs âmes : ignore-t-il que le plus grand nombre se soucie beaucoup moins de leur âme que de leur teint ? D'ailleurs, quelles sont les jeunes filles qui lisent un avertissement, une préface ? La curiosité n'a pas ce tems. Le voilà donc coupable de la perte d'une infinité d'âmes, par abstraction de toute réligion révélée ; il ne peut ignorer que la sagesse est une vertu, il faut donc qu'il croye, ou que son livre peut faire du mal, & alors il devoit se brûler la main plûtôt que de le donner ; ou qu'il peut faire plus de bien que de mal, & pourquoi donc son avertissement ? On peut donc penser qu'il ne parle ainsi que pour se conformer à l'usage, & qu'une fille n'est point criminelle en suivant les traces de sa *Julie :* pourquoi donc les remords qu'il lui donne si elle n'a point blessé la loi naturelle & celle de l'Evangile que Mr. *Rousseau* reçoit ? Que de regrets il se prépare si Dieu lui fait la grace d'ouvrir les yeux à la lumiére ! Il voudroit alors effacer châque ligne de ses ouvrages avec la derniére goutte de son sang ; mais ses regrets ne répareront pas le mal qu'il aura fait. Par pitié pour lui, Mesdames, n'aggravons point sa faute ; profitons de son avertissement, & gardons-nous de lire aucuns

cuns de ses ouvrages : ce sont les langues d'*Esope*. On peut dire qu'ils contiennent ce qu'il y a de meilleur, & ce qu'il y a de plus mauvais.

Lady MARY.

Je suppose ma Bonne trop raisonnable pour condamner ainsi ce qu'elle ne connoîtroit pas : elle a donc lû ces mauvais livres qu'elle nous défend ; & puisqu'ils sont mauvais, pourquoi les a-t-elle lû ?

Madem. BONNE.

Il y a plusieurs sortes de mauvais livres, ma chère ; les uns sont remplis de peintures sales & propres à exciter les passions, tel est le premier volume d'*Héloïse*, & ceux-là je ne crois pas qu'il soit permis à personne de les lire sous quelque prétexte que ce soit, car ils conduisent à violer le sixiéme commandement de Dieu. Je ne me suis donc pas permis de lire dans ce premier volume les lettres qui blessent les mœurs : les trois premiéres lignes m'annonçoient la matiére des lettres, & je les ai passées. Il est d'autres ouvrages qui ne sont pernicieux qu'à certaines personnes, & ce sont

ceux

ceux qui attaquent la foi, la réligion révélée, l'immortalité de l'âme, &c. Une jeune personne peu instruite risque de se gâter l'esprit en lisant ces ouvrages ; mais ils sont sans danger pour ceux chés qui la lumiére de la raison a établi la certitude de la révélation. Je me suis persuadée par l'examen le plus long & le plus strict que Dieu est l'auteur de la Sainte Ecriture ; l'autorité de tous les hommes réunis ne pourroit me porter à douter d'un seul des articles de cette révélation divine : ma raison m'en empêche, car elle me dit que la vérité est le partage du créateur, & l'erreur l'appanage de la créature. Je puis donc lire ces sortes d'ouvrages ; au contraire, ils me sont utiles. Comme on ne peut s'écarter de la vérité sans tomber dans la contradiction, celle que je remarque à châque page de ces livres, m'affermit dans la soûmission à la parole de cette vérité divine qui ne se contredit jamais. D'ailleurs, Mesdames, comme vous me faites l'honneur de me consulter sur vos lectures, je suis forcée de jetter les yeux sur les livres nouveaux pour pouvoir en juger.

Lady

Lady LUCIE.

Ne pourriés-vous pas purger la *Nouvelle Héloïse* de toutes ses sottises, & nous la raconter, ma Bonne ? car enfin, on dit que les derniers volumes renferment quantité de bonnes choses.

Madem. BONNE.

Les meilleures partent d'un principe faux, ma chère, ou ont de mauvaises conséquences ; ainsi il faudroit des dissertations sans nombre pour éplucher l'ouvrage dont je ne me souviens même que fort superficiellement. Nous avons, je crois, quelque chose de plus pressé à faire ; nous examinerons peut-être quelque jour si on peut tirer parti de ce qu'il y a de bon. Je vais finir la leçon en vous parlant de Madame *du Plessis* : je vous ai promis le réglement de sa journée & de celle de ses filles.

Madame *du Plessis* se leva long-tems à trois heures du matin : dans la suite une personne dont elle suivoit les conseils par rapport à sa conscience, lui fixa l'heure de son lever à cinq heures, & lui dit qu'elle pouvoit faire dans son lit les mêmes priéres, qu'elle faisoit debout, en égard à la
dé-

délicatesse de son tempérament. Elle s'habilloit sans feu, & alloit à l'église jusqu'à sept heures, où elle venoit faire lever & habiller ses filles. Pendant la toilette on lisoit quelque chose sur la mort, le jugement, ou une autre lecture semblable. Après qu'elles étoient habillées, on resserroit les miroirs de toilette jusques au soir. Notés qu'il n'y en avoit point d'autres dans la maison. Ensuite venoit la priére & le déjeûner après lequel elle les conduisoit à l'église où elles passoient une demi-heure. De retour à la maison, elles prenoient leurs ouvrages & s'entretenoient familiérement: on chantoit des cantiques de tems en tems; on offroit à Dieu son action; on faisoit des actes de foi, d'espérance, d'amour de Dieu. Ces priéres se faisoient en deux mots. Quand elles étoient jeunes, la moitié de la matinée étoit employée aux études qui convenoient à leur âge & à leur rang. On dinoit à midi, & on passoit en recréation jusqu'à deux heures. Ensuite on lisoit la Sainte Ecriture ou un autre livre de piété, & la mère interrompoit cette lecture par de réflexions qu'elle appliquoit à ses filles. Trois fois la semaine elles venoient à la communauté dont leur mère étoit supérieure, & dont je vous parlerai

lerai bientôt ; & après avoir affifté à la lecture fpirituelle, elles alloient fe promener dans les jardins qui étoient très-vaftes, en la compagnie d'une Demoifelle qui n'avoit que le tître de leur amie, & qui dans la vérité étoit leur furveillante, & eût rendu compte à leur mère de toutes leurs actions fi elles ne l'avoient pas fait elles-mêmes, à quoi elles ne manquoient jamais. A cinq heures elles mangeoient un morceau fi elles en avoient befoin : à fept heures on employoit une demi-heure à méditer fur quelque paffage de l'Ecriture ; enfuite on foupoit, & l'on fe recréoit jufqu'à neuf heures. Alors les domeftiques fe raffembloient avec la famille pour la priére. On leur faifoit le catéchifme les jours marqués ; ces Demoifelles montroient à lire aux fervantes, & fi elles étoient malades, il y avoit des difputes à qui les ferviroit. Châque foir ces vrais enfans de l'Evangile s'accufoient à leur mère de toutes les fautes qu'elles avoient faites dans la journée, fe foûmettoient à la réparer ; leur gouvernante leur en donnoit l'exemple.

A la campagne, leur promenade étoit toûjours dirigée vers la maifon d'un pauvre ou d'un malade. L'une peignoit des petits

tits enfans qui souvent étoient pleins de gale & de vermine ; l'autre remuoit la paille ou plûtôt le fumier qui leur servoit de lit ; l'autre décrassoit le visage & les mains de ces pauvres petites créatures. Elles leur apprenoient à offrir leur pauvreté au Seigneur leur enseignoient les principes de la religion, les assistoient de leurs aumônes, & s'efforçoient de les consoler dans leurs maux. Ensuite elles revenoient gayes & contentes : elles avoient visité Jésus ; elles l'avoient servi, elles l'avoient assisté. Cette pensée les soûtenoit contre les dégoûts & l'horreur que la malpropreté ne pouvoit manquer d'inspirer à des filles de qualité. Mademoiselle *d'Enfreville* surtout qui avoit toute la délicatesse de sa mère, avoit besoin de se faire les plus grandes violences ; mais la foi faisoit disparoître ses répugnances, & elle relisoit souvent l'Evangile où Jésus nous apprend qu'il tiendra comme rendus à lui-même tous les services que l'on rend aux pauvres.

Lady LOUISE.

Effectivment, ma Bonne, en voyant l'éloignement que nous avons pour la misére des pauvres, on diroit que nous ne croirions pas cet endroit d'Evangile. Si
par

par impossible Jésus s'incarnoit une seconde fois, & se réduisoit à l'état de ces pauvres gens, il n'y en auroit pas une seule d'entre nous qui ne tint à honneur de lui rendre ses services. Il nous a dit que ce seroit lui que nous servirions dans la personne des pauvres, & cependant nous avons horreur de leurs chaumiéres, des hôpitaux & des prisons. Outre la délicatesse naturelle, ce maudit respect humain nous arrête : que diroit-on si on nous voyoit fréquenter ces lieux ; Nos parens, nos amis nous accuseroient d'être homicides de nous-même ; on nous fuiroit crainte du mauvais air. Si j'ai une servante à la maison qui ait la fiévre, & que j'entre dans sa chambre, tout le monde crie après moi.

Madem. BONNE.

A cela ma réponse ordinaire : ce ne sera pas le monde qui vous jugera. Au reste, Mesdames, il n'y a qu'en Angleterre où l'on pousse la délicatesse jusqu'à ce point. Toutes les Dames de qualité en France qui font profession de piété, passent une partie de leur vie dans ces lieux qui vous font horreur, & n'en meurent pas pour cela plus vîte.

Lady

Lady CHARLOTTE.

La vie des Demoiselles *du Plessis* seroit assés de mon goût : elles n'avoient pas des plaisirs piquans & bruyans, & n'y perdoient guére, car on ne desire pas beaucoup ce que l'on connoit peu. Je conçois fort bien que le goût des spectacles, du jeu, des assemblées n'est entré dans mon cœur que par les oreilles & par les yeux. Si j'ignorois qu'il y eût des bals, des assemblées, des spectacles, je ne pourrois les souhaiter. On me promettoit une comédie pendant six mois si j'étois bien sage : la comédie entroit donc dans mon esprit comme une récompense, & par conséquent comme une chose estimable. J'aurois conçu la même estime pour la visite des pauvres, si on me l'avoit offert sous le même point de vûe. A la place de ces plaisirs que ces filles souhaitoient peu, elles goûtoient ceux que la nature nous présente. La tendresse & la compagnie d'une mère attentive & complaisante, une société douce, la promenade, le plaisir de faire du bien, la tranquillité qui naît du calme des passions & des désirs, le repos d'une bonne conscience, elles gagnoient au change ; & si jamais j'ai des filles,

filles, je veux essayer à leur procurer les mêmes avantages.

Lady LOUISE.

Vous supposés donc aussi que vous serés veuve & maîtresse d'arranger tout cela à votre fantaisie ? car quel est le mari qui voudroit vous permettre de renoncer à toute société pour mener une telle vie ? Il ne s'en trouvera jamais.

Lady LUCIE.

Je vais trouver un reméde à cet inconvénient, Madame. Nous sommes une douzaine ici, mariées ou prêtes à l'être. Embrassons le même genre de vie : alors nous pourrons former une société sans danger pour nos enfans ; peut-être ferions-nous venir la mode de les élever chrétiennement.

Lady CHARLOTTE.

Et peut-être plus agréablement qu'elles ne le font aujourd'hui. Si je repasse sur le peu d'années que j'ai vécû, je trouve que je n'ai point été heureuse. J'ai goûté quelques plaisirs ; mais comme je ne les ai pas trouvé aussi agréables que je me les étois promis, ils m'ont laissé en proye à des nouveaux désirs. Ces désirs, je ne pouvois les satisfaire ; c'étoit donc un tourment. J'avois à essuyer la mauvaise humeur, les caprices d'une personne grossière décorée du nom de ma gouvernante, l'incapacité de mes maîtres qui me tourmentoient souvent mal à propos, & qui parcequ'ils m'enseignoient mal, me grondoient du peu de progrès que je faisois. J'aurois évité tous ces maux si j'eûsse toûjours été sous les yeux de ma mère.

Miss MOLLY.

Et moi, je donnerois tous mes doigts à couper les uns après les autres pour avoir été élevée comme ces Demoiselles : j'aurois évité bien des peines. Je les épargnerai à mes enfans si Dieu m'en donne ; car, ma Bonne, il faut que j'apprenne à ces Dames que je vais me marier : elles me doivent un compliment. J'épouse le plus honnête homme du monde ; donc je serai la plus heureuse de toutes les femmes. Une des conditions de mon contrât de mariage, c'est que j'aurai la liberté

berté d'élever mes filles à ma fantaisie ; ces Dames m'imiteront : nous aurons une société charmante.

Miss SOPHIE.

Arrangés pour vous, ma chère, & laissés chacun décider à sa mode ; ne me contés pas au moins dans votre société.

Miss BELOTTE.

Et pourquoi non, ma sœur ? Il faut tâter de tout : si ce genre de vie ne nous accommode pas, nous en prendrons un autre.

Lady LOUISE.

Entrons en accommodement, ma Bonne. Je ne puis me promettre d'imiter en tout Madame *du Plessis* ; cela est trop parfait pour moi, je la suivrai de loin. Par exemple, je me promets bien de faire ignorer à mes enfans jusqu'au mot de bals & de spectacles : je sens fort bien qu'on m'y a mené trop jeune. Pour les enseigner d'exemple, je renoncerai moi-même à ces plaisirs qui après tout ne constituent pas le bonheur. L'argent que j'y dépensois, va être mis dans une bourse où il s'amassera jusqu'à ce que mes enfans soient en âge de faire l'aumône, & ce sera le fond destiné a leur charité. Je serai avec eux les trois quarts du jour, & le reste du tems, quoiqu'il m'en coûte, je leur trouverai une surveillante, telle que l'avoient les filles de Madame *du Plessis*. Je vous prie de me la trouver au plûtôt, ma Bonne ; je serai mère dans quelques mois, & en attendant que mon enfant soit en âge, vous m'aiderés à former ma collégue. Etes-vous contente de moi, ma Bonne ?

Madem. BONNE.

Et comment ne le serois-je pas, ma chère Lady ? Dieu l'est ; & je suis sûre que vous l'êtes vous-même. Quant à la gouvernante que vous me demandés, j'ai votre fait. C'est une fille de qualité sans fortune. Elle n'exigera pas d'égards ; mais par-là elle en mérite d'avantage. Qu'elle n'ait ni de près ni de loin aucun rapport à ce que l'on appelle domestique, pas même de gages : c'est une amie que je vous offre à vous & à votre famille future ; tout autre titre gâteroit tout. Adieu, Mesdames ; médités en chré-

chrétiennes sur ce que nous venons de dire, & rapprochés-vous le plus qu'il se pourra du modéle que je vous présente.

~~~~~~~~~~~~~~~~

CONVERSATION PARTICULIÉRE.

Lady SPIRITUELLE. *Madem.* BONNE.

Lady SPIRITUELLE.

MA Bonne, j'ai grand besoin de votre secours. Je souffre, je souffre... Oh! il n'est pas possible de vous exprimer tout ce que je sens. Il me semble que Dieu m'appelle à lui d'une maniére plus particuliére : je lui résiste ; il m'en punit. Lorsque je vais me coucher châque soir, & que je repasse l'inutilité de ma journée, il me prend des frayeurs terribles de la mort, des craintes des jugemens de Dieu qui me font dresser les cheveux à la tête. Alors je demande pardon à Dieu ; je fais résolution de mieux employer le lendemain, & il se passe à rien faire comme le jour précédent:

Madem. BONNE.

Dites-moi, ma chère, ce que votre conscience vous reproche le plus quand la frayeur des jugemens de Dieu vient vous glacer de crainte.

Lady SPIRITUELLE.

L'inutilité de ma vie; je ne commets pas de crime: où irai-je en chercher l'occasion? Je vais, je viens, je cours pour tâcher de tuer le tems, & dans vingt quatre heures, à peine employé-je une demi-heure à la priére du matin & du soir; encore comment la fais-je? J'ai eû à cette occasion une grande conversation avec Lady *Louise;* elle étoit dans un mauvais quart d'heure, car elle vous trouvoit presque ridicule avec vos idées de perfection. Un homme dont la profession devroit être de nous conserver dans la ferveur & de nous y exciter, a augmenté nos doutes. Il dit que toutes ces idées de pénitence, de renoncement à soi-même, & de mortification, sont des idées papistes, & que vous cherchés à nous gâter l'esprit. Nous souhaitions toutes deux qu'il eût raison; mais, ma Bonne, nous sommes convenues malgré nous après qu'il a été parti, que
vous

vous ne nous dites rien que ce qu'il y a de plus répété dans l'Evangile, & que s'il y a du tort, ce n'est pas vous qui l'avés, mais Jésus-Christ. Là-dessus Lady *Louise* a pris une bonne résolution : elle s'est déterminé à suivre vos conseils, & m'a encouragé à vous les demander pour sortir de la pénible situation où je suis.

Madem. BONNE.

Pourquoi aviés-vous besoin d'être encouragée à m'ouvrir votre cœur ? Cela blesse le mien : doutés-vous de mon amitié, ma chère ?

Lady SPIRITUELLE.

Non, ma Bonne; mon histoire est précisement celle de Lady *Louise*. Quand elle vous a confié ses peines sur les spectacles & les bals, elle se flattoit que vous les regarderiés comme des scrupules, & que vous la rassûreriés; elle avoue qu'au fond de l'âme elle craignoit d'être éclairée: voilà ma situation, je crains que vous n'aidiés à la grace qui semble me demander une entiére séparation du monde & des plaisirs.

Madem. BONNE.

Ne craignés rien ; je n'irai pas si vîte, ma chère Lady : vous êtes dans un âge où il ne vous convient pas de faire une démarche que vous n'auriés peut-être pas le courage de soûtenir. Il faut pourtant répondre aux mouvemens de la grace ; mais ce n'est pas là à coup sûr ce qu'elle vous demande. Prions Dieu de nous éclairer, & disons avec le Roi Prophéte : *enseignés-moi le chemin par lequel je dois marcher.* Ajoûtons-y : *& donnés-moi la grace de le suivre.* Commencés, ma chère amie, par être fidéle dans les petites choses, & ensuite Dieu vous conduira aux plus grandes. Il faut d'abord prendre une demi-heure le matin pour méditer. Vous lirés avec beaucoup d'attention un livre de piété ; vous vous arrêterés aux bons mouvemens que produira en vous cette lecture, & vous vous exciterés à faire naître dans votre cœur les sentimens qui y conviennent. Ensuite vous vous accoûtumerés à ne sortir le matin qu'autant qu'il sera nécessaire à votre santé ; vous tiendrés compagnie à Mylady ; vous travaillerés dans sa chambre, ou vous lirés dans la vôtre ; vous interromprés votre travail par des prières courtes & ferventes au moins six fois le

matin

matin & autant le soir quand vous ferés dans les visites ou dans les assemblées.

Lady SPIRITUELLE.

Les visites sont le théatre de ma vanité; je ne puis me refuser à un bon mot, à une raillerie spirituelle. Je cherche à démêler dans les regards des autres, le dégré d'admiration que je leur inspire par mon esprit: si j'apperçois quelqu'un qui paroisse n'y pas faire d'attention, aussi-tôt je le qualifie de stupide & de sot, & le lendemain j'en parle sur ce ton. Celles avec lesquelles je me trouve en rivalité d'esprit, sont à mes yeux de sottes bavardes : j'examine avec attention leur maintien, leurs gestes, leurs discours ; & si par malheur elles font ou disent quelque sottise, un coup d'œil malin en avertit la compagnie, & j'en suis si occupée que si je ne rencontre point quelques personnes de connoissance à le dire, j'en entretiens ma femme de chambre en me déshabillant. Cette fille qui connoit mon foible, est à la piste pour découvrir quelque mauvaise histoire sur le conte de ces personnes, & ne manque pas de m'en régaler. Tout cela, ma Bonne, je le fais pour ainsi dire sans m'en appercevoir, & la confidence que je vous fais,

fais, est la suite d'un examen très-sérieux que je fis hier en me couchant.

Madem. BONNE.

Il faut bien remercier Dieu de ces lumiéres, ma chère enfant ; mais surtout, il faut en profiter. Gardés quelquefois un bon mot, & privés-vous absolument de le dire s'il blesse la charité : punissés-vous lorsqu'il vous sera échappé. Appliqués-vous à cacher les fautes de celles qui n'ont d'autre tort que d'avoir autant ou plus d'esprit que vous. Ne vous permettés jamais d'en parler, sinon pour en dire du bien ; mais surtout, réparés le scandale que vous avés donné à votre femme de chambre, & la premiére fois qu'elle voudra vous parler contre ces personnes, dites lui : j'ai eû tort de vous parler d'elles, ma chère, c'est moi qui vous ai incité à manquer de charité à leur égard ; j'en suis fâchée, il faut nous corriger.

Lady SPIRITUELLE.

Que pensera cette fille si je lui fais cette sorte d'excuse ? Elle est fort sotte, & en prendra droit de me mépriser.

Madem.

Madem. BONNE.

Et quand cela arriveroit, ma chère, ne l'avés-vous pas mérité par votre jalousie ? Cependant, ne le craignés pas : cette femme actuellement vous méprise, car elle vous regarde comme une fille jalouse à qui l'on fait la cour en flattant bassement ses passions. Le seul moyen de vous réhabiliter dans son esprit, est la sorte d'excuse que je vous conseille de lui faire, car elle connoîtra par-là que vous êtes guérie de cette foiblesse ; mais il ne faut pas le faire par ce motif.

QUINZIÉME JOURNÉE.

Toutes les écoliéres.

Madem. BONNE.

MISS *Belotte* va commencer à nous répéter la suite du sermon de Jésus sur la montagne.

Miss BELOTTE.

Ne vous faites point de trésors dans la rre où la rouille & les vers les mangent,

& où les voleurs les dérobent & les déterrent ; mais faites-vous des tréfors dans le ciel où ils font en fûreté, & où ils ne peuvent fe gâter : car où eft votre tréfor, là auffi eft votre cœur.

Ne jugés point, & vous ne ferés point jugés ; car vous ferés jugés felon que vous aurés jugé les autres, & on fe fervira envers vous de la même méfure dont vous aurés ufé envers les autres.

Nul ne peut fervir deux maîtres, car ou il aimera l'un & haïra l'autre, ou il s'attachera à l'un & méprifera l'autre ; vous ne pouvés fervir tout enfemble Dieu & l'argent.

Madem. BONNE.

Autrefois comme aujourd'hui, Mefdames, l'argent étoit un maître que l'on fervoit avec foin ; & cependant, qu'eft-ce que l'argent ? Quand vous poffédériés tout celui qui eft en Angleterre, vous n'emporteriés pas un feul fhelin dans l'autre monde, & fi vous n'avés eû que cette forte de bien, vous y arriverés plus pauvre, plus nuë que le dernier des mendians. Travaillés donc un peu pour l'autre vie, mes chères enfans ; mettés châque jour
quelque

quelque chose de côté pour ce païs-là : la prière, l'aumône, le renoncement à nos inclinations vicieuses, voilà la monnoye qui a cours dans le païs où nous devons passer notre éternité. Pouvons-nous risquer d'y arriver les mains vuides, pendant qu'il est si aisé de nous y procurer une fortune immense avec la grace de Dieu & par les mérites de Jésus ?

Jésus-Christ nous avertit aussi de ne point juger, & nous dit qu'on nous mesurera avec la mesure que nous aurons employé pour les autres. Tremblons, Mesdames, lorsque nous manquons de charité : nous dictons nous-mêmes notre arrêt.

Miss SOPHIE.

Cependant, ma Bonne, il nous est presque impossible de ne point juger, à moins de nous crever les yeux. Je vois un homme qui jure, qui s'enyvre, qui injurie son prochain, en un mot, qui fait une mauvaise action ; il faut bien que je juge que cet homme fait une mauvaise action : cela me saute aux yeux & à l'esprit ;

Madem. BONNE.

Aussi n'est-ce point cela que Jésus vous défend dans cet Evangile. Il vous dira dans un autre endroit : si quelqu'un n'obéït pas à l'église, regardés-le comme un payen & comme un publicain. Il vous ordonne donc de juger que cet homme est aussi méchant qu'un idolâtre. Voici ce que Jésus vous défend, & ce que l'on fait tous les jours : c'est de juger légérement, sans preuve, & de prêter au prochain de mauvaises intentions. Cet homme donne l'aumône par hypocrisie ; cette femme ment, parcequ'elle dit une chose que je n'aime pas à entendre. Vous jugés non seulement vos inférieurs & vos égaux, mais encore vos supérieurs. Avec quelle licence n'interprétés-vous pas les actions & les intentions de votre Souverain, même celles qui paroissent les meilleures ! Si je suivois mon courage quand je me trouve avec des femmes qui se donnent les airs de critiquer ainsi leurs supérieurs, je leur distribuerois une douzaine de soufflets & les planterois là ; mais il faut me taire sur cet article : j'en dirois trop. Continués, Miss *Belette.*

Miss

Miss BELOTTE.

Demandés, & l'on vous donnera ; cherchés, & vous trouverés ; frappés à la porte, & l'on vous ouvrira. Car qui est l'homme d'entre vous qui donne une pierre à son fils, lorsqu'il lui demande du pain ? Si donc étant méchans comme vous êtes, vous savés bien donner de bonnes choses à vos enfans : à combien plus forte raison, votre père qui est dans le ciel donnera-t-il le bon esprit & les vrais biens à ceux qui les lui demandent ?

Madem. BONNE.

Plaignons-nous de notre pauvreté spirituelle à présent, de la difficulté à vaincre nos passions. Nous avons la parole de Jésus pour garant. Nous n'avons qu'à demander pour obtenir ; mais il faut demander avec foi, confiance, humilité, & au nom de Jésus : alors la foi nous ordonne de croire que nous serons exaucées.

Miss BELOTTE.

J'avois bien demandé à Dieu de n'être point marquée de la petite vérole ; cependant, je n'ai point été exaucée.

Madem. BONNE.

Ce ne sont point ces choses frivoles que Jésus s'est engagé à nous accorder; ce sont les vrais biens, ma chère, les biens spirituels, les biens de l'autre monde: c'est souvent dans sa miséricorde qu'il nous refuse les autres biens. Continués, ma chère.

Miss BELOTTE.

Entrés par la porte étroite, parceque la porte de la perdition est large, & le chemin qui y mene, est spacieux, & il y en a beaucoup qui y passent, & que la porte de la vie est petite, que le chemin qui y mene, est étroit, & qu'il y en a peu qui le trouvent.

Madem. BONNE.

Ce n'est pas moi qui ai mis cela dans l'Evangile au moins. Assûrés-en ces personnes qui m'accusent de vous prêcher une morale trop sevére; dites-le à ceux qui s'écrient: Oh! si on étoit damné pour médire, pour avoir des maîtresses, &c. il y auroit trop de gens en enfer, & trop peu iroient au ciel. Assûrement! Mesdames, très-peu iront au ciel; ce n'est pas là le seul endroit où Jésus nous en avertit: il dit

dit dans un autre endroit qu'il faut comparer les élus au raisin qui reste à la vigne après qu'on s'est bien donné de la peine pour tout couper. Cela fait frémir quand on y pense ; car enfin, sur cent grapes de raisin qu'on coupe, à peine en reste-t-il une. Efforcés-vous, dit Jésus encore, d'entrer dans la porte étroite. L'entendés-vous, Mesdames ? Il faut s'efforcer, c'est-à-dire, se faire violence, se donner de la peine ; & que cette peine est peu de chose comparée à la gloire future ! Mais il faut finir : aussi bien ne feroit-on que bégayer en parlant de ces biens que l'œil n'a point vû, que l'oreille n'a point entendu, & que le cœur de l'homme ne peut comprendre. Lady *Sensée*, parlés-nous de la maniére dont on s'y prit à Rome pour avoir des loix écrites.

Lady SENSE'E.

Les Sénateurs selon leur bonne coûtume après avoir sottement résisté au peuple, lui accordèrent enfin sa demande. On fit partir des Commissaires pour aller recueillir les meilleures loix qui étoient pratiquées chés les nations les plus connûes : on choisit parmi ces loix celles qui pouvoient

voient convenir le plus aux Romains; & pour faire ce choix & les mettre en ordre, on nomma dix nouveaux Magistrats qui retinrent le nom de Décemvirs qui en Latin veut dire dix. Toute autre Magistrature fût abolie, & pendant que neuf travailloient aux loix, le dixiéme gouvernoit la république pendant cinq jours. Ils se comportèrent trés-bien pendant une année; & ayant partagé les loix en dix chapîtres ou tables, elles fûrent exposées en public afin que chacun en pût dire son avis.

Miss CHAMPETRE.

Si les Romains s'étoient toûjours comportés avec tant de prudence, vous n'auriés rien à leur reprocher, ma Bonne. Avoués qu'ils fûrent vraiement libres en cette occasion, & qu'il étoit bien doux d'obéïr à des loix qu'on avoit choisi soi-même.

Madem. BONNE.

J'en conviens, ma chère; mais convenés aussi que ces loix établies avec de si sages précautions devoient être inviolables. Le fûrent-elles? non; ces enragés

ragés de Tribuns en attaquèrent plusieurs, & le Sénat fût assés lâche pour y laisser donner atteinte. Ah! la belle liberté qui consistoit à défaire un jour ce que l'on avoit fait l'autre! Mais il ne faut pas attendre un meilleur usage de la liberté chés la multitude; c'est un fardeau trop pésant pour elle, & sous le poid duquel il faut nécessairement qu'elle succombe. Continués, Lady *Sensée*.

Lady SENSE'E.

On fût très-content à Rome des loix écrites: toutefois on jugea qu'il y manquoit encore quelque chose; ainsi on résolût de créer de nouveaux Décemvirs pour les compléter en y ajoûtant deux tables. Un des descendans d'*Apius* & qui portoit le même nom, avoit été du nombre des premiers Décemvirs; & quoiqu'il eût affecté une grande modération, les plus clairvoyans du Sénat avoient remarqué en lui de grandes dispositions à la tyrannie. Pour l'exclûre de cette seconde nomination, on résolût de lui laisser le choix des nouveaux Décemvirs, car il étoit inouï qu'un homme se fût jamais nommé lui-même. Mais *Apius* avoit dépouillé toute honte;

honte : il se donna la premiére place parmi les Décemvirs, & remplit les neuf autres de gens qui ne valoient pas mieux que lui. Vous sentés bien qu'il n'avoit pas fait un tel pas pour en démeurer là ; il n'y eût sortes de brigandage qu'il n'exerçat dans Rome, lui & ses collégues. Le peuple opprimé jettoit les yeux sur les Sénateurs dont il attendoit du secours ; mais ceux-ci n'étoient pas fâchés de voir la multitude porter la peine qu'elle avoit mérité, par les changemens perpétuels qu'elle introduisoit dans le gouvernement. Cependant, l'année des Triumvirs expira sans qu'ils abandonnassent l'autorité qu'ils étoient résolûs de conserver. Pendant tout le tems que dura leur tyrannie, ils ne convoquèrent point le Sénat ; mais quelques ennemis de Rome se préparant à l'attaquer, il fallût bien l'assembler pour prendre les moyens de les repousser. Un *Apius*, oncle du tyran, eût la fermeté de reprocher à son neveu l'indignité de sa conduite, & lui rappellant les exemples de ses ancêtres, l'exhorta à se montrer digne d'eux par l'abdication d'une autorité qui n'étoit plus légitime, puisqu'il ne la tenoit pas des loix qu'il violoit au contraire ; & les Sénateurs encouragés par son exemple,

répon-

répondirent aux Décemvirs qu'ils n'avoient pas le droit de léver une armée, puisqu'il y avoit long-tems que leur pouvoir étoit expiré. Un des Décemvirs tourna en ridicule le discours d'*Apius*, & tous ensembles promirent de rentrer dans l'ordre aussi-tôt qu'on auroit repoussé les ennemis. Comme le danger pressoit, il fallût les laisser faire. L'oncle d'*Apius*, pour montrer de plus en plus qu'il détestoit la conduite de son neveu, se retira à la campagne, & le plus grand nombre des Sénateurs suivit cet exemple.

Lady VIOLENTE.

Dites-moi, ma Bonne, étoit-ce par méchanceté, par foiblesse, ou par impuissance que les Patriciens ne firent aucune démarche contre les Décemvirs ? Je suis excédée de voir dix hommes donner la loi à tout un grand peuple : ne pouvoit-on pas procéder à l'élection d'un Dictateur ?

Madem. BONNE.

L'histoire nous fait entendre que les Sénateurs virent avec quelque satisfaction le commencement de la tyrannie d'*Apius*,

pour

pour abaisser l'orgueil du peuple. Dans les derniers tems, ils parûrent souhaiter sincérement de rétablir l'ordre ; cependant, aucun d'eux n'eût le courage de prendre les mesures nécessaires pour cela. Vous le voyés, Mesdames, le dernier période de la liberté dégénérée en licence, annonce toûjours la tyrannie : les grands découragés par le despotisme du peuple, perdent l'esprit patriotique. Le Sénat aimoit autant la tyrannie des Décemvirs que celle des Tribuns. D'ailleurs, comme je vous le ferai remarquer bientôt, il est un respect malentendu pour les loix, qu'un grand homme sait sécouer à propos ; ou plûtôt, il en abandonne la lettre pour en suivre l'esprit.

Miss BELOTTE.

Je n'entends pas bien cela, ma Bonne ; je vous prie de nous l'expliquer : qu'est-ce que ce mot *la lettre* des loix ?

Madem. BONNE.

Nous remettrons cette explication au tems de *Camille* dont nous approchons, & où ces mots s'expliqueront d'eux-mêmes.

Il faut finir tout ce qui regarde la chûte des Décemvirs. Continués, Lady *Sensée*.

Lady SENSÉE.

Les Décemvirs ayant lévé une armée, partirent de Rome pour s'opposer aux ennemis, & laissèrent *Apius* pour exercer l'autorité dans la ville, ou plûtôt pour achever de l'asservir.

Ce méchant homme étoit devenu amoureux d'une jeune Plébéïenne, nommée *Virginie*. Comme la loi des dix tables défendoit les mariages entre les Patriciens & les Plébéïens, il résolût de la séduire, & offrit pour cela de grosses sommes à sa nourrice, car elle n'avoit plus de mère. Cette femme ayant rejetté ces offres avec horreur, il eût recours à un moyen bien étrange.

Apius avoit parmi ses Cliens un méchant homme dont j'ai oublié le nom. Ce fût avec lui qu'il concertât l'indigne ruse dont l'innocente *Virginie* devoit être la victime. En conséquence de ce complot, le Client vint trouver *Apius* lorsqu'il étoit assis sur son Tribunal dans la place publique, & se plaignit que *Virginius* gardoit chés lui la fille d'une de ses esclaves que sa femme avoit

avoit acheté parcequ'elle étoit stérile. Aussitôt on manda *Virginie* qui vint accompagnée de tous ses parens. Ils représentèrent à *Apius* que son Client avoit attendu bien tard à revendiquer une fille qu'il disoit lui appartenir. Ce Juge inique répondit qu'il y avoit long-tems que son Client lui recommandoit cette affaire, & que le grand nombre de celles dont il étoit chargé, l'avoient empêché d'y penser jusqu'alors. Un jeune homme à qui *Virginie* étoit fiancée, enhardi par son amour, eut le courage de reprocher publiquement au tyran les démarches qu'il avoit faites pour séduire *Virginie*, & qui expliquoient bien clairement la cause de la demande du Client ; mais je l'ai déjà dit, *Apius* s'étoit fait un front qui ne pouvoit plus rougir, & se soucioit fort peu qu'on pénétrât ses vûës, pourvû qu'elles réussissent. Il ordonnoit donc que *Virginie* fût livrée à son prétendu maître par provision, lorsque les parens représentèrent qu'une des loix des dix tables étoit qu'un citoyen dont l'état étoit contesté, en joüiroit par provision jusqu'au moment où les preuves eussent été sans replique. Ils ajoûtèrent qu'il étoit cruel d'inquiéter un citoyen absent pour le service de sa patrie, & demandèrent que *Virginius*

ginius fût rappellé de l'armée pour défendre l'état de fa fille. *Apius* qui ne pût refufer cette demande, dépêcha un courier à fes collégues pour qu'ils refufaffent à cet homme la permiffion de venir en ville. Son courier arriva trop tard ; *Virginius* prévenu par fes amis, avoit déjà obtenu fon congé, & étoit entré dans Rome. Il fit en vain tout ce qu'on pouvoit attendre d'un père tendre pour défendre l'état de fa fille; & voyant qu'elle étoit condamnée, il demanda tout hors de lui à lui dire un mot en particulier. Il la tira auprès d'une boutique, & voyant un coûteau, il lui dit: ma chère fille, je donnerois ma vie pour fauver la vôtre ; mais j'aime mieux vous voir morte que défhonorée. En difant ces mots, il prend le coûteau, & en perce le cœur de l'innocente *Virginie*. Il s'ouvre en même tems un paffage au travers du peuple qui faifi d'horreur & de pitié, le laiffe paffer fans réfiftance, arrive à l'armée, montre aux foldats ce coûteau enfanglanté, les conjure de ne le point regarder comme le meurtrier de fa fille, & les prie de lui aider à la venger. Auffi-tôt l'armée quitte fes drapeaux, marche à Rome, fait mettre les coupables en prifon, nomme de nouveaux Confuls & des Tribuns. Les Confuls suls abandonnèrent au peuple la punition d'*Apius* & de son complice, qui furent mis à mort, & le bon ordre fût rétabli dans Rome.

Lady MARY.

Pauvre *Virginie !* je te plains; mais je plains encore plus ton malheureux père: je crois qu'il fût misérable tout le reste de sa vie.

Lady CHARLOTTE.

Le défaut des Romains n'étoit pas d'être trop tendres; pour moi, je crois qu'il se consolât par la vengeance qu'il tirât de ses ennemis, & par l'autorité dont il fut revétû, car on le nomma Tribun du peuple. Mais dites-nous, ma Bonne, que faut-il penser de l'action de cet homme: étoit-elle bonne ou mauvaise ?

Madem. BONNE.

Ni l'une ni l'autre, ma chère, car elle ne fût pas volontaire. Le danger de sa fille, la vûë de ce coûteau que le hasard fit trouver sur cette boutique, excitèrent dans l'âme de *Virginius* un mouvement ir-

irréflêchi auquel il s'abandonna. On voit seulement qu'il avoit en horreur le crime & l'infamie, puisque la mort de sa fille lui parût un moindre mal que l'ignominie dont elle étoit ménacée. Au reste, Lady *Charlotte*, je ne vois pas pourquoi vous vous persuadés que les Romains avoient le cœur dur. Ils étoient fort grossiers, & tels que le peuvent être aujourd'hui des laboureurs & des soldats : leur tendresse par conséquent n'avoit pas cette délicatesse que des peuples plus polis font remarquer, sans pour cela en être moins réelle & moins solide.

Miss SOPHIE.

Vous vous êtes servie d'un grand nombre de mots que je ne connois pas, & que je vous prie de m'expliquer. Que veut dire celui-ci, *l'état d'une personne*, & cette expression, *une personne devoit jouïr de son état par provision ?*

Madem. BONNE.

Ce sont des expressions dont on se sert dans les procès, ma chère, des mots d'usage dans les loix. On appelle *l'état d'une personne*, l'assûrance où elle est de sa qualité

lité de fille libre par exemple, de citoyenne, de fille légitime. On dit que si on lui dispute cette qualité, elle en doit joüir *par provision*: c'est-a-dire, qu'elle sera regardée comme libre, citoyenne & légitime, jusqu'à ce que le procès soit décidé.

Miss BELOTTE.

C'étoit bien dommage que la mère de *Virginie* fût morte: elle eût décidé tout d'un coup l'état de *Virginie* en jurant qu'elle étoit sa mère, & qu'elle ne l'avoit pas supposée.

Madem. BONNE.

Le serment d'une mère en cette occasion ne serviroit pas de grand chose, ma chère. Ce n'est pas par le témoignage d'un père & d'une mère qu'on prouve l'état d'un enfant: ils peuvent le défendre; mais ils ne peuvent le détruire en le niant, & par conséquent leur seul témoignage ne peut le constater.

Miss CHAMPETRE.

Comment, une mère qui auroit supposé

un enfant, & qui en auroit des remords, ne pourroit-elle réparer sa faute en l'avouant ?

Madem. BONNE.

Elle pourroit, sans doute, prouver la supposition ; mais il faudroit que ces preuves fussent bien claires : on ne la croiroit pas sur sa parole. L'état d'un citoyen est une chose si sacrée, qu'on n'a pû prendre trop de précautions pour l'assûrer. La loi préfére le danger de déclarer dix bâtards légitimes, à celui de faire passer un enfant légitime pour bâtard. C'est le bâtistére, c'est-à-dire, ce qu'on écrit sur les régistres de la paroisse lorsqu'on bâtise l'enfant, qui lui assûrent le père & la mère au nom desquels il est bâtisé ; & une femme auroit beau, en s'accusant elle-même, jurer que l'enfant dont le bâtistére existe, n'appartient pas à son mari : elle ne seroit pas crûe, & l'enfant hériteroit comme ses frères du bien de ses ancêtres, dans les lieux du moins où les enfans ne peuvent être déshérités par leurs parens par une bonne raison.

Lady MARY.

Est-ce qu'il y a un païs où les perès &

les mères ne puissent pas disposer de leurs biens selon qu'ils le jugent à propos?

Madem. BONNE.

Je ne sais ce qui se pratique dans les autres royaumes; mais en France un père ne peut déshériter son enfant sans prouver qu'il a de bonnes raisons pour en agir ainsi. Si un père déshéritoit son fils, par caprice, fantaisie, ou aversion, on feroit fort aisément casser son testament après sa mort, & le fils rentreroit dans tous ses droits.

Miss CHAMPETRE.

Voyés ce que c'est qu'une mauvaise habitude: j'ai eû la bouche ouverte pour dire que cette loi étoit tyrannique, & qu'il falloit laisser à chacun la liberté de disposer de son bien à sa fantaisie; je connois pourtant fort bien que fait comme nous le sommes, c'est un grand avantage d'être bridés par des loix qui en nous laissant toute la liberté de faire le bien, nous lient & nous empêchent de faire le mal.

Madem. BONNE.

C'est une grande bonté, ma chère, nous
allons

allons reprendre l'histoire de Madame *du Plessis*, & parler de la mort de ses filles.

Ces Demoiselles parlant un jour à un fort honnête homme du bonheur qu'elles avoient d'être élévées par une mère si chrétienne, il leur dit qu'elles devoient bien prier pour sa conservation, parcequ'elles seroient en danger de se perdre dans le monde si elles étoient privées de ses conseils. Elles réfléchirent entre elles sur ce qu'il leur prédisoit, & le soir même furent trouver leur mère à laquelle elles racontèrent cette conversation. Elles la prièrent ensuite de demander à Dieu avec instance de les retirer à lui avant elle si elles devoient perdre la grace de Dieu après sa mort.

Miss SOPHIE.

Quelle ridicule priére ! Il n'est pas permis de souhaiter la mort d'un ennemi, & ces filles vouloient obliger leur mère à demander leur mort au bon Dieu. Je pense que Madame *du Plessis* étoit trop raisonnable pour faire une priére si extravagante.

Madem. BONNE.

Pauvre Miss *Sophie* aura bien de la peine à se

à se corriger de la mauvaise habitude de parler avant de penser. Dites-moi, ma chère, ne faites-vous pas tous les jours la même priére que ces Demoiselles, & ne dites-vous pas à Dieu dans l'acte de contrition : faites-moi la grace de mourir plûtôt que de vous offenser ? Tout chrétien doit faire cette priére tous les jours de sa vie.

Miss SOPHIE.

Hélas ! ma Bonne, je fais à la vérité la priére dont vous me parlés ; mais j'avoue à ma honte que je la fais absolument par routine, & que je n'ai jamais réfléchi au sens des paroles que je prononce : je m'en corrigerai. Continués s'il vous plait.

Madem. BONNE.

Madame *du Plessis* ravie de l'horreur que ses filles avoient du péché, leur promît de se joindre à elles pour demander à Dieu leur mort, si elles devoient en commettre un considérable. Elle fit cette priére avec toute la ferveur dont elle étoit capable ; mais ce ne fût pas sans souffrir infiniment. La nature a ses droits dans le cœur des
Saints

Saints comme dans celui de tous les hommes : toute la différence, c'est que chés les Saints la nature est surtout subordonnée au devoir. Madame *du Plessis* au sortir de la priére, annonça à ses filles que Dieu les avoit exaucé, & qu'elles mourroient toutes trois avant elle.

Miss BELOTTE.

Cette prédiction étoit ce me semble capable d'avancer leur mort : une jeune personne frappée de l'idée de sa fin prochaine, tombe dans l'ennui, la frayeur, & cela peut occasionner une maladie de langueur. De quoi sont-elles mortes, ma Bonne ? Je gagerois qu'elles sont tombées en consomption, ou qu'elles ont eû la jaunisse.

Madem. BONNE.

Vous perdriés, ma chère : elles sont toutes trois mortes du pourpre, c'est-à-dire, d'une maladie très-commune à Rouen, qui est plus dangéreuse pour les personnes fortes & robustes que pour les délicates. Il y avoit plus d'un an que la prédiction avoit été faite lorsque la première mourût : ainsi on ne peut attribuer sa mort au saisissement que cela lui auroit pû causer, Dieu ce semble ayant ménagé cette circonstance pour justifier leur mère contre votre accusation, & vous n'êtes pas la premiére à qui cette pensée est venue; mais, comme vous le voyés, elle n'a point de fondement.

Madame *du Plessis* partit pour la campagne avec ses trois filles & leur amie. Cela faisoit cinq personnes. Hélas! dit-elle en soupirant, nous serons moins pressées au retour. Cette parole ne fut comprise que par l'amie dont j'ai parlé & qu'on nommoit Mademoiselle *Hullin*; c'est d'elle que je tiens toutes ces circonstances. Au bout de deux mois, Madame *du Plessis* fût forcée de revenir à Rouen pour assister aux couches de sa belle-fille, & ce fût pendant cet intervalle que sa fille *Puchot* tomba malade. Elle revint avec l'exprès qui lui en apporta la nouvelle, & ne l'abandonna plus qu'après sa mort. Cette pauvre Demoiselle avoit besoin de ce secours: elle fût tentée de désespoir d'une maniére si forte qu'à peine la vûe des miséricordes de Dieu & des mérites de Jésus pouvoit la rassurer. Cet état terrible disparût deux heures avant sa mort; elle reprit toute sa confiance en Dieu, & mourût de la mort

des

des prédestinés. La mère prosternée en terre adora le souverain domaine du créateur sur elle & sur ses enfans, lui sacrifia sa fille, & prête à suffoquer par la violence de sa douleur, eût le courage de tirer de ce funeste événement des réflexions utiles pour les deux filles qui lui restoient. Elle les finit en avertissant sa fille chérie de se tenir prête, parceque ce seroit elle qui suivroit sa soeur.

Lady LOUISE.

Je vous jure, ma Bonne, que si vous n'aviés vû cette Dame & connû par vous-même la bonté de son cœur, j'aurois toutes les peines du monde à me persuader qu'il fût tendre & qu'elle aima beaucoup ses enfans.

Madem. BONNE.

C'est que vous ne connoissés pas la force de la grace sur un cœur bien disposé. Elle laisse subsister à la vérité tous les sentimens de la nature qui non seulement sont d'accord avec le devoir, mais qui sont eux-mêmes un devoir dont rien ne peut jamais dispenser, parcequ'ils sont gravés dans nos cœurs de la main de Dieu; mais elle leur

F 4 ôte

ôte tout ce qu'ils ont de vicieux, d'imparfait. J'ai succédé dans le cœur de Madame *du Plessis* à cette fille qu'elle avoit tant aimé : je lui ressemblois en laid ; elle me connût deux mois après l'avoir perdu, & sa douleur fût flattée de pouvoir se représenter une image imparfaite de celle qui lui avoit été ravie. Quelle preuve n'ai-je pas eû de sa sensibilité ! Que de larmes mes fautes ne lui ont-elles pas fait repandre ! Quelles attentions, quels soins délicats ! Je vous assûre, Mesdames, qu'il faut avoir été aimé par une Sainte pour comprendre la perfection de l'amitié. Je viens de vous parler de la belle-fille de Madame *du Plessis*, & je n'ai vous point appris que son fils étoit marié : il faut vous donner un exemple à suivre dans la maniére dont elle se comporta en cette occasion.

Madame *du Plessis* n'avoit pas pû gouverner son fils, comme elle avoit fait ses filles. Destiné à remplir une place dans le Parlement de Rouen, il falloit qu'il fit les études convenables à cette place, & elle ne pouvoit pas le suivre dans les différens lieux où il alloit étudier. Parvenu à cet âge où l'on n'a plus de gouverneur, la compagnie de jeunes gens, leurs mauvais exemples, leurs railleries prévalûrent sur

les

les conseils de sa mère. Que ne demandiés-vous la mort de ce fils qui devoit si peu profiter de son éducation ? lui disoit-on un jour. Les égaremens de mon fils seront momentanés, répondit-elle : il les réparera par une vie pieuse & chrétienne. Sa prédiction fût vérifiée, & ce fils qui vit encore, est depuis très long-tems ce qu'il auroit dû être toûjours. Dieu l'à éprouvé par la perte de sa vûë, & par la croix la plus sensible dont il puisse punir un père : c'est sans doute aux priéres de sa sainte mère qu'il doit le bon usage qu'il en fait.

Madame *du Plessis* pleura en mère chrétienne le dérangement de son fils. Ce ne fût point le dérangement de ses affaires, de sa santé, la perte même d'une sorte de réputation dont à la vérité les jeunes gens sont peu jaloux, qui contristèrent cette sainte Dame : elle ne vit que l'offense de son Dieu commise par une partie d'elle-même, par un fils qui lui étoit extrêmement cher. Elle résolût de tout sacrifier pour le tirer de ce malheureux état ; & après lui avoir fait une correction dont la fermeté fût accompagnée d'une douleur bien capable de prouver combien il lui en coûtoit pour prendre ce ton, elle conjura ce cher fils de chercher dans un établissement sortable le reméde conseillé par St. *Paul*. Elle ne souhaitoit dans sa bru que de la naissance & une bonne éducation, & conseilla à son fils de ne point regarder à la fortune, puisqu'il en avoit une suffisante. Il se maria selon ses vûës, & l'attachement qu'il prit pour son épouse, produisit l'effet que sa mère en avoit attendu. Ce fût dans les discussions d'intérêt qui précéderent ce mariage, que Madame *du Plessis* donna une preuve non-équivoque de son attachement à ses devoirs. Quelques parens prétendirent faire donner atteinte à un legs particulier que Mr. *du Plessis* l'aîné avoit fait à ses niéces. Son fils prêta l'oreille à ces mauvais discours, & eût à ce sujet quelques paroles trop vives vis à-vis d'une mère si respectable. Elle lui répondit avec douceur que s'il s'agissoit de ses intérêts propres, elle les lui abandonneroit de bon cœur ; mais qu'elle se croyoit obligée en conscience de soûtenir les droits de ses filles. Ils se séparèrent sans que son fils lui eût demandé excuse de sa vivacité, & c'étoit la premiére fois de sa vie qu'il avoit manqué à ce devoir. Le lendemain il fût en famille rendre une visite de cérémonie à sa mère : elle le reçut fort bien à ce qu'il parût aux yeux

yeux de tout le monde, ensorte qu'on fût fort surpris de le voir se jetter tout à coup aux pieds de sa mère, en lui avouant qu'il méritoit son indignation ; mais qu'il la conjuroit de reprendre ses bontés à son égard, & qu'il la laissoit absolument l'arbitre du différent qu'il avoit avec ses sœurs. On ne pouvoit deviner ce qui pouvoit occasionner cette scéne : il fit remarquer à la compagnie que depuis qu'il étoit entré, sa mère l'avoit toûjours appelé Monsieur sans l'honorer une seule fois du nom de fils.

Lady LOUISE.

Ce dernier trait, ma Bonne, me donne une haute idée du mérite de Madame *du Plessis*. Il falloit qu'elle eût bien élevé ses enfans, & en même tems avec beaucoup de douceur, puisqu'un fils marié étoit si sensible à cette légére preuve de refroidissement.

Madem. BONNE.

C'étoit le châtiment le plus terrible dont elle punit ses enfans : Monsieur, Mademoiselle ; ils étoient au désespoir quand elle se servoit de ce mot, & il n'y avoit rien qu'ils ne fissent, rien de pénible & de difficile qu'ils n'entreprisent pour faire abréger le tems où cette pénitence devoit durer. Je vais pour finir la leçon, achever mon conte que j'avois presque oublié.

Clio avoit pris *Rannée* des mains d'*Alecto*. Cette petite Princesse qui n'avoit cessé de pleurer depuis le moment où son ennemie s'étoit emparée d'elle, sembla connoître le bien qui lui arrivoit en passant sous les loix de *Clio*. Ses larmes tarirent, & alors tous ceux qui étoient dans la chambre de la Reine, s'empressèrent à examiner la proportion de ses traits qu'on n'avoit pû remarquer jusqu'alors. Embrassés la Princesse, dit *Clio* au Roi & à la Reine, pour la soustraire aux piéges d'*Alecto*. Je suis forcée de la dérober à vos caresses : vous serés long-tems sans la voir ; c'est un sacrifice qu'il faut faire au bien de votre peuple.

Il n'y avoit que ce motif qui pût faire rsupporter à *Aris* & à *Mithra* la séparation de leur fille ; mais aussi étoit-il tout-puissant : ils l'arrosèrent de leurs larmes, & la remirent entre les bras de la fée qui s'éléva avec elle dans les airs. Toute la cour la suivoit des yeux & du cœur : de nouveaux objets attirèrent toute l'attention, &

forcèrent

forcèrent les spectateurs à quitter de vûë pour quelques instans la fée & la Princesse.

Deux palais de cristal parûrent à la distance des yeux ; & lorsqu'on les eût considéré quelques instans, les mouvemens du cœur ramenèrent tous les regards vers la Princesse. Mais, oh surprise ! on vit deux *Clios* si parfaitement ressemblantes qu'il n'etoit pas possible de les distinguer : elles tenoient chacune un enfant dans leurs bras, & s'avançoient vers ces beaux palais. A peine y fûrent-elles entrées, que l'un se fixa sur le sommet d'une montagne inaccessible ; l'autre s'éléva tellement dans les airs, qu'on pouvoit à peine l'appercevoir.

Le Roi & toute sa cour avoient les yeux fixés vers les deux palais sans pouvoir distinguer celui des deux qui renfermoit la vraye *Clio* & la Princesse leur fille. Le lecteur ne le distingue pas non plus, j'en suis sûre ; je dois l'en instruire. Cette multiplication étoit un effet de la malice d'*Alecto :* on le conçoit assés. Au moment de la conception de la Princesse, les méchantes fées avoient épuisé leur art à douer du même tempérament la fille d'une femme de basse condition qui avoit recû l'être au même instant ; même tempérament, même conformation d'organes,
même

même taille, mêmes dispositions pour les vices & les vertus.

Lady VIOLENTE.

Permettés-moi une petite question, ma Bonne. Vous nous avés dit que les deux fées incertaines avoient procuré à la Princesse leur légéreté & leurs caprices ; vous nous avés aussi averti qu'elles n'étoient que foibles, & n'avoient pas de noirceur : comment donc pûrent-elles se prêter à la méchanceté de leurs sœurs, pour arranger les humeurs de cette seconde *Rannée*? Elles ne haïssoient ni le Roi ni la Reine ; quel pouvoit être leur motif?

Madem. BONNE.

Les personnes d'un caractère foible, ont-elles besoin d'un motif pour faire le mal? Sans s'embarrasser des raisons de leurs méchantes sœurs, elles avoient trouvé plaisant d'avoir deux *Rannées*, & se faisoient une fête de l'embarras que cela donneroit un jour au Roi & à toute la cœur. Elles ne voyoient dans cet événement qu'une scéne risible & propre à divertir : c'étoit un motif suffisant pour le mettre en œuvre. Ces sortes de personnes sont in-

ca-

capables de porter leurs vûës au delà d'un point ; le premier qu'elles apperçoivent, elles le saisissent, & ne vont pas plus loin.

Lady LUCIE.

A ce que je vois, ma Bonne, ce caractère est de tous le plus dangereux & le plus difficile à corriger : j'aimerois mieux de grandes passions.

Madem. BONNE.

Je dirois qu'il est impossible à corriger, ma chére, si la réligion ne nous fournissoit pas un remède aux maux qui sans elle seroient incurables. Avec de grandes passions on peut former de grands hommes ; il n'est question que de les diriger. Avec un caractère dont la légéreté fait la base, on ne peut se faire un plan : on est obligé d'en changer vingt fois par heure. Si Dieu vous affligeoit, Mesdames, d'un enfant de ce caractère, souvenés-vous bien qu'il faut fixer fortement le cœur pour se rendre maîtresse de l'esprit. Dans un conte de fée, j'offre l'amour prophane pour produire ce miracle ; dans la vérité, il faut l'amour de Dieu : c'est lui seul qui peut donner de la consistence aux âmes de cette trempe. Il faut encore veiller exactement sur tous les objets

objets qu'on offre aux yeux des personnes de ce caractère : c'est surtout elles que leurs mères ne doivent pas perdre de vûë un seul instant ; une compagnie vertueuse pendant plusieurs années peut leur faire contracter une habitude qui à force d'actes réïtérés, leur donneroit de la consistence.

La fausse *Rannée* fût conduite par *Alecto* dans le palais de cristal qui s'étoit fixé sur la montagne, & pour empêcher qu'on ne découvrit sa fourberie, elle avoit emprunté la figure de *Clio*. Cette derniére se rioit de la malice de son ennemie. *Alecto* pouvoit tromper le Roi & toute la cour en la contrefaisant ; mais il lui manquoit un *Mascave*, & l'éducation alloit mettre une différence infinie entre ces deux filles si semblables d'ailleurs.

Clio enléva dans le même tems le Prince de la Chine, & le transporta dans le palais aïrien ; mais comme il importoit à ses desseins qu'il ne fût pas connû pour ce qu'il étoit, elle déguisa son sexe, & lui donna les habits du nôtre. Elle avoit transporté dans ce palais tous ceux qu'elle avoit choisi pour lui aider à élever sa Princesse ; & quelle attention avoit-elle donné à ce choix important ! Toute l'Europe avoit à peine suffi à ces recherches ; & quoiqu'elle
les

les eût pris parmi tout ce qu'il y avoit de plus parfait, elle employa une année entiére à perfectionner leurs talens & à leur faire prendre des idées uniformes : car rien ne nuit plus à l'éducation que la contrariété des vûës des maîtres. A peine *Rannée* commença-t-elle à bégayer, qu'on découvrit en elle les germes pernicieux des vices que les méchantes fées avoient mis en son âme. Elle aimoit si passionnément sa nourrice, qu'on ne pouvoit l'arracher de ses bras, sans risquer de la faire tomber en convulsion : il n'y avoit qu'un moyen de l'en déplacer. *Clio* prenoit *Mascave* sur ses génoux ; aussi-tôt *Rannée* lui tendoit ses petites mains, & s'efforçoit de s'élancer pour partager le siége du Prince. Comme il avoit trois ans plus que *Rannée*, *Clio* ne le quittoit pas une minute : nul de ses mouvemens n'échappoit à la fée, nulle de ses actions dont elle ne tirât avantage pour connoître & perfectionner ses dispositions naturelles. *Mascave* répondoit à ses vûës, excepté en celle qu'elle avoit le plus à cœur. Il regardoit *Rannée* comme une sœur chérie ; mais ses sentimens venoient de l'habitude de la voir : *Clio* n'y voyoit point cette vivacité qu'elle remarquoit dans ceux de la Princesse. *Clio* fût alarmée

de

de cette indifférence, & n'oublia rien pour la faire disparoître: tout fût inutile; & plus d'une fois elle fût tentée d'accuser l'amour de n'avoir rempli que la moitié de ses promesses. C'étoit pourtant pour les accomplir plus clairement qu'il en retardoit l'exécution; mais *Clio*, quoique fée, étoit mortelle: ses vûes étoient trop bornées pour comprendre la sagesse des dispositions des Dieux qui vont à leur but par les routes qui paroissent en éloigner.

Passons légérement sur les premiéres années de *Rannée*, qui n'ont rien de fort intéressant. Il avoit fallû lui ôter sa nourrice: cette femme qui étoit pourtant le phénix de celles de son espéce, ne pouvoit souffrir la contradiction pour son éléve; elle se persuadoit que sa santé en souffriroit, & *Clio* ne pût jamais lui faire comprendre que la violence des passions est beaucoup plus contraire à la formation des enfans qu'une sage contradiction qui les met sous le joug. *Rannée* sentit d'abord cette séparation avec tant de violence, qu'on eût dit que sa vie en étoit en danger; la légéreté de son caractère ne lui permit pas d'en être long-tems affligée, & au bout de vingt quatre heures, on la vit tranquille.

Lady

Lady LOUISE.

Je conçois, ma Bonne, qu'un peu de fermeté guériroit les enfans d'un grand nombre de défauts ; mais où voulés-vous qu'une mère prenne assés de courage & de raison pour exposer son enfant, à tomber en convulsion par exemple ? Je n'oserois me promettre une telle force, & je me regarderois comme parricide si mon enfant mourroit des suites d'une contradiction.

Madem. BONNE.

L'expérience nous rassûre contre ce danger, ma chère amie : il faut de toute nécessité qu'un enfant soit contredit, ou par raison, ou par caprice. Si vous refusés de le faire pour son bien, celles qui seront auprès de lui, le feront par mauvaise humeur ; car vous sentés que cet enfant indompté sera fort impatientant. Vous aurés deux enfans, souvent très-violents tous les deux : ils se contrediront mutuëllement si votre vigilance & vos corrections ne les forcent pas à vivre en paix. La contradiction est donc inévitable pour les enfans ; & si on en choisit deux, l'un élévé à la mode ordinaire, & l'autre selon mes principes, je gagerois bien que le premier

premier aura été cent fois plus contredit que le mien. D'ailleurs, Mesdames, les enfans jouent les convulsions : demandés-le à Lady *Sensée*.

Lady SENSE'E.

Nous en avons vû un exemple bien frappant cet hivèr à la campagne. Madame la Baronne *de M* * * * a un fils de la plus aimable figure. Comme il est venu au monde dix ans après les autres, il a été bien gâté. Cette Dame malgré son foible pour ce fils, le confia à ma Bonne, car elle est aussi fort raisonnable, & la laissa la maîtresse de le traiter à son gré. *George*, c'est ainsi qu'on l'appelle, mit dans sa petite tête d'en imposer à sa nouvelle maîtresse. Ma Bonne l'ayant prié d'étudier une leçon, il l'assûra très-positivement qu'il n'en feroit rien parceque cela lui donneroit de la peine, & qu'il n'aimoit pas à en prendre. Ma Bonne lui répondit froidement qu'elle étoit en habitude de fouëtter les enfans qui désobéissoient, & que quand elle avoit commandé une chose, il falloit absolument qu'elle s'exécutât ; & comme elle se léva en finissant ces paroles, *George* qui crût qu'elle alloit chercher des

ver-

verges, lui cria : ne m'approchés pas, je vais tomber en convulsion. Effectivement, il commença à trembler de tout son corps d'une maniére si naturelle, qu'il me fit frayeur, & je fûs tentée d'emporter l'enfant. Ma Bonne qui pénétra ma pensée, m'arrêta sur ma chaise par un regard terrible, & sans s'embarrasser des cris de *George* qui disoit, je me meurs, elle appella une servante, & lui commanda d'aller chercher un ménuisier pour faire vîte une biére. *George* attentif essuye ses yeux, léve ses cheveux qu'il avoit éparpillé sur son visage, & lui demande ce qu'elle veut faire de cette biére. Pour vous clouer dedans, mon ami, lui dit-elle, & vous enterrer tout de suite : vous m'avés promis que vous alliés mourir, & j'en suis bien aise, car les méchans enfans ne doivent pas vivre. Oh ! j'aime mieux étudier une leçon que d'être enterré, répondit *George* dont les mouvemens convulsifs s'arrêtèrent tout à coup ; & depuis ce moment, il n'en a jamais été question.

Lady Louise.

Et quel âge avoit cet enfant, je vous prie ?

Lady SENSÉE.

Un peu plus de cinq ans. Quand ma Bonne lui commandoit quelque chose, il lui disoit : avés-vous bien résolû que je vous obéïsse ? dites-le moi sur votre parole d'honneur, car il regardoit cela comme un serment inviolable ; & quand ma Bonne l'avoit prononcé, il prenoit son parti, & obéïssoit en disant : il faut bien le faire, car cette femme-là ne se dédit jamais quand elle a raison. Mais *George*, lui disoit Mylady, que n'avés-vous une convulsion ? Oh ! cela est inutile, répondit-il naïvement : elle ne la craint pas, & veut tout d'un coup enterrer les gens. Mais j'en aurai encore avec Maman parcequ'elle en a bien peur ; elle me prend sur ses génoux, & me dit : ah *George !* mon cher *George !* Puis elle me donne des bon-bons, & me laisse faire tout ce que je veux.

Lady LUCIE.

Est-il possible qu'un enfant de cet âge ait tant de malice ! Mais pourquoi s'en étonner ? J'ai connû une petite fille de trois ans & demi qui disoit à une de ses compagnes : que ne fais-tu comme moi ?

J'ai

J'ai tout ce que je veux de Maman; quand elle me refuse quelque chose, je pleure, & aussi-tôt elle fait tout ce qu'il me plait : cela est bien aisé.

Madem. BONNE.

Si on suivoit les enfans de près, on connoîtroit qu'ils ont une raison au dessus de leur âge quand il s'agit de l'intérêt de leurs passions. Il faut donc être extrêmement sur ses gardes quand il faut vaincre ces passions, & croire qu'ils mettront tout en usage pour se conserver le droit d'en suivre les mouvemens. Au reste, Mesdames, on n'a de violence à se faire qu'une fois : un enfant bien convaincu de votre fermeté, s'en tient à la premiére expérience. Reprenons notre conte.

La légéreté de *Rannée* se déceloit à tous les momens : elle souhaitoit avec passion une chose dont elle se dégoûtoit le moment d'après. *Mascave* étoit d'un caractère tout différent : il s'attachoit avoit difficulté, & il n'étoit pas possible de le dégoûter d'une chose qu'on étoit parvenu à lui faire aimer, à moins qu'on ne lui prouvât qu'il avoit eû tort de s'y attacher.

Ces différences de tempérament lui inspirèrent bientôt de l'éloignement pour
Ran-

Rannée : il ne pouvoit se prêter à sa bizarrerie. Quoique la Princesse n'eût que cinq ans, elle s'apperçût bientôt que *Mascave* la fuyoit, & s'ennuyoit avec elle. Elle l'aimoit avec tant de vivacité, que cette froideur la jetta dans une sorte de désespoir. Elle versoit un jour des larmes amères dans un lieu écarté. Qu'avés-vous, ma chère? lui demanda *Clio* qui la surprit en cette situation. Je suis désespérée, ma Bonne, lui répondit-elle : *Mascave* ne m'aime plus. Je n'en suis pas surprise, lui répondit *Clio* ; *Mascave* a trop de raison pour aimer ce qui n'est point aimable. Est-ce que je ne suis pas aimable ? lui répondit la Princesse avec vivacité ; j'ai beau regarder au miroir : je ne trouve rien ici de plus beau que moi, excepté *Mascave*. J'en conviens, lui dit la fée ; mais les défauts de votre caractere font oublier la régularité de vos traits. *Mascave* vous voit aujourd'hui avec indifférence ; bientôt elle vous méprisera, & parviendra enfin à vous haïr. Ah ! ma Bonne, j'en mourrois de douleur ! s'écria *Rannée* en se jettant dans les bras de *Clio*. Mais seroit-il possible que *Mascave* pût me haïr ? Elle seroit bien ingrate, car je l'aime fort. Vous le croyés, lui dit la fée ;

pour

pour moi, je pense que vous ne l'aimés guére; car vous faites à tous momens des choses qui lui déplaisent. Pensés-vous donc qu'elle puisse vous trouver aimable quand vous vous mettés en colére, & que vous manqués de douceur ; quand vous haïssés aujourd'hui ce que vous aimiés hier à la folie ? Non, ma chère *Rannée*, *Mascave* ne peut vous aimer avec tous ces défauts: si vous voulés qu'elle s'attache à vous, corrigés-vous, suivés son exemple. Ah, ma Bonne! je vous le promets, dit *Rannée* ; dès aujourd'hui je veux être telle que vous le voulés, & *Mascave* n'aura pas le cœur de me donner du chagrin.

Dans le moment *Mascave* entra. Il tenoit une carte de géographie qu'il voulût cacher par complaisance, car *Rannée* qui s'étoit d'abord attachée à cette science avec passion, s'en étoit dégoûtée depuis un mois. Ne cachés pas votre carte, dit-elle à *Mascave* ; venés, ma chère sœur, nous étudierons : je ne veux plus aimer que ce qui vous amusera, à condition que vous m'aimerés aussi. *Mascave* avoit le cœur excellent; il fût touché de la complaisance de *Rannée*, & la reconnoissance l'engagea à redoubler ses attentions pour elle. *Rannée* charmée du changement qu'elle vit en lui, continua à corriger en elle tout ce qui déplaisoit à *Mascave :* insensiblement elle prit l'habitude de conformer ses goûts aux siens, & cette habitude s'étant fortifiée pendant plusieurs années, forma en elle comme une seconde nature. *Mascave* fût ravi de ce changement, & perdit sans s'en appercevoir le dégoût que lui avoient inspiré les défauts de *Rannée :* l'amitié y succéda, & de l'amitié à l'amour le chemin est aisé à faire à l'âge de dix-huit ans.

Mascave étoit parvenu à ce terme ; *Rannée* finissoit son troisiéme lustre, & l'on eût eû peine à croire qu'elle n'étoit pas née parfaite, tant l'exercice de toutes les vertus lui étoient devenues naturelles. Cet aimable couple, sans curiosité pour ce qui se passoit dans le reste de l'univers, se suffisoit à lui-même ; mais le tems des grands événemens approchoit. *Clio* annonça à *Mascave* qu'il falloit se séparer de *Rannée* ; & quoiqu'elle flatta ces enfans d'une prompte réunion, ils fûrent inconsolables : il fallût arracher *Mascave* des bras de *Rannée* qui resta sans sentiment dans ceux de *Clio.* Cette fée employa pour la consoler, tout ce que l'amitié qu'elle avoit pour elle, lui pût suggérer ; & l'ayant vûe

plus

plus tranquille, elle rejoignit *Mascave*, & prit avec lui le chemin de la Chine.

Pendant le court espace qu'elle mit à faire ce long voyage, elle instruisit le Prince de son sexe & des raisons qui l'avoient engagé à le lui cacher. *Mascave* rougit de se voir sous des habits de femme ; mais la fée d'un coup de baguette les changea, & ce qu'il y a de surprenant, c'est que le jeune Prince ne se trouva point embarrassé de ces nouveaux habits. Il jettoit des yeux avides sur les contrées diverses qu'il parcouroit ; & quoique la nouveauté de ces objets fût bien capable de faire diversion à ses pensées, ses yeux se tournoient sans cesse sur le palais qu'il venoit de quitter : il soupiroit pour *Rannée*, mais d'une maniére tranquille. Ses sentimens pour elle n'avoient été jusqu'alors qu'une amitié extrêmement tendre ; le moment étoit venu où il alloit en éprouver de plus vifs. Arrivé proche du palais où son père faisoit sa résidence, la fée lui présente un cheval superbement enharnaché : elle l'arme de toutes piéces. *Mascave* admire avec plaisir ces nouveaux ornemens ; un carquois rempli de flêches attire surtout ses regards : il examine le carquois, en tire une flêche, l'essaye sur le bout de son doigt, & se pique sans le vouloir. Cette flêche étoit celle que lui gardoit l'amour : les sentimens qu'il avoit pour *Rannée*, se dévoilent, se fortifient, ou plûtôt changent de nature. Les tourmens de l'absence redoublent; il dit à *Clio* en soupirant : Madame, que faisons-nous ? Pourquoi nous éloigner de *Rannée ?* Ah ! je n'ai jamais connu, comme je le sais à présent, le bonheur de vivre avec elle : en serai-je privé pour jamais ?

Ainsi l'amour devenu passion, s'annonce par des tourmens : le soupir, enfant de la douleur, est le premier effet qu'il produit ; l'inquiétude suit, la défiance, la crainte, & mille mouvemens fâcheux que l'amour vertueux ignore. *Clio* sourit, & embrassant *Mascave*, lui dit : mon fils, cette absence ne sera point éternelle, vous reverrés *Rannée* ; mais que je crains votre retour auprès d'elle ! Vous serés le témoin de deux changemens consécutifs en elle ; ce que vous aimés, perdra ses graces, perdra ses vertus : vos sentimens pour elle, pourront-ils survivre à cette perte ? *Mascave* frémit : non, s'écria-t-il ; que les traits de *Rannée* changent, à la bonne heure ! Vous le savés, sa beauté n'a pas fait naître en moi les sentimens que j'y découvre en
ce

ce moment; il fût un tems où elle ne plaisoit qu'à mes yeux: le seul changement de ses mœurs lui a fait trouver le chemin de mon cœur. Il seroit, sans doute, déchiré s'il étoit forcé de perdre la douce habitude de l'adorer; toutes fois je sens que mon amour pour elle ne pourroit survivre à mon estime: non, Madame, si je cesse de l'estimer, je ne l'aimerai plus. Mais pourquoi *Rannée* cesseroit-elle d'être vertueuse? Pourquoi n'employés-vous pas toute la puissance de votre art, pour la préserver de ce malheur?

Je puis tout sur les élémens, lui répondit *Clio*; mais je ne puis rien sur les cœurs. Brûlés pour *Rannée* tant qu'elle sera digne de votre estime, & souvenés-vous si elle s'en rend indigne, que vous seriés avili en continuant de l'aimer: nous partageons l'infamie des objets de nos attachemens.

Lady LUCIE.

Je vous prie, ma Bonne, n'achevés point votre conte s'il est vrai que *Rannée* doive perdre sa vertu; j'ai fait comme le Prince *Mascave*: je me suis accoûtumée à l'aimer, & il m'en coûteroit trop de prendre une habitude contraire.

Lady MARY.

Il y a dans les paroles de *Clio* un deſſous de cartes que je n'entends pas ; mais ſûrement il y en a un. Car enfin, le but de ma Bonne dans ce conte eſt de nous prouver que la bonne éducation peut changer la nature. Or ſi *Rannée* retournoit à ſes premiers défauts, ſon éducation auroit été en pure perte, & ma Bonne auroit manqué ſon but : elle va nous expliquer cette énigme.

Madem. BONNE.

C'eſt parler en fille qui raiſonne, & mon conte ne ſeroit bon qu'à être jetté au feu, ſi j'avois fait cette ſottiſe.

Cet entretien jetta un fond de triſteſſe dans le cœur de *Maſcave*, que la joye de revoir les auteurs de ſa naiſſance ne pût diſſiper entièrement. Il paſſa trois mois à la Chine, & malgré les prédictions de *Clio*, il ſentoit que *Rannée* lui devenoit plus chère châque jour ; effet de la bleſſure qu'il s'étoit faite. L'amour de paſſion a des contradictions qui ne peuvent s'expliquer. Il ſentoit qu'il ne pouvoit être heureux qu'en devenant l'époux de ſa Princeſſe : il frémiſſoit dans la crainte

de

de la voir devenir indigne de sa tendresse; il se flattoit de pouvoir détourner le malheur dont elle étoit ménacée. Cette dernière pensée l'emporta: il obtint de ses parens la permission d'aller à Lutésie pour demander la Princesse à son père. *Clio* l'avoit averti qu'elle devoit lui être rendue deux jours après son arrivée dans cette cour. Il y parût avec un cortége superbe, & conduit par *Clio* qui lui rendit *Aris* favorable. Par l'ordre de la fée, toute la cour se rendit dans une grande plaine, & vit avec des transports de joye les deux palais airiens s'approcher lentement: ils s'ouvrent; les deux *Rannées* sortent en même tems, & vont se jetter aux pieds d'*Aris* & de *Mithra*. Le doux nom de père sort en même tems de leur bouche. *Aris* veut se livrer à la joye; son cœur s'y refuse. Une des deux est sa fille: il frémit dans la crainte de se tromper. La nature ne s'explique pas plus clairement dans le cœur de *Mithra*; on se flatte que l'amour sera plus clairvoyant. On prie *Mascave* d'approcher & de décider entre ces deux rivales. Mais, oh prodige! à peine ont-elles jetté les yeux sur lui, que la vraye *Rannée* devient d'une laideur horrible. Les Dieux se déclarent

en

en ma faveur, s'écrie sa concurrente : la méchante *Alecto* n'a pû soûtenir sa supercherie, & le ciel la force à abandonner la malheureuse qu'elle vouloit me substituer. Le peuple qui ne réfléchit guére, poussa des cris de joye, & demandoit à haute voix qu'on lui abandonnât cette laide créature, pour la punir du crime qu'elle avoit voulu commettre. *Aris*, *Mithra* & *Mascave* n'étoient pas de ce sentiment. Ils se souvenoient que le changement des traits de *Rannée* avoit été prédit, & la laideur de cette Princesse leur paroissoit une preuve en sa faveur. Mais comment faire revenir le peuple de sa prévention ? La chose n'étoit pas possible, & on résolût d'attendre du tems des lumiéres nouvelles.

Les deux *Rannées* fûrent logées dans le palais : mêmes habits, mêmes honneurs, mêmes caresses de la part du Roi & de la Reine. Cependant, la beauté faisoit son effet ordinaire.... la fausse *Rannée* gagnoit chaque jour quelque chose dans les cœurs qu'elle avoit intérêt d'attendrir. *Mascave* la visitoit assidûment, & étoit surpris de lui entendre raconter les plus petites particularités de son enfance. Il est vrai que la Princesse disgraciée de la nature les racontoit avec la même exactitude ; mais les paroles

roles de l'une avoient une persuasion qui manquoit à la derniére : à mérite égal, une belle personne a des avantages infinis sur une laide. Insensiblement *Mascave* oublia le chemin de l'apartement de la vraye *Rannée*; il ne bougeoit d'auprès de celle pour laquelle son amour ne méritoit plus ce nom : c'étoit une passion vicieuse, parceque la fausse *Rannée* n'avoit rien qui pût entretenir un amour vertueux. Quand le sentiment qu'on nomme tendresse, est poussé jusques là, il cache à la vérité les défauts de l'objet aimé ; mais il ne les cache que superficiellement : l'estime s'anéantit faute d'aliment, & le fait d'une maniére si imperceptible, que celui chés lequel elle meurt, est long-tems sans s'en appercevoir. Les inégalités de la fausse *Rannée* parûrent alors aux yeux de *Mascave* pour vivacité, & l'égalité d'humeur de la vraye *Rannée* pour indolence.

Je prie mes lecteurs, & surtout mes lectrices, de remarquer qu'à mesure que la passion de *Mascave* augmentoit, son respect pour celle qui l'avoit fait naître, diminuoit. On s'offensa à la vérité la premiére fois qu'il osa manquer à la décence ; mais ce fût de maniére à ne le pas désespérer. La fausse *Rannée* n'avoit pas pris l'habitude de se

G 5   com-

commander à elle-même : elle succomba bientôt. *Mascave* se crût d'abord le plus heureux de tous les hommes ; à peine l'yvresse fût-elle dissipée qu'il se fit horreur. Il ne douta plus que cette Princesse qui avoit abandonné la vertu, ne fût la vraye *Rannée* : les paroles équivoques de la fée nourrissoient son erreur. Elle venoit de se rendre indigne de lui ; un dégoût insurmontable prit la place de sa passion satisfaite : il la voyoit alors telle qu'elle étoit en effet, & cette vûë redoubloit son erreur, car il reconnoissoit en elle tous les défauts qu'il avoit remarqué dans la vraye *Rannée* en ses premiéres années. Vous croyés peut-être que son dégoût pour la fausse *Rannée* étoit une disposition permanente ; non, les passions, je l'ai déjà dit, sont contradictoires : il l'adoroit, la méprisoit, la haïssoit par intervalle, & quelquefois il éprouvoit en même tems ces sentimens si contraires, ensorte qu'il pouvoit s'appliquer ces vers d'un auteur fameux :

Je te hais & t'aime tout ensemble ;
Je ne puis vivre avec toi ni sans toi.

Je n'ai rien dit des dispositions de la vraye *Rannée*. Sa douleur avoit été extrême. *Clio* invisible pour le reste de la cour ne l'avoit point abandonné. Pourquoi vous affli-

affligés-vous ? lui difoit-elle quelque-fois, des affiduités de *Mafcave* pour votre rivale, elles avancent fa guérifon en lui donnant moyen de découvrir les défauts de cette fille. Ah, ma Bonne ! lui difoit la Princeffe, je pardonne à tout le monde de me méconnoître ; mais je ne pourrai jamais oublier l'erreur de *Mafcave* : fon cœur devoit-il balancer entre moi & ma rivale ? *Clio* rioit de la colére de *Rannée*, & cependant s'affligeoit de l'oubli du Prince. La volupté ferroit châque jour les liens qui l'attachoient à la fauffe Princeffe. Vingt fois par jour, le mépris, le dégoût le chaffoient de fon apartement, & vingt fois l'habitude l'y ramenoit. Dans un de ces momens de dégoût, il paffa proche de l'apartement de *Rannée*, & fon inquiétude le porta à y entrer. Il cherche dans fa converfation du foulagement à l'ennui qui le pourfuivoit fans ceffe ; il retrouve dans fes difcours ces graces qui l'avoient autrefois charmé. Il oublie en l'écoutant le changement de fes traits : à la fageffe de fes difcours, il croit retrouver fa Princeffe ; un regard jetté fur elle reprime ce retour de fon cœur. Il baiffe les yeux, l'écoute encore : fon âme s'agite ; il fe jette à fes pieds, & perd à côté d'elle ce langage refpectueux auquel elle étoit accoûtumée, & que son âme vertueuse pouvoit seule entendre. Arrêtés, téméraire! lui dit *Rannée*, avec cette autorité que donne la vertu. Mon cœur & mes sentimens ont moins de ressemblance avec ceux de ma rivale, que les traits de mon visage: portés-lui ce langage que je dédaigne; l'horreur succéde à la tendresse que vous sûtes m'inspirer autrefois.

Ces paroles de *Rannée* fûrent un trait de lumiére pour *Mascave*: la vertu de la Princesse dissipe l'illusion; il ne daigne plus consulter ses sens qui l'avoient si cruellement déçû. Son âme reconnoît l'âme de la vertueuse *Rannée*: il retombe à ses pieds, mais dans les dispositions du plus vif repentir. Quel crime ai-je commis! s'écria-t-il; & comment me flatter d'obtenir le pardon d'une telle offense? Ah, *Rannée!* que ne pouvés-vous lire dans mon cœur! Les remords le déchirent: vous êtes vengée.

Le cœur entend le langage du cœur. *Rannée* connût que le repentir du Prince étoit sincére; l'amour plaidoit sa cause: cependant, elle craignoit d'occasioner une rechûte par un pardon trop facile. *Clio* vint la tirer de cet embarras. Elle parût tout à coup, & relévant *Mascave* que la honte empêchoit

choit de léver les yeux vers elle : vous triomphés, *Rannée*, dit-elle à la Princesse ; c'étoit à votre persévérance dans la vertu que les Dieux avoient attaché le retour de *Mascave*, & celui de votre beauté. A ces mots, *Mascave* jette les yeux sur la Princesse : il reconnoît ces traits enchanteurs qui l'avoient séduit dans sa rivale, & il y retrouve ce qui manquoit à la derniére, ce fard qui n'appartient qu'à la pudeur & à la décence, d'ajoûter à la beauté, & qui l'embellissent encore. *Clio* les conduisit à l'apartement du Roi & de la Reine, qui à la vûë de la fée ne peuvent plus douter qu'elle ne soit leur fille. Dans le même tems, on entendit des cris épouvantables dans l'apartement de la fausse *Rannée* : elle étoit devenue si affreuse, que ne pouvant supporter sa vûë, elle mit fin à une vie que la perte du cœur de *Mascave* alloit lui rendre odieuse.

Mascave & *Rannée* ne pûrent s'empêcher de donner des larmes à cette infortunée. Voilà, dit *Clio* en s'adressant à la Princesse, le sort qui vous étoit préparé par *Alecto*. La nature n'avoit mis aucune différence entre vous & cette fille infortunée. L'education, l'amour ont rectifié votre cœur, & y ont fait naître cette vertu

qui

qui vous rend aujourd'hui un père, une mère, un trône & un époux. N'oubliés jamais combien vous lui êtes redevable, & que votre fidélité envers elle assûre pour jamais la félicité que vous tenés d'elle.

Lady LOUISE.

Votre conte est arrivé au dénouëment d'une façon bien extraordinaire, & j'avoue que je ne l'avois pas prévû.

Madem. BONNE.

Ni moi non plus, ma chère ; c'est pour ainsi dire, l'ouvrage d'un moment, & je sens qu'il y a bien des fautes : cependant, j'en serai contente tel qu'il est, s'il vous fait comprendre que l'éducation peut changer la nature, & qu'en conséquence, vous preniés la généreuse résolution de paîtrir, pour ainsi dire, l'âme de vos enfans pour en faire des *Rannées*, en dépit des dispositions qui y paroîtroient les plus contraires.

―――――――――――――

CONVERSATION PARTICULIÉRE.

Madem. BONNE. *Miss* ZINNA.

Miss ZINNA.

AH, ma Bonne ! vous me voyés au désespoir : la pauvre Lady *Lucie* épou-

épousa hier l'homme du monde le moins propre à la rendre heureuse ; comment avés-vous pû lui laisser faire un tel mariage ? car je suppose qu'elle vous l'a communiqué.

Madem. BONNE.

C'est vraiement une supposition de votre part, ma chère ; il est vrai qu'elle m'en donna avis par un petit billet, qu'elle m'écrivit une heure avant d'aller à l'église. Elle m'assûre qu'elle a eû de grandes raisons de se déterminer si vîte, qu'elle est persuadée que je les approuverai, & qu'elle m'en rendra compte aussi-tôt qu'elle sera débarrassée des visites & des fêtes que son mariage occasionnera. Malgré cette promesse, je suis bien sûre que je ne la reverrai jamais : elle me fuira avec soin, & peut-être me haïra bientôt ; mais ce ne sera pas pour long tems.

Miss ZINNA.

J'en suis persuadée, ma Bonne ; elle a trop de religion & de raison pour conserver un sentiment si injuste à votre égard.

Madem. BONNE.

Nous ne nous entendons pas, ma chère : elle me haïra, j'en suis sûre, le reste de sa vie;

vie ; malheureusement, elle ne sera pas bien longue, & je ne lui donne pas trois ans de vie avec le mari qu'elle a choisi.

Miss ZINNA.

Vous m'effrayés, ma Bonne. Je conçois bien qu'elle ne sera pas heureuse ; mais le chagrin n'abrége pas ordinairement la vie des femmes : on dit que nous en vivons ; & puis elle pourra ramener son époux à vivre comme le reste des hommes.

Madem. BONNE.

Non, ma chere. Lady *Lucie* est d'un caractère extrêmement flexible : elle adore son époux. Elle avoit le penchant le plus décidé pour le Méthodiste ; elle va s'y abandonner, & cette secte la conduira au tombeau. N'allés pas vous imaginer que ce soit par la présomption : notre pauvre amie craintive & timide ne pourra jamais se persuader qu'elle est du nombre des régénérées, des éluës ; conséquemment, elle doutera bientôt de son élection, & cette pensée jointe à la délicatesse de sa santé vont l'entraîner dans la consomption à laquelle elle tend déjà.

Miss ZINNA.

Et n'y auroit-il point de reméde à cela, ma

ma Bonne ? Ne pourriés-vous pas lui parler, la rassûrer dans ces craintes ?

Madem. BONNE.

Elle me fuyera, ma chère ; je puis vous parler avec confiance : elle est trop coupable envers moi pour oser soûtenir ma vûë du caractère dont elle est. Car enfin, ce mariage je l'avois prévû ; j'avois essayé de le parer : elle n'avoit jamais voulu convenir du penchant qu'elle y avoit, & m'avoit donné sa parole de ne pas s'engager sans avoir fait les plus sérieuses réflexions sur ce que Dieu demandoit d'elle. La pauvre fille ne cherchoit pas à m'en imposer quand elle me parloit ainsi : elle se trompoit elle-même. Enfin, le mal est sans ressource, ou s'il y en a une, elle ne peut venir que de vous. Elle est votre intime amie ; elle ne pourra sans blesser la bienséance, s'empêcher de vous voir quelquefois. Par charité, Madame, redoublés d'amitié à son égard : donnés-lui les plus grandes assûrances de la mienne. Je lui ai fait la réponse la plus dégagée, au sujet de son mariage ; mais elle ne peut en être la dupe. Elle me croit fâchée, la pauvre enfant ! Je ne la suis que pour elle, & n'ai pas le plus petit ressentiment de ce qui s'est passé. Tâchés
de

de lui bien mettre cela dans l'esprit; je cherche à ménager sa vie: si je ne puis le faire, employés-vous y. Elle a besoin de gayeté, de société, de confiance en Dieu; excités tous ces sentimens chés elle; l'amitié encore une fois vous en fait un devoir.

Miss ZINNA.

Je cherche des excuses à son ingratitude envers vous, ma Bonne, & peut-être n'est-elle pas si coupable que vous le pensez. Son oncle souhaitoit passionnément ce mariage: il l'aura conclu; elle l'aura accepté par complaisance.

Madem. BONNE.

Ah! que Dieu lui pardonne comme je le fais, Madame! Mais c'est lui qu'elle a offensé: elle étoit convaincue qu'il ne vouloit pas cet établissement pour elle; il lui avoit inspiré un désir ardent de se conserver libre pour se consacrer toute entière aux bonnes œuvres. Je n'avois osé lui décider que ce fût une vraye vocation: cependant, nous étions convenues qu'elle prendroit au moins une année pour examiner la volonté du Seigneur à son égard; foibles résolutions contre une passion chérie! Je vous dis ces circonstances pour vous montrer

trer combien elle a besoin de secours : elle aura des remords, & au lieu de réparer un mal qui n'a pû être prévenu, elle tombera dans le découragement & le désespoir peut-être.

Miss ZINNA.

Si Dieu la destinoit réellement à une vie plus parfaite que le mariage, y auroit-il du reméde à ce mal ? J'avois toûjours crû qu'on ne pouvoit faire son salut que dans l'état où la providence nous appelloit.

Madem. BONNE.

Il est certain que la fidélité à entrer dans l'état où Dieu nous appelle, donne beaucoup de moyens de faire son salut, & qu'il est bien difficile dans un autre. Cependant, il n'est pas impossible : le repentir efface tout, pendant que nous sommes sûr la terre ; & si nous pouvons éviter la ruine de la santé de notre amie, j'espére beaucoup de la bonté de son caractère. Mais elle succombera au genre de vie qu'elle va mener : conservés au moins sa confiance, pour lui procurer tous les secours qui seront en votre pouvoir. Mais vous ne me dites rien de vous, ma chère. Comment va la piété, le détachement du monde, la santé ?

Nous

Nous nous voyons si peu actuellement, qu'il faut que je fasse toutes mes questions à la fois.

Miss ZINNA.

Se connoit-on soi-même, & puis-je vous répondre ? Le Public, j'en suis sûre, vous aura instruit. Voyés-vous, ma Bonne, ce ne sera pas à moi qu'on viendra dire ce que l'on trouve à redire à ma conduite. Hélas ! mon opulence doit me rendre toute suspecte. Tout ce qui m'entoure, me loue, comme si c'étoit un miracle d'être modérée dans une grande fortune. J'avoue bien que cette modération est un miracle de la grace de Dieu ; mais on me l'attribue : voilà le mal. Dites-moi en conscience tout ce qu'on vous a dit de moi.

Madem. BONNE.

Le Public vous blâme sur deux points, Madame ; mais il n'est pas toûjours équitable : c'est à vous à décider devant Dieu s'il a tort ou raison. Je ne vous répéterai ses discours que pour obéir au commandement que vous m'en faites, & parceque je regarderois mon silence comme un crime, s'il y avoit une ombre de vérité à ce qu'on m'a dit. On dit que vous ruinés absolument

ment votre santé, & on m'en accuse. Occupée toute la journée à faire les honneurs de votre maison à un grand nombre d'étrangers, vous prenés sur votre sommeil le tems nécessaire pour donner vos ordres & recevoir vos comptes. Malade ou non, vous restés sur pied pour ne pas déranger les compagnies : vous faites des exercices violens sans égard au tems qu'il fait ; vous galopés dans une chaise par un tems humide ; vous êtes dans un mouvement perpétuel : en un mot, vous vous épuisés. Est-ce vrai ou non, ma chère ? Je serois tentée de croire le prémier. Vous êtes pâle comme une morte ; vous maigrissés à faire peur : enfin, vous êtes méconnoissable.

Miss ZINNA.

Je tombe des nuës, ma Bonne ; je croyois sincérement qu'on m'accusoit de devenir paresseuse, & je vous aurois avoué la dette, car il est vrai que je n'ai pas tenu la moitié des résolutions que j'avois pris sur ce sujet en me mariant. Je devois me léver à sept heures, & je m'éveille régulièrement en ce tems : cependant, le croiriés-vous ? je reste souvent au lit jusqu'à neuf, sous prétexte que je sens une sorte

d'épui-

d'épuisement, & que je m'imagine avoir besoin de repos. Autrefois ma femme de chambre étoit fort tranquille avec moi : je me donnois du mouvement pour mille petites choses ; à présent je suis fixée sur mon canapé, & si j'ai besoin d'une bagatelle, mes jambes me refusent le service, je sonne. Pour ce qui est de me lever matin à la campagne, c'est une nécessité absoluë. J'ai quelquefois quinze à vingt personnes à table sans compter les domestiques ; si je manquois d'ordre, je me croirois coupable d'une infinité de dissipations que j'arrête : n'est-ce pas un devoir absolu, ma Bonne ! Nous sommes bien riches ; cependant, on voit le bout de tout. Mon mari fait de grandes aumônes, de grandes dépenses ! pour pouvoir continuer les unes, il faut veiller sur les secondes. Quant à l'accusation d'imprudence en quelques promenades, j'avouë le fait, & je vous promets de m'en corriger ; peut-être le ferai-je trop : ma fille m'attache à la vie aussi-bien que mon époux.

Madem. BONNE.

Si je vous connoissois moins, je prendrois tout ce que vous me dites, à la lettre ; mais, Madame, je ne puis être trompée à
cet

cet égard. Vous n'êtes point née paresseuse, & vous ne la deviendrés jamais. Quand votre pauvre corps vous demande le lit jusqu'à neuf heures, croyés qu'il en a le plus grand besoin, & gardés-vous bien de lui refuser ce soulagement. J'en dis autant de vos jambes qui quelquefois refusent d'aller; elles en ont de bonnes raisons : accordés-vous tout ce qui vous viendra dans la pensée par rapport au repos & à la tranquillité. Je ne dirois pas cela à une femme molle, & je vous prie de le faire sans crainte, parceque vous ne l'êtes pas. Suppléés à cette prétendue paresse par une grande mortification dans le manger : vous êtes dégoûtée de tout ce qui pourroit vous fortifier, & votre goût vous demande mille choses qui vous seroient nuisibles. Ne sortés point des bornes que vous préscrit le Médecin ; obéissés-lui dans la vûë de Dieu, & comme vous le feriés à Dieu même. Par rapport à la vigilance que vous devés avoir pour vos affaires, je la loue, & vous exhorte à ne rien négliger à ce sujet tant que vos forces vous le permettront ; mais elles ne vous le permettent pas : la santé, la vie sont plus précieuses que les biens. Vous en imposés à vôtre époux sur cet article, ma chère ; il n'a pas l'idée de l'état d'épuisepuisement dans lequel vous êtes : votre courage, il le prend pour de la force, & j'ose dire que vous faites une faute très-considérable en lui cachant votre état.

Miss ZINNA.

Je vous demande pardon, ma Bonne, si je ne puis vous croire : quel mal peut-il y avoir à déguiser, à cacher même le mauvais état de ma santé à un époux que je rendrois misérable s'il connoissoit ma situation ?

Madem. BONNE.

La providence ne fait rien par hasard, Madame ; elle vous manifeste ses vûes par le mauvais état de votre santé. Cet état demande de la tranquillité, de la retraite : vous n'êtes point propre à représenter actuellement. Je suis bien sûre que si votre époux pouvoit se douter de ce qu'il vous en coûte pour recevoir journellement une compagnie si nombreuse, il s'en priveroit pour votre conservation. Cette mauvaise santé est donc un moyen que la providence vous offre pour vous arracher aux tracas du grand monde, pour diminuer votre dépense, & vous mettre en état de continuer vos aumônes. Moins de visites, moins de dépense

pense en habits, moins de dépense pour la table. Je sais que vous ne vous prêtés à ce luxe que par devoir, & je vous loue de l'avoir fait malgré votre répugnance : un autre devoir vient vous débarrasser de celui-là sans que votre époux puisse le trouver mauvais. Profités de cette occasion, ma chère ; avoués ingénûment votre situation : ne prenés plus sur votre vie ; conservés-la pour votre époux & vos enfans.

Miss ZINNA.

Je suivrai votre conseil, ma Bonne ; je conçois fort bien que la providence me fait une loi de cette retraite à laquelle je me livrerois par goût, & qui pourtant n'a plus pour moi les mêmes charmes qu'elle avoit autrefois. Ah, ma Bonne ! que le commerce du grand monde est pernicieux ! On le déteste, on en voit le néant, & cependant il gagne. Le croiriés-vous ? quand je parviens à me ménager un moment de récueillement, je me trouve d'un vuide, d'un ennui qui m'effraye ; si je prends un bon livre, il me tombe des mains ; si je veux prier, mille distractions m'en empêchent : en un mot, le monde que je n'aime pas, me devient nécessaire pour remplir un tems que je n'ai plus l'usage d'employer mieux.

Madem. BONNE.

Vous n'êtes pas la seule à qui cela soit arrivé. Je connois une Dame d'un esprit extrêmement solide, & qui par conséquent voyoit avec pitié les *graves riens* dont on fait son unique occupation dans le grand monde. Elle s'y prêta d'abord avec répugnance, & seulement pour éviter la singularité: au bout de six mois, ces *riens* étoient devenus comme nécessaires à son existence, & peut-être se seroit-elle abandonnée autotrent. Heureusement pour elle, un chagrin violent l'arracha à la dissipation. C'étoit une grace de Dieu que ce chagrin ; votre maladie en est une aussi ; regardés-la sous le même point de vûë, & tirés-en tout le parti possible. Adieu, Madame ; je ne vous retiens pas à la leçon : je sais que le devoir vous rappelle, & il faut préférer nos devoirs à nos plaisirs. N'oubliés pas notre chère Lady *Lucie.*

SEIZIÉME JOURNÉE.

Toutes les écoliéres ensembles, & Lady SINCERE.

Lady SINCERE.

MA Bonne, faites-vous grace à celles qui ont déserté, & seriés-vous d'humeur à recevoir un pauvre soldat qui vient tout honteux de sa sottise se ranger de nouveau sous vos drapeaux ?

Madem. BONNE.

Je vous reçois volontiers, ma bonne amie ; je vous attendois : il n'étoit pas possible avec l'esprit que je vous connois que vous m'échappassiés tout à fait. Pourrois-je vous demander sans indiscrétion ce qui vous ramene ?

Lady SINCERE.

L'ennui, le désespoir de trouver ce que je cherchois. Je voulois être heureuse ; le bonheur est pour moi un être fugitif : j'ai crû le voir partout, je ne l'ai trouvé nulle part. Ne pourriés-vous pas me l'enseigner, Mesdames ?

Lady SENSE'E.

Oui, ma chère amie; il habite parmi nous : du moins puis-je vous dire que ma situation est telle que je ne voudrois pas y ajoûter ni y diminuer la plus petite chose du monde.

Lady SINCERE.

Comment, rien ne vous déplait dans la vie, rien ne vous manque; vous ne souhaités & ne craignés rien du tout ?

Lady SENSE'E.

Ce n'est pas là ce que je veux dire : je ne suis pas exempte de ce que l'on appelle maux; mais deux choses me les rendent supportables. La premiére, c'est qu'ils viennent de la main de Dieu, & qu'il sait mieux que moi ce qui me convient. La seconde, c'est que je ne les regarde jamais que par comparaison avec ceux des autres, & alors ils me paroissent de pures bagatelles. Nous fûmes surprises l'autre jour d'une grande pluye au milieu de la campagne : j'étois si mouillée, si fatiguée, qu'il me prit envie de me plaindre. En rentrant dans la ville, je vis des manœuvres qui montoient du mortier au haut
d'une

d'une échelle, & qui probablement avoient encore une couple d'heures à passer exposés à cette pluye. Cette vûë me fit faire une réflexion. En rentrant chés toi, me dis-je, tu vas trouver un bon feu, des habits secs, des domestiques empressés à te frotter, à te changer ; & ces pauvres misérables seront forcés de garder leurs guenilles toutes trempées le reste du jour : ils ne trouveront peut-être chés eux, ni feu ni flamme, personne pour les soulager, pour les plaindre, & demain matin la nécessité de gagner leur vie, les ramenera au pied de cette échelle où il faudra grimper tout le jour au risque de se mouiller encore, & de se casser le col. Oh ! que je me trouvai heureuse en ce moment !

Lady SINCERE.

Ce bonheur de comparaison n'est pas grand chose ; mais enfin, ne souhaités-vous, ne désires-vous rien ? c'étoit là ma question, & vous l'avés esquivé : vous n'avés répondu qu'à la plus petite moitié.

Lady SENSÉE.

Je souhaite, assûrement ! d'être meilleure que je ne la suis ; mais ce désir est sans

sans trouble, parceque j'espére que celui qui me le donne, me donnera aussi la force de l'executer. Je crains de commettre des fautes, & je suis vraiement affligée quand j'en commets; mais mon Dieu est bon; il connoit le regret que j'ai de l'avoir offensé; il me pardonne, & la certitude que j'en ai, me rend heureuse.

Lady SINCERE.

Permettés-moi de vous le dire, ma chére Lady Sensée; vous êtes une étrange fille; je ne vous demande pas ce que vous craignés, ce que vous souhaités comme chrétienne, mais comme fille de qualité, qui vivés dans le monde, & qui avés vingt ans. N'y-a-t-il pas un petit désir pour les plaisirs que vous ne goûtés guére, pour les bals & les spectacles où vous n'allés pas, pour les assemblées où vous ne paroissés qu'une fois par an, encore est-ce comme un éclair?

Lady SENSÉE.

Je vais vous répondre par ordre. Qui vous a dit, ma chère, que je ne goûtois pas les plaisirs? J'en suis environnée depuis le matin jusqu'au soir. Je jouis d'une santé parfaite que les veilles & l'in-
tem-

tempérance n'altèrent point: j'ai le plaisir indicible de l'amitié, les douceurs de la société. Je vois peu de monde, il est vrai, c'est-à-dire, que je suis délivrée d'une cohue qui m'ennuyeroit beaucoup, avec laquelle il faudroit me contraindre parler de choses qui me déplairoient. Je ne vais point au bal; c'est qu'il me paroit ridicule de sacrifier mon sommeil au plaisir puérile de remuer les bras & les jambes au son des violons: quand j'ai envie de dégourdir mes membres, je saute, je cours dans les jardins, ou je danse toute seule dans ma chambre jusqu'à suer. Pour les spectacles, j'ai prié ma mère de me permettre de n'y point aller: vous sentés que je ne puis désirer une chose à laquelle je renonce très-volontairement. Quand *Garrick* fera jouer des piéces qu'on puisse voir & entendre sans rougir, je pourrai y aller quelquefois, à moins que je ne trouve à employer mon argent d'une maniére qui me soit plus agréable. La journée passe comme un éclair, & je n'ai pas le tems de faire la moitié des choses que je m'étois proposée. Qu'est-ce qui me manque, s'il vous plait: ne suis-je pas bien à plaindre? Mais je ne vous ai parlé que de la plus petite partie de mes plaisirs: la lecture, la musique, mon ouvrage m'en donnent beaucoup ; & puis le jeu, le comptés-vous pour rien ? Je fais une partie tous les soirs avec ma Bonne ou quelques amies : nous rions, nous parlons, nous disons nos jeux, nous trichons ; c'est une vraye folie, & nous en sortons gayes après avoir perdu ou gagné nos trois sols.

Lady SINCERE.

Vous êtes bienheureuse de vous amuser à si peu de fraix ; j'en veux essayer pourtant de cette vie qui me paroit si insipide. J'ai obtenu permission de ma mère de vous demander une grace : vous allés passer trois mois à la campagne ; voulés-vous vous charger de moi & de mes défauts ?

Lady SENSE'E.

Je suis sûre que Mylady regardera cela comme une grande faveur que vous me faites. Ma Bonne en sera charmée ; pour moi, je ne m'en sens pas de joye : je vous jure que nous vous amuserons, ma chère.

Madem. BONNE.

Du moins n'oublierons-nous rien pour cela. Miss *Sophie* va commencer la leçon par le St. Evangile.

Miss

Miss SOPHIE.

Jésus étant entré à Capharnaüm, un Centénier vint le trouver, qui lui fit cette prière : Seigneur, mon serviteur est malade de paralysie dans ma maison ; il est extrêmement tourmenté. Jésus lui dit : j'irai, & je le guérirai ; & le Centénier lui répondit : Seigneur, je ne suis pas digne que vous entriés dans ma maison ; mais dites seulement une parole, & mon serviteur sera guéri : car quoique je ne sois qu'un homme soûmis à d'autres, ayant néanmoins des soldats sous moi, je dis à l'un : allés-là, & il y va ; & à l'autre : venés ici, & il vient ; & à mon serviteur, faites cela, & il le fait. Jésus entendant ces paroles, en fût dans l'admiration, & dit à ceux qui le suivoient : je vous dis en vérité, que je n'ai point trouvé une si grande foi dans Israël. Aussi je vous déclare que plusieurs viendront de l'Orient, & de l'Occident, & auront leur place dans le royaume du ciel avec *Habraham, Isaac & Jacob*, mais que les enfans du royaume seront jettés dans les ténébres extérieures : c'est là qu'il y aura des pleurs & des grincemens de dents. Alors Jésus dit au Centénier : allés, qu'il vous soit fait selon que vous

vous avés cru ; & son serviteur fût guéri à la même heure.

Miss BELOTTE.

Je ne comprends pas bien ce que veut dire l'Evangile par ce mot : Jésus fût dans l'admiration. Admirer une chose, n'est-ce pas en être étonné ? Rien pouvoit-il étonner Jésus ? D'ailleurs, qu'est-ce que le Centénier avoit dit qui méritât une si grande admiration ?

Madem. BONNE.

Le mot d'admiration, ma chere, convient toujours lorsqu'il s'agit des œuvres de Dieu. On a beau les connoître, on y trouve toujours de nouveaux sujets d'admirer. Dieu lui-même en se contemplant, admire, approuve la sagesse de ses œuvres. Ce fût l'occupation permanente de la sainte humanité de Jésus ; ce sera celle des Saints dans le ciel pendant toute l'éternité. Quant aux paroles du Centénier, si vous ne les admirés pas, c'est que vous ne les avés pas comprises : en voici le sens.

Je vous reconnois, Seigneur, pour le Messie, le fils du Très Haut, Dieu vous-même. Un vil néant comme moi n'est pas digne de vous recevoir chés lui, ce qui ne l'empêche pas d'espérer ce miracle.

Tous

Tous les élémens, vous sont soûmis beaucoup plus que les soldats à qui je commande, & qui pourtant m'obéissent. Or si on obéit à ma voix, est-ce que la nature pourroit désobéir à son auteur ? Non, sans doute. Une seule de vos paroles, un seul mouvement de votre sainte volonté peut opérer les plus grands miracles. Admirons avec Jésus la foi du Centénier, Mesdames : examinons les qualités de sa prière ; la foi, l'humilité l'accompagnent ; elle sera sûrement exaucée. Je devois ajoûter la charité envers son pauvre domestique. Ce Centénier, assûrement, n'étoit pas fort riche sans quoi il auroit exercé un emploi plus considérable : vous sentés qu'il croyoit aussi possible à Jésus de l'enrichir que de guérir son valet. Cependant, ce n'est point la cupidité qui le conduit aux pieds du Sauveur. Il ne vas pas non plus lui demander la guérison d'un fils unique, d'une épouse chérie, d'un ami intime ; la chair & le sang n'ont point de part à l'ardeur de sa demande : c'est charité. Cette fidélité à remplir les devoirs de la loi naturelle, est bien précieuse aux yeux de celui qui en est l'auteur, & attire une grande abondance de grace. Quelle leçon pour les maîtres durs qui chassent un pauvre

H 6   domes-

domeſtique de leur maiſon à la moindre infirmité ! J'avoue pourtant que ce défaut eſt bien rare en Angleterre. L'Anglois né extrêmement humain a beau faire pour détruire cette heureuſe diſpoſition : elle l'emporte malgré lui, & l'entraîne vers les œuvres de miſéricorde qui ne nuiſent point à ſes paſſions. Ainſi j'ai ſouvent été édifiée du ſoin qu'il fait prendre de ſon domeſtique malade; mais ce ſoin lui coûte peu, car il ne fait qu'y dépenſer de l'argent auquel il n'eſt pas fort attaché. Pour m'édifier parfaitement, il faudroit qu'il y mit un peu plus du ſien, qu'il ne dédaigna pas de le ſervir lui-même ; car autant vous êtes facile à deſſerrer les cordons de vos bourſes, Meſdames, autant êtes-vous avares des vos ſoins & de vos peines.

Lady MARY.

Que veut dire, s'il vous plait, le reſte de cet Evangile : pluſieurs viendront d'Orient & d'Occident, & le reſte de ce paſſage ?

Madem. BONNE.

Il faut remarquer, Meſdames, que le Centénier étoit Romain. Or vous ſavés que les Romains étoient idolâtres. Si cet Officier l'avoit été jusqu'alors, il cessa de l'être en ce moment, & étoit comme le prémice de la conversion des Gentils qui viendroient recevoir la lumière de la foi. Mais faites réflexion à une menace terrible. Pendant que les infidèles acquièrent une place dans le royaume des cieux en recevant la foi, les enfans de cette même foi que Jésus appelle les enfans du royaume, en perdront le fruit en ne conformant pas leur vie à leur croyance, & peut-être en perdant cette précieuse lumière de la foi qu'ils ont reçûe dans le bâtême. Oh! Mesdames, prenés bien garde de devenir du nombre de ces infortunés qui seront jettés dans les ténébres extérieures pour être en proye aux pleurs & aux grincemens de dents. La nécessité de la foi est clairement exprimée dans ce passage, & Jésus ne s'en tient pas là. Il dit expressément dans un autre endroit: *celui qui n'aura pas la foi, ne peut être sauvé.* C'est donc une condition absolument nécessaire à salut; pouvons-nous après cela être dans une si grande indifférence sur ce que nous croyons, & sur ce que nous devons croire?

Lady

Lady LOUISE.

Expliqués-nous cela bien clairement, ma Bonne : quelle est cette sorte de foi nécessaire à salut ?

Madem. BONNE.

Vous m'en dispenserés, s'il vous plaît, pour de très-bonnes raisons. Tout ce que je puis vous dire à cet égard, c'est qu'il faut croire tout ce que Jésus a dit, parcequ'il l'a dit, & comme il l'a dit : que par conséquent, il ne faut pas chercher à tordre les paroles de l'Evangile pour les amener au sens d'un tel ou d'une telle ; mais les croire simplement & sans examen, comme les croiroit un enfant de cinq ans, qui seroit bien persuadé que Jésus-Christ est Dieu, qu'il ne peut se tromper, & qu'il est raisonnable de croire les choses comme il les a dit, quoique nous ne puissions les comprendre. Cet article vous touche de près, Mesdames : sans la foi, point de salut. Commencés par vous bien convaincre de cette vérité aujourd'hui si contestée, & ensuite n'oubliés rien pour former la vôtre d'une manière conforme à l'Evangile. Dites-nous quelque chose de l'histoire Romaine, Lady *Sensée*.

Lady

Lady SENSÉE.

Nous voici parvenues à un événement qui changea beaucoup le gouvernement Romain : je parle du siége de Veïes. Mais auparavant il faut avertir ces Dames que les Tribuns avoient déjà fait changer plusieurs des loix des douze tables, qu'on avoit été forcé de leur accorder la liberté des mariages entre les Patriciens & les Plébéiens.

Miss CHAMPETRE.

Mon zéle pour l'honneur du peuple Romain me force à vous faire souvenir que vous oubliés à nous parler des Tribuns militaires. Ma Bonne me permettra d'en dire un mot : le peuple fût si sage en cette occasion qu'il n'est pas juste de le laisser ignorer à ces Dames.

Madem. BONNE.

Je ne suis point partiale, Madame ; je conviens avec vous que le peuple Romain se couvrit de gloire en cette occasion: voulés-vous bien nous en instruire ?

Miss CHAMPETRE.

Les Tribuns du peuple en demandant le mariage des deux ordres, prétendoient aussi que les Plébéiens pûssent être admis

au

au Confulat. Les Sénateurs pour les contenter, & ne point leur accorder cette Magiftrature, créèrent de nouveaux Magiftrats. Je crois qu'ils étoient quatre ou cinq : qu'importe du nombre ? Ils devoient réunir tout le pouvoir des Confuls. Les Sénateurs qui avoient été forcé de faire ce nouveau réglement, trouvèrent au deffous d'eux de demander le Tribunat militaire. Un d'eux plus fenfé que les autres prétendit au contraire que les Sénateurs les plus refpectables devoient fe mettre au nombre des Candidats, pour effayer n'exclure les Tribuns du peuple du Tribunat militaire. On fuivit ce confeil, & on s'en trouva bien. Malgré les brigues, les plaintes & les ménaces de ces Magiftrats féditieux, le peuple ne pût fe réfoudre à refufer cette place à des hommes vénérables par leur âge, leurs talens & leurs vertus ; & pendant un grand nombre d'années, on choifit toujours des Patriciens pour remplir le Tribunat militaire, à la honte de ceux qui n'avoient demandé ce changement que pour s'élever en dignité, fans aucun égard au bien de la république.

Lady CHARLOTTE.

Véritablement, ma Bonne, ce peuple
avoit

avoit droit de gouverner, puisqu'il usoit si bien de la liberté même contre ses intérêts particuliers ; & cet exemple semble renverser tout ce que vous nous avés dit contre le gouvernement Démocratique.

Madem. BONNE.

Je raisonne tout autrement, ma chère, & je dis : le peuple Romain étoit le moins peuple qu'il y ait jamais eû. La multitude à Rome faisoit céder ses intérêts particuliers au bien public ; cependant, ce peuple malgré toutes ces bonnes qualités a commis un grand nombre d'injustices en abusant de l'autorité : donc l'autorité n'est point faite pour être entre les mains de la multitude chés des nations beaucoup moins équitables que ne l'étoient les Romains. Parlés-nous du siége de Veïes, Lady *Sensée*.

Lady SENSÉE.

Les Romains assiégeant la ville de Veïes, le Sénat qui ne s'avisoit jamais de rien, s'avisa pourtant de faire un changement qui devoit beaucoup soulager le peuple. Vous vous souvenés, Mesdames, que *Romulus* en partageant au peuple une partie du terrain qui lui avoit été donné par son ayeul,

ayeul, lui imposa la loi de défendre à ses dépens l'héritage de sa famille. Les soldats Romains servoient donc la patrie sans recevoir aucune paye, ce qui étoit sujet à deux inconvéniens. Un père de famille abforboit dans une campagne ce qui lui auroit suffi pour nourrir ses enfans pendant plusieurs mois, & la suite de ce premier inconvénient étoit la nécessité où l'on se trouvoit d'abandonner des entreprises commencées faute de subsistance. Lorsque le soldat avoit consumé ses petites provisions, il falloit nécessairement retourner à Rome; ainsi on faisoit moins la guerre que des courses sur les terres des ennemis. Véïes étant une ville forte, ne pouvoit s'emporter d'emblée: il falloit donc en former le siége, y rester même l'hiver, & par conséquent pourvoir à la subsistance du soldat. Ce fût aussi à quoi on se détermina, & le Sénat fit une loi qui assuroit au soldat une paye réglée. Lorsque le peuple apprit cette grace qui lui avoit été accordée sans sollicitation & sans brigue, il montra des transports de gratitude envers les Sénateurs. En vain les Tribuns voulurent-ils diminuer aux yeux des Romains le prix de cette grace en leur faisant remarquer qu'on leur imposoit une taxe pour fournir

à

à cette paye. Comme les Sénateurs en payèrent la plus grande partie, on refusa de prêter l'oreille aux discours séditieux.

Le siége de Veïes dura dix ans, & cela par la faute de ceux qui attaquèrent cette ville. Mais les Romains au lieu d'être découragés par le peu de succès de cette entreprise, sacrifièrent tout pour la faire réussir. Enfin, *Camille* fut nommé Consul, & ce grand homme termina cette guerre en fort peu de tems par le secours d'une mine.

Lady VIOLENTE.

J'avois toûjours crû qu'on ne pouvoit faire une mine sans poudre à canon, & qu'il n'y avoit pas long-tems qu'on avoit trouvé ce moyen de se tuer un peu plus vîte qu'auparavant.

Madem. BONNE.

La poudre à canon n'a été, je crois, inventée que depuis quelques siécles; je n'ai pas bien retenu dans lequel; & voici comme on construisoit les mines avant ce tems. On creusoit la terre comme si on avoit voulu faire une cave. On soûtenoit la terre avec de grosses piéces de bois à mésure que l'on creusoit, & l'on conduisoit

duisoit cette cave jusques sous les murs de la ville. Alors on la remplissoit de matiéres combustibles auxquelles on mettoit le feu. Vous sentés bien qu'au moment où les bois qui étoient précisément sous la muraille, étoient brûlés, la terre s'ecrouloit & le mur avec elle : ainsi on entroit dans la ville qui restoit sans defense, parceque les habitans troublés de la ruine de leurs murs perdoient la tête. Continués, Lady *Sensée*.

Lady SENSE'E.

Comme tout le peuple Romain avoit contribué à la prise de Véies en fournissant à la paye des soldats, *Camille* crût qu'il y avoit une sorte de justice à leur faire partager le butin de cette ville qui d'ailleurs étoit très-considérable. Il fit donc avertir tout le peuple de se trouver à son camp à une heure marquée, & c'étoit celle où il prévoyoit l'écroulement du mur, & la ville fût abandonnée au pillage de tous les citoyens sans distinction. Dans un tems précédent, *Camille* avoit crû devoir intéresser *Apollon* au succès de son entreprise; ainsi il lui avoit voué, c'est-à-dire, promis la dixiéme partie du butin. Il ne se souvint de son voeu qu'au moment où il ne dé-

dépendoit plus de lui seul de l'accomplir; il fût donc forcé d'en avertir les pillards, afin que chacun en conscience rapporta la dixiéme partie de ce qu'il avoit pris. Cette restitution mit le peuple de fort mauvaise humeur contre le faiseur de vœu : on n'obéît à son commandement qu'avec la plus grande répugnance ; mais pourtant on obéit. Ce butin fût destiné à envoyer une couronne d'or au temple d'*Apollon* à Delphes. Qui le croiroit, Mesdames ? on ne trouva pas dans la ville de Rome assés d'or pour faire cette couronne, ensorte qu'il auroit fallu renoncer à la faire, si les Romaines n'avoient généreusement apporté leurs colliers & leurs bagues. Le Sénat fût si charmé de ce sacrifice, que pour les en récompenser, on leur accorda la permission d'aller par la ville dans des chars, & de pouvoir être louées publiquement après leur mort.

Lady MARY.

J'admire l'avarice du peuple Romain. *Camille* l'appelle au pillage d'une ville qui en suivant la coûtume ordinaire, devoit appartenir tout entier aux soldats ; cependant, ces animaux qui ne devoient rien avoir, se mettent de mauvaise humeur contre

contre leur bienfaiteur, parcequ'il leur en fait rendre la plus petite partie : qui reconnoîtroit à ce trait ce peuple si juste & si équitable, qui avoit le courage de fâcher ses Tribuns plûtôt que de ne pas rendre justice au mérite ?

Madem. BONNE.

Qui se dévoue au service du peuple, doit n'avoir en vûe que le plaisir de bienfaire, sans compter sur la gratitude publique ; j'en dis autant à ceux qui se dévouent au service des pauvres. Assistés-les, servés-les pendant dix ans avec tout le zéle possible : s'ils se mettent dans la tête que vous leur ayés manqué dans la moindre bagatelle, tout le bien que vous leur avés fait, est oublié dans un moment. Ceux donc qui en travaillant pour le bien public, ont une autre vûe que de plaire à Dieu & de faire leur devoir, sont bien dupes. Heureux si on se contente de crier contre eux sans leur faire pire !

Lady VIOLENTE.

Et cette leçon me met de mauvaise humeur contre le Sénat. Au lieu de se faire tirailler perpétuellement pour accorder au peuple des choses justes, que ne pré-

prévenoit-il ses demandes ? On peut juger par l'effet que produisit la paye des soldats, combien il eût été aisé de gagner la multitude par des bienfaits justes, & qui n'auroient point été mendiés.

Madem. BONNE.

Souvenés-vous, Mesdames, que votre famille est un petit Etat dont vous êtes le chef, & que les sottises des Romains ne doivent point être perdues pour vous. N'attendés jamais qu'on vous demande les choses justes : prevenés les demandes avec autant de facilité que vous aurés de fermeté à refuser celles qui ne doivent pas être accordées.

Miss FRANCISQUE.

Pour moi, je trouve fort extraordinaire qu'il fallût une permission aux Dames Romaines pour aller en carrosses : elles avoient donc auparavant des chaises à porteurs ? car une Dame comme il faut ne peut pas aller à pied quand elle est habillée.

Madem. BONNE.

Et pourquoi non, ma chère ? Est-ce qu'alors elle n'a plus de jambes ? Il n'y a guère plus de cent ans que les équipages
font

sont devenus si communs. Nos bisayeules alloient à pied, & s'en portoient mieux; on laissoit les chevaux aux laboureurs qui en ont besoin pour labourer la terre. Mais à quoi il faut faire attention, Mesdames, c'est au zéle qu'avoient les Romaines pour leur fausse divinité. L'or étant si rare, avoit alors autant de prix qu'en ont aujourd'hui les diamans. Qu'elle est celle d'entre vous qui sacrifieroit les siens pour une œuvre religieuse? Achevés ce qui regarde cette couronne, Lady Sensée, & nous finirons par-là la leçon de l'histoire Romaine.

Lady SENSÉE.

Cela sera bientôt fait. Le vaisseau qui portoit les Ambassadeurs qui alloient présenter cette couronne, fut pris par des Pirates. Lorsqu'ils eûrent appris sa destination, non seulement ils le relâchèrent sans y toucher; mais ils le chargèrent de leurs présens pour le temple: tant les Payens avoient de respect pour tout ce qui concernoit le culte de leurs fausses divinités.

Madem. BONNE.

Et ils s'éléveront au jour du jugement contre nous à cause de nos irrévérences &
de

de notre lâcheté dans le culte du vrai Dieu. Je vais continuer l'histoire de Madame *du Plessis*, & à son occasion vous parler de la communauté dont elle étoit Supérieure.

Quelques filles qui se trouvèrent liées par une amitié chrêtienne, conférant ensemble sur la nécessité d'employer sa vie au service de Dieu, résolûrent de se consacrer toutes entiéres aux bonnes œuvres. Dans le grand nombre des actions charitables qui s'offroient à elles, elles trouvèrent deux objets qui fixèrent leurs vûes : le soulagement des malades, & l'instruction des pauvres enfans de village. Ces filles avoient quelque bien, les unes plus, les autres moins : elles résolurent d'en mettre une partie en commun ; & s'étant retirées dans un village nommé Ernemons à quelques lieuës de Rouen, elles commencèrent à y tenir l'école, & à visiter & servir les pauvres malades. Elles s'en aquitoient d'une maniére si édifiante, que le Seigneur de la paroisse résolût de participer à leur bonne œuvre. Il leur obtint donc des lettres patentes, c'est-à-dire, une permission de la cour de leur donner une maison, & de leur fonder un petit hôpital de deux lits. Peu à peu la compagnie de ces pieuses filles augmenta, & elles se repandirent dans les villages voisins où elles firent de grands fruits.

Dans ce tems-là, le Roi nomma à l'archévêché de Rouen *Glaude d'Aubigne* ou *d'Aubigni*, parent de Madame *de Maintenon*. C'étoit un Prélat digne des premiers siécles de l'église, & qui démeurant pour ainsi dire de tous ses membres, se faisoit un devoir de visiter les paroisses de son diocése, pour voir si les Pasteurs étoient édifians, s'ils s'aquitoient de leurs devoirs, & si les gens de la campagne étoient bien instruits des devoirs du chrêtien. Il fut très-édifié des écoles que ces bonnes filles tenoient ; & convaincu des grands biens qu'un tel établissement pourroit faire, il résolut de l'étendre, & appella ces maîtresses d'école à Rouen, & leur donna une maison. Elles avoient agi jusqu'alors avec plus de zéle que de science : chacune d'elles faisoit l'école comme elle l'entendoit, y manquoit quand elle le jugeoit à propos, suivoit aujourd'hui une méthode & demain une autre. Il étoit question d'instruire d'abord les maîtresses qui comme celles de Londres étoient passablement ignorantes. Il falloit ensuite leur donner

une

une méthode uniforme, afin que les enfans ne s'apperçussent pas du changement des maîtresses quand il devenoit nécessaire. Il falloit enfin assujettir les maîtresses à certains réglemens, sans quoi la maison où les sujets devenoient plus nombreux, auroit été une vraye tour de Babel.

Miss SOPHIE.

Je hais ces réglemens, cette gêne. Vous avés avoué que ces filles faisoient du bien : pourquoi ne les pas laisser continuer à leur fantaisie sans vouloir les assujettir ? Si j'avois été à leur place, j'aurois tout laissé là.

Madem. BONNE.

Je le crois sans peine, ma chère ; vous êtes ennemie de la discipline : si vous étiés homme, je ne vous aurois pas conseillé d'entrer dans le service militaire, car on y a aussi la mauvaise coûtume de suivre des régles établies, & qui ne changent jamais. Apprenés, Mesdames, qu'une société ne peut avoir rien de stable sans de bonnes régles qui ramenent tous les esprits à un certain point, sans quoi, je le répéte, c'est une vraye tour de Babel dont la fin est une séparation de tous les membres. C'est cet inconvénient qui m'a empêché d'essayer à for-

former en Angleterre un pareil établissement dont pourtant il y auroit un si grand besoin. Le mot d'obéissance revolte les Anglois.

Lady LOUISE.

C'est selon ma Bonne. On sent bien qu'une douzaine de personnes réunies pour travailler au même ouvrage, doivent avoir les mêmes vûës, & s'assujettir aux mêmes réglemens. Tout ce que nous blâmons dans ce païs, c'est cette Supérieure qu'on donne aux communautés, & qui exerce un empire despotique sur celles qui lui sont soûmises : car j'ai ouï dire que dans les convents on est obligé d'obéir absolument & sans examen ; cela me paroit ridicule. Mais si vous vouliés vous donner la peine de former une telle maison, vous ne voudriés pas, sans doute, y établir une telle obéissance, non plus qu'une stabilité perpétuëlle. Cela nous choque encore nous autres Anglois : nous voulons que le bien se fasse librement & sans contrainte. Il m'a plû pendant dix ans d'être maîtresse d'école, à la bonne heure ; au bout de ce tems cela m'ennuye : je veux être la maîtresse de tout laisser. En un mot, ma Bonne, faites-nous communauté sans ces
ridi-

ridicules vœux d'obéissance, de pauvreté & de stabilité, & je vous réponds que vous trouverés toute la nation disposée à vous encourager.

Madem. BONNE.

Voudriés-vous aussi léver une armée sans autorité du côté des Officiers, & sans engagement de celui des soldats ? N'est-il pas ridicule qu'un soldat homme d'esprit soit soûmis à un Capitaine qui n'est qu'un sot ; que ce soldat qui s'est engagé dans un moment de bravoure, de mauvaise humeur, ne puisse retirer sa parole quand sa fantaisie d'aller à la guerre est passée ? Oh ! cela est bien contraire à la liberté.

Lady LOUISE.

Aussi cela me choque-t-il infiniment ; mais c'est un mal sans reméde : il n'y auroit pas moyen de conserver une armée sans cela.

Madem. BONNE.

Et il n'y a pas moyen de former une communauté sans cela non plus. Je vais vous le faire toucher au doigt. Nous sommes toutes sujettes à des passions qui nous aveuglent lorsqu'il est question de nos intérêts :

térêts : si j'avois un différent avec vous, nous ne ferions ni l'une ni l'autre en état de le terminer, parceque chacune croyant avoir raison, ne voudroit pas céder. Que ferions-nous en pareil cas ? Nous chercherions une amie commune & impartiale : nous lui expliquerions nos raisons, & nous la ferions arbitre entre nous, c'est-à-dire, que nous promettrions de nous soûmettre à ce qu'elle auroit décidé. Voilà justement ce que l'on fait dans les convents & les communautés. Toutes celles qui les composent, choisissent une arbitre à laquelle elles promettent de se soûmettre dans tout ce qui ne blessera point les mœurs, la loi de Dieu & celle de l'Etat. Vous voudriés que l'on fût libre de quitter quand la fantaisie prendroit ; un engagement irrévocable vous fait peur. Comment donc avés-vous pû vous résoudre à vous marier ? car enfin, vous avés fait vœu d'obéissance & de stabilité.

Lady LOUISE.

Ce n'est pas à nous à raisonner quand Dieu a commandé. Il a voulu que le mariage fût indissoluble ; il faut bien s'y soûmettre. En mon particulier, je serois bien fâchée que cela fût autrement. J'aime
mon

mon époux: mon bonheur est fondé sur l'assurance de n'être jamais séparée de lui qu'à la mort; mais combien de femmes sont dans le cas de se plaindre de la loi qui les attache à leurs époux jusqu'à la fin de leur vie, & qui se démarieroient si cela étoit possible!

Madem. BONNE.

Ce que je vais vous dire, nous écartera un peu de notre leçon; mais il est important de ne pas laisser passer une seule idée fausse sans vous la faire remarquer & la détruire. Nous ne sommes ici que pour aprendre à raisonner juste; c'est en cela que je fais consister toute l'éducation. Je vous dois un modéle de celle que vous allés être chargée de donner à vos enfans; par conséquent il faut, Mesdames, que je vous aprenne à les suivre dans leurs écarts. Concevés ceci par un exemple.

Je ne voulois que vous édifier en vous parlant d'un établissement utile qui doit une partie de ses progrès à Madame *du Plessis*. Miss *Sophie* a fait une diversion à mon sujet, en se fâchant contre l'obéissance. Je pouvois lui dire: pourquoi m'interrompés-vous? & continuer tout de suite mon discours. J'ai considéré que cette horreur pour l'obéissance & l'ordre est la source d'une grande partie de nos fautes : j'ai donc abandonné mon sujet pour prouver à Miss *Sophie* la nécessité de l'obéissance & de l'ordre dans tous les états ; car si votre famille peut être regardée comme un petit Etat, on doit aussi la regarder comme un convent. Mêmes principes de gouvernement pour ces choses qui paroissent si différentes. J'aurai fait un grand bien si je puis la convaincre, & vous aussi, de la nécessité de l'obéissance.

Cette matière a amené une autre question ; il s'agit de l'indissolubilité du mariage. Vous le regardés comme une de ces choses à laquelle il faut se soûmettre aveuglement, sans examen, & seulement parceque Dieu l'a commandée, sans quoi vous prendriés la liberté de la blâmer. Il y a deux erreurs dans votre façon de penser dont je dois essayer de vous guérir. Si pour continuer mon histoire, je vous laissois passer ces deux erreurs, je manquerois mon but qui est de vous instruire. Quand vous serés entourées de vos enfans, votre dessein général doit être de les instruire : sur quoi ? sur tout si cela est possible. Mais vous ignorés à quelles erreurs l'esprit de chacun d'eux est enclin. Choisissés un sujet pour les entretenir,

tenir, & laissés-leur la liberté de dire tout ce qui leur viendra dans l'esprit, sans prétendre les assujettir au texte que vous aviés choisi : alors vous apprendrés à les connoître par leurs objections, & quand chaque jour se passeroit à détruire une seule erreur, un seul préjugé, vous auriés beaucoup gagné.

Lady LOUISE.

Vous venés à ce moment d'en détruire une chés moi ; j'aurois crû qu'il ne falloit jamais s'écarter du plan qu'on s'étoit proposé, & qu'il étoit dangereux de laisser voltiger l'esprit des enfans de question en question, sur-tout si elles s'éloignent du sujet qu'on a proposé ; & comme vous nous avés commandé de ne vous croire jamais sur votre parole, j'ose vous prier de nous faire voir les inconvéniens de ma méthode.

Madem. BONNE.

Les voici, ma chère. Le premier, c'est qu'il faut éviter que les instructions que vous donnés à vos enfans, ayent l'air d'une leçon : cette idée les indispose & les ennuye. Tenés-les appliqués six heures de suite dans une conversation libre, ils ne s'en appercevront pas, & croiront n'avoir fait que babiller. Il faut se prêter à leur légéreté naturelle si vous voulés éviter le dégoût. C'est à vous à ménager leurs écarts sans qu'ils s'en apperçoivent, & à les ramener doucement au premier sujet. En second lieu, si vous voulés les fixer sans leur permettre de vous communiquer leurs idées, vous donnés des entraves à leur imagination : vous vous mettés dans l'impossibilité de connoître leur caractère, leurs passions, leurs erreurs ; & comment corriger ce que l'on ne connoît pas ? Remarqués que les choses que nous voyons & entendons, prennent un tout différent dans notre imagination, selon qu'elle est disposée. Je suis sûre que Lady *Sensée* a trouvé l'objection de Miss *Sophie* irraisonnable, parcequ'elle aime l'ordre tout naturellement. Si elle nous eût dit ses idées à ce sujet, Miss *Sophie* les auroit trouvé ridicules. Ainsi, si vous contés une histoire à trois enfans, elle fera sur chacun d'eux une impression différente, tantôt bonne, tantôt mauvaise. Vous devés en être instruites, ou pour fortifier ce qui est juste, ou pour détruire ce qui ne l'est pas.

Miss CHAMPETRE.

J'avoue qu'il est utile de chercher à connoître les enfans par les impressions que font sur

sur eux ce qu'ils voyent & ce qu'ils entendent ; mais ne pourroit-on pas les accoûtumer à reserver leurs doutes pour la fin d'une histoire sans l'interrompre à tous momens ?

Madem. BONNE.

Vous connoissés bien mal les enfans, si vous les croyés capables de conserver la même idée six minutes de suite ; à celle-là, il en succédera vingt autres dans ce court espace. Dans les premiéres années, il en est de l'esprit comme du corps ; il doit avoir une entiére liberté de s'étendre & de croître. Vous avés sagement retranché les bandes, le maillot & les corps de baleine, pour laisser à la nature seule le soin de former les corps. La contrainte, la gêne, la timidité sont à l'esprit les mêmes entraves : je vois à chaque moment des parens qui se plaignent de la timidité de leurs enfans, de leur esprit caché, & ils ne s'apperçoivent pas qu'ils ont fait naître les défauts dont ils se plaignent.

Lady SPIRITUELLE.

Je ne vois plus qu'un inconvénient à cette méthode ; c'est que les enfans prennent la mauvaise habitude d'interrompre à à tous momens une conversation pour dire toutes les sottises qui leur viennent dans l'esprit, & cela ennuye les étrangers, & mortifie cruellement l'amour propre d'une mère sensée.

Madem. BONNE.

Votre objection n'est pas insurmontable, ma chère. Insinués à vos enfans qu'il est impoli d'interrompre une personne, à moins qu'elle n'en ait donné une permission expresse : punissés-les une fois ou deux s'ils y manquent, en leur imposant une demi-heure de silence, ou s'ils sont très-bien élévés, en leur montrant que cela vous déplaît & vous afflige. Quand vous les connoîtrés parfaitement, & qu'ils avanceront en âge, faites-leur remarquer quand ils vous ont fait une question qui n'étoit point conséquente au sujet, mais avec tant de ménagement que cela ne puisse blesser leur amour propre, ce qui feroit naître la timidité. Si vous avés bien dirigé leurs études, ce défaut tombera de lui-même ; leur esprit se réglera peu-à-peu, & sans que vous paroissiés vous en mêler : car le grand secret de l'éducation est de tout faire auprès des enfans sans qu'ils s'en apperçoivent, en-sorte qu'ils soyent persuadés que c'est eux qui

qui veulent tout ce qu'ils font, & non pas vous. Reprenons notre histoire.

Parmi les filles que l'Archévêque de Rouen avoit fait venir dans la capitale, il s'en trouva plusieurs de l'avis de Miss *Sophie*, qui trouvant mauvais qu'on voulut les assujettir à une régle, désertèrent un beau matin. Six persévèrent, & de celles-là, j'en ai connu cinq. Cette désertion ne dégoûta point le Prélat, & il crût que Dieu n'avoit permis la sortie de ces filles, que parcequ'elles n'étoient point propres à la bonne œuvre qu'il vouloit faire.

Il y avoit parmi les Chanoines un homme qui joignoit à une grande piété, beaucoup de douceur, un grand zéle pour la gloire de Dieu, & beaucoup de savoir ; ce fût lui que l'Archévêque destina à former de bonnes maîtresses d'écoles. Cet homme étoit un grand Prédicateur, & pouvoit faire beaucoup de bien dans la chaire ; il avoit la confiance d'un grand nombre de personnes qui le consultoient sur leur conduite. Mr. *Blein* (c'étoit le nom du Chanoine) ne balança pas à abandonner ces occupations qui donnent de la considération dans le Public, pour se charger de l'emploi obscur de former des maîtresses d'écoles ; je dis obscur, je devois dire bas & méprisé

pour

pour exprimer les sentimens du monde, à cet égard. Il demanda à Mr. *d'Aubigny* une aide dans l'ouvrage qu'il alloit entreprendre, & le Prélat lui nomma la Présidente *d'Ambré*. Je dois vous faire connoître cette Dame.

La nature en lui donnant le cœur le plus tendre, l'avoit avantagée d'un esprit ferme, solide, & infiniment éloigné de toutes les petitesses de son sexe. Elle étoit capable de porter un habit trois mois de suite sans en savoir la couleur. Son père qui étoit un magistrat extrêmement considéré, ne dédaignoit pas de la consulter à l'âge de quinze ans, lorsqu'il avoit quelque affaire épineuse : en un mot, elle étoit femme par le cœur, & homme par l'esprit. Elle fût mariée assés jeune à un homme du grand monde, qui voyoit une nombreuse compagnie, donnoit de grands repas. Madame *d'Ambré* se crût alors obligée de devenir femme, & elle le devint sans danger, car il lui fallut faire les plus grandes violences pour s'assujettir à toutes les minuties du cérémoniel, pour apprendre à faire bien arranger un repas, meubler une maison avec élégance, supporter la société de ces diseurs de riens qui semblent avoir fait vœu de perdre leur tems, & de le faire perdre aux au-

autres. Pour sa toilette, elle s'en débarassa sur ses femmes de chambre qui décidoient despotiquement de la couleur de ses habits, de leur forme, de l'arrangement de ses cheveux, de ses diamans & de toutes les autres prétintailles de l'ajustement : elles la taponoient à leur fantaisie tandis qu'elle lisoit un bon livre, ou arrangeoit un compte ; car pour comble de disgrace, son mari avoit jugé à propos de la faire son homme d'affaire. Un seul trait vous fera juger de son attention à sa parure.

Lorsqu'elle fût liée avec Madame *du Plessis*, Madem. *d'Enfreville* s'apperçût qu'elle avoit conservé un miroir de toilette, & crût voir qu'elle s'y regardoit quelquefois. Madame *d'Ambré* qui ne vouloit pas la scandaliser, fit ôter ce miroir, & pendant deux ans alloit régulièrement se coëffer devant la place où il avoit été ; car sa femme de chambre étant devenue hydropique, elle ne vouloit plus lui donner la peine de l'habiller. Enfin, un beau matin elle s'apperçût qu'elle n'avoit que la muraille vis-à-vis d'elle, & dit ; *Janneton*, pourquoi avés-vous ôté ce miroir ? Je vous félicite de la découverte que vous venés de faire, lui répondit la femme de chambre ; il y a deux ans qu'il est dans votre armoire.

Cette

Cette Dame ayant perdu son mari & son fils unique, résolût de se donner toute entiére aux bonnes œuvres. Malheureusement, elle prit pour guide un homme à nouveaux sentimens, & devint un des ornemens d'une secte dont elle ne connût jamais les vrais principes. Ce fût dans ce tems qu'elle sacrifia son douaire qui étoit très-considérable pour donner du pain à une foule de misérables qui sans elle seroient morts de faim dans une grande famine. Dieu se servit d'une conversation que Mr. *Blein* eût en sa présence avec son Directeur, pour la ramener à la croyance de son église dont elle s'étoit écartée sans le savoir ; & ayant remarqué dans cette Dame beaucoup de lumiére, il la proposa comme je l'ai dit, à Mr. *d'Aubigni* pour l'établissement qu'il avoit si fort à cœur. Madame *d'Ambré* crût voir l'ordre de Dieu dans la priére que lui fit son Archévêque ; & comme elle se défioit de ses talens naturels pour un emploi de si grande conséquence, & dont elle n'avoit pas la moindre idée, elle se donna des peines infinies pour s'instruire de toutes les choses qui pouvoient constituer la bonne éducation.

Miss CHAMPETRE.

On se moqueroit de vous & de cette Dame

des ADOLESCENTES. 209

Dame en Angleterre avec toutes ces précautions. En faut-il tant pour élever la jeunesse, & n'avons-nous pas des milliers de gouvernantes & de maîtresses d'écoles qui savent tout sans avoir rien appris ? Parlons sérieusement : ne méritons-nous pas d'être sifflées pour confier nos enfans à des espéces, telles que le sont nos maîtresses d'écoles & nos gouvernantes ? Comment, des personnes du mérite de Madame *d'Ambré* se croyent dans la nécessité d'étudier beaucoup pour se mettre en état d'élever la jeunesse, & des femmes imbéciles se donnent hardiment pour exercer cet important emploi, & des mères encore plus imbéciles leur confient leurs enfans.

Lady LOUISE.

Permettés-moi d'excuser les unes & les autres, ma chère amie : les gouvernantes d'écoles aussi bien que celles des particuliers, en savent assés pour ce qu'on exige d'elles. Qu'elles ayent un bon maître à danser, un bon maître de musique, une soûmaîtresse qui sait faire tous les points du marly, & voilà une fameuse école, surtout si un Duc s'avise d'y mettre sa fille. On ne souhaite pas les choses dont on n'a aucune connoissance : qui de nous auroit l'idée

d'une

d'une bonne éducation sans les leçons que nous recevons tous les jours ? Mais, ma Bonne, je vous prie de continuer ; Madame *d'Ambré* m'intéresse au moins autant que Madame *du Plessis*.

Madem. BONNE.

La Présidente, pour s'instruire à fond de tout ce qui regarde les écoles, s'assujettit à passer la moitié de sa vie dans les écoles publiques. Elle notoit sur un côté de ses tablettes tout ce qu'elle approuvoit, & de l'autre côté tout ce qu'elle trouvoit de pernicieux ou d'inutile. Le soir elle méditoit sur ce qu'elle avoit vû, & cherchoit les moyens de parer les inconvéniens qu'elle avoit remarqué. Ce fût après plusieurs années de l'examen le plus exact, qu'elle forma une régle d'école qu'on peut regarder comme un chef-d'œuvre en ce genre ; & non contente de ce qu'elle mit par écrit, elle se clouoit dans la maison dont elle étoit chargée, faisoit pratiquer sous ses yeux tout ce qu'elle avoit commandé, & ne se lassoit point par l'incapacité des sœurs dont plusieurs étoient ou stupides, ou indolentes, ou impatientes. Sa patience venoit à bout de tous ces obstacles : les écoles avoient changé de face, le Public avouoit la nécessité

sité de cet établissement, on demandoit des maîtresses de tous les côtés; mais les sujets manquoient, & Madame *d'Ambré* ne pouvoit d'ailleurs fournir à tout ce qu'il falloit pour les former.

Pour former une bonne maîtresse d'école, il faut trouver bien des choses réunies dans un même sujet. Une grande vocation. Cet état a de grandes difficultés, & il n'y a que la vocation qui puisse en faire dévorer les peines. Il faut aussi des talens; & quand on a trouvé ces deux choses, le principal manque encore. C'est une piété solide, l'exemption des foiblesses du sexe, & la mortification des passions qui en sont la suite, quand la piété est véritable. Ne vous persuadés pas avoir de bonnes gouvernantes sans ces dernières qualités. On ne peut donner ce que l'on n'a pas; c'est un axiome. Autant il est vrai que la religion est la base de toute bonne éducation, autant il est vrai qu'une gouvernante qui n'en a pas une solide, ne peut parvenir à l'inculquer. Mais qu'est-ce qu'avoir une religion solide? Allons, Lady *Sensée!* soulagés un peu ma poitrine; faites-nous part de vos idées à ce sujet.

Lady

Lady SENSÉE.

Je crois qu'il faut s'être convaincue de la vérité de la révélation par l'examen le plus exact, afin que la religion fondée sur la raison soit inébranlable, & qu'elle puisse administrer ces preuves à ses élèves selon leur portée. Il faut par conséquent que la gouvernante soit une fille d'esprit, qui aye fait des études qu'on ne fait pas ordinairement. Il faut ensuite qu'elle s'applique à pratiquer cette religion dont elle a reconnu la divinité, & son livre d'étude à cet égard doit être l'Evangile. Les vérités pratiques doivent lui être familières; elle doit se convaincre elle-même de leur nécessité, de leur facilité, puisqu'il n'y a point de bonheur à espérer dans cette vie & en l'autre pour celles qui négligent d'y conformer leurs mœurs. On n'entendra jamais une telle gouvernante faire l'éloge de la beauté, des richesses, des honneurs & des plaisirs, parcequ'elle aura pésé ces faux biens dans la balance de la foi. On n'aura point à en craindre la superstition, car sa foi sera éclairée; ses écolières la verront attentive à la prière, & elle leur imprimera le respect pour la présence de Dieu seulement à la voir. Elle fera des fautes, car elle sera une créa-

créature humaine, imparfaite peut-être ; mais elle ne rougira point de les réparer, de les avouer.

Lady MARY.

Comment pouvés-vous dire qu'une telle gouvernante sera peut-être une créature imparfaite ? Elle me paroit une Sainte.

Madem. BONNE.

Et pourroit fort bien, avec ce que Lady *Sensée* vient de vous dire, être fort éloignée de ce que vous la supposés. Remarqués bien, Mesdames, que nous possédons deux facultés bien différentes : l'entendement & la volonté. La derniére est libre; mais la premiére ne l'est pas. J'examine avec attention les preuves de la divinité des Saintes Ecritures : il n'est pas possible à mon entendement de refuser d'en être persuadée, non plus que de croire que deux & deux font cinq. Toutes les fois que j'apperçois une vérité prouvée, je suis forcée de la croire en dépit de moi-même, & tout mon dépit contre cette vérité n'en peut altérer ni l'existence, ni ma persuasion. Il y a plus, c'est que cette persuasion est ineffaçable : elle entraîne nécessairement toutes les actions indifférentes. Ainsi par exemple, je

fais

fais que ce Dieu dont je reconnois l'autorité, défend le vol ; je n'irai pas voler de sang-froid une chose que je n'ai pas envie d'avoir, ou dont je n'ai qu'une envie très-médiocre. Ce désir devient-il passion, je reste libre de vouloir ou de ne vouloir pas prendre cette chose ; mais il m'en coûtera de violens combats pour résister à mon désir : je ne veux pas me donner cette peine, je succombe, je fais ce vol. Quelle différence y a-t-il entre moi & une personne moins instruite ? C'est que je connois tout l'horreur de mon crime lors même que je le connois, qu'il ne m'est pas possible de m'étourdir sur sa noirceur, sa bassesse & ses suites ; au lieu qu'une ignorante se déguise tout cela, & vient quelquefois à bout de regarder une mauvaise action comme une bagatelle. J'ai eu tort, Mesdames, de prendre le vol pour exemple ; la crainte des châtimens dont on le punit en cette vie, suffit pour en inspirer l'horreur au vulgaire. Ayés la bonté d'appliquer ce que je dis du vol à un vice moins détesté : alors vous comprendrés qu'une personne très-éclairée peut agir quelquefois contre ses principes, mais qu'elle ne s'en écartera que dans le cas d'une tentation violente ; or il peut fort bien arriver que ce cas ne se présente pas.

pas. Quand il fera queftion de fon éléve, elle n'aura aucune tentation de la féduire, & par conféquent lui parlera felon fes lumiéres. Elle lui dira donc des merveilles fur la vertu, quand même elle s'en écarteroit dans le fecret ; car la connoiffance de la vertu eft telle qu'elle emporte néceffairement le refpect & l'eftime de ceux qui la violent, que s'ils n'ont pas le courage de la pratiquer, ils en gémiffent, & qu'accablés fous le poids des remords, l'humanité les force pour ainfi dire à préferver ceux qu'ils aiment, des tourmens qu'ils endurent. Me concevés-vous, Mifs *Champêtre* ?

Mifs CHAMPETRE.

Oui, ma Bonne. Une perfonne qui étudie la réligion, en eft convaincûe malgré elle : elle en fuit les principes par choix toutes les fois qu'une paffion violente ne l'en détourne pas ; elle eftime la vertu lors même qu'elle ne la pratique pas, & fon eftime l'engage auffi bien que l'humanité à la faire pratiquer par les autres, pour leur faire éviter les remords cruels qui la déchirent & la tourmentent fans ceffe.

Madem. BONNE.

Vous avés parfaitement compris ma penfée, & Lady *Mary* peut comprendre qu'on peut

peut être fort imparfaite, & faire pourtant tout ce que la gouvernante dont elle nous a parlé, feroit. Je vais continuer mon histoire.

Dieu distribue ses talens comme il lui plaît. Il avoit donné à Madame *d'Ambré* le talent de faire une bonne régle d'école, & celui de former ce même talent dans les autres; mais ce n'est pas là l'essentiel pour une maîtresse d'école. Je viens de vous prouver qu'on peut avoir toutes les lumiéres possibles, & se conduire fort mal. Il est vrai qu'une personne telle, que je viens de vous la dépeindre, n'est guére méchante que pour elle-même : il pourroit pourtant arriver qu'elle eût une passion violente qui l'engagea à gâter l'esprit de ses éléves; & en lui supposant cette passion, je ne répondrois pas d'elle pour une minute. D'ailleurs, une telle personne n'attire pas la grace qui lui est nécessaire pour faire aimer la vertu à son éléve : elle s'impatiente; l'enfant la dévoile à la fin, & son mauvais exemple ôte la force à ses discours. Pour enseigner avec fruit, il faut avoir appris à vaincre ses passions, & cette science demande un maître éclairé qui nous apprenne à les connoître, & nous encourage à les détruire. Madame *d'Ambré* connût très-bien

qu'elle

qu'elle n'étoit pas capable d'entrer dans les détails qui convenoient à cette seconde partie de la formation d'une maîtresse d'école; elle eût l'humilité d'en convenir & de demander du secours.

Madame *du Plessis* avoit donné depuis quelque tems sa confiance à Mr. *Blein*: il lui proposa l'association à la bonne œuvre à laquelle il avoit consacré sa vie, & après avoir beaucoup prié pour demander les lumiéres du St. Esprit, elle crût que Dieu demandoit qu'elle s'y livra, autant que le soin de sa famille le lui permettroit. A peine eût-elle prit la direction de cette maison, qu'on vit accourir une foule de jeunes filles qui demandèrent à s'y consacrer au service des pauvres & à l'instruction de la jeunesse; on détermina de les laisser au moins deux ou trois ans, pour les former à la vertu & aux talens nécessaires à l'emploi auquel elles se destinoient. Ces trois personnes qui réunissoient entre elles tant de grandes qualités, crûrent leur tems bien employé à former ces filles, parcequ'elles regardoient de bonnes maîtresses d'écoles, comme la chose qui importoit le plus à la gloire & au service de Dieu & de l'Etat.

Tom. IV. K Ce

Ce fut dans cet emploi que Madame *du Plessis* eût occasion de pratiquer des vertus qui, pour être sans éclat, n'en demandent pas moins une vertu héroïque. La plûpart des filles qui se présentoient, étoient fort jeunes: on ne regardoit ni à la naissance, ni à la fortune; par conséquent il y venoit souvent des filles grossieres, sans éducation, des filles qui avoient encore toutes les petitesses d'une enfance prolongée au de-là de quinze ans.

Lady LOUISE.

Eh mon Dieu ! ma Bonne, est-ce que des filles de cet âge peuvent savoir ce qui leur convient? Comment, Madame *du Plessis* qui avoit si sagement décidé qu'elle ne permettroit pas à sa fille de se faire Réligieuse avant vingt-cinq ans, pouvoit-elle être assés cruelle pour recevoir des enfans ? Car vous convenés qu'il y en avoit plusieurs qui l'étoient encore.

Madem. BONNE.

Il y a bien de la différence entre recevoir des filles & les engager. Moi-même, j'ai entré dans cette maison à quatorze ans; j'en ai sorti à vingt-quatre, & je n'étois point engagée. Dans les autres convens,
il

il s'agit d'avoir des vertus; là il falloit avoir des talens, & les talens, vous le savés, Mesdames, ne s'acquièrent plus quand on a un certain âge: il falloit donc recevoir des filles fort jeunes pour parvenir à les former, & en vérité, il falloit avoir la patience d'un ange pour y parvenir. Combien de fois ai-je sué sang & eau en voyant avec quelle patience cette sainte Dame souffroit les humeurs des unes, les inconstances des autres. Souvent de dix sujets on n'en trouvoit que quatre propres à devenir de bonnes maîtresses d'écoles, & pourtant elles avoit passé une année à décrasser les six autres. Souvent aussi celles qui avoient de la vocation & des talens, succomboient à la tentation de retourner dans le monde; Oh! c'étoit alors que Madame *du Plessis* souffroit des déchiremens de cœur qu'il n'est pas possible d'exprimer.

Lady CHARLOTTE.

Il me prend une grande curiosité, ma Bonne; peut-être vais-je faire une indiscrétion: en ce cas vous ne me répondrés pas. Pourquoi, avec le goût que vous avés pour l'éducation des enfans, avés-vous pû quitter cette maison que vous paroissés estimer tant encore?

Madem. BONNE.

Vous me demandés de faire ma confession générale tout haut, ma chere. Je veux bien vous avouer que j'ai été infidéle à ma vocation, & que je n'ai jamais passé un seul jour sans regretter cette maison; cela ne suppose pas le goût de l'éducation; au moins je vous assûre, ma chere, que je déteste les enfans hors le tems où je les instruits, & que je suis si paresseuse, que si je suivois mon goût, je ne prendrois pas la peine de donner une leçon. Il est vrai que les progrès des éleves dédommagent de l'ennui qu'on a à les instruire; mais on ne goûte ce plaisir qu'après avoir goûté cette amertume inséparable de la nécessité de redevenir enfant avec des enfans, de répéter cent fois la même chose avant d'être entendue. Cette école que je fais de fort bon cœur, je frissonne avant d'y entrer, & quelquefois j'en ai pleuré. Mes talens pour la jeunesse m'assûrent que Dieu demande de moi, que je passe ma vie à éduquer sans me donner le goût de cet emploi.

Miss CHAMPETRE.

En vérité, ma Bonne, j'ai envie de vous embrasser, pour le bien que vous avés venés de me faire; vous m'avés délivré d'un fardeau bien pesant. Je n'ai jamais aimé les enfans; mais depuis que je suis mariée, je sens une répugnance épouvantable à prendre les peines nécessaires pour élever les miens. Ce n'est pas parceque cela m'assujettira à ne plus voir le monde; vous savés que je ne m'en soucie guère: c'est par la répugnance que j'ai pour les détails minutieux. Il faudra sacrifier mon goût pour la lecture & me remettre à l'a, b, é, ce; oh! que cela est provocant. Je croyois être seule à sentir ce dégoût; vous l'éprouvés, cela me console & m'encourage. Je croyois n'avoir point de vocation pour mon état, & vous me prouvés qu'elle n'est pas incompatible avec le dégoût qu'il inspire.

Madem. BONNE.

Toute mère doit être bien sûre que sa vocation est d'être maîtresse d'école, & doit s'appliquer à la devenir, soit que cela l'amuse ou l'ennuye. Je vous dirai pourtant qu'une mère n'a pas de si grandes difficultés à vaincre qu'une personne étrangére, & ceci me donne sujet de vous rapeller ce que je vous ai dit bien des fois. Si vous ne pouvés vaincre les difficultés de l'édul'éducation par rapport à des petites créatures qui vous touchent de si près, comment voulés-vous qu'une gouvernante puisse les surmonter? Adieu, Meidames! je vous ferai avertir à notre retour de la campagne.

※

CONVERSATION PARTICULIÈRE.

Lady SENSE'E. *Madem.* BONNE.

Lady SENSE'E.

AH! ma Bonne, votre migraine vous a fait perdre une après-dîner charmante. Il y avoit la meilleure compagnie du monde chés Mylady V***; on a parlé de choses solides, mais d'une manière si gaye, si libre, que l'on ne s'est pas apperçu que l'heure de se séparer, étoit venu: c'est pourquoi vous me voyés si tard.

Madem. BONNE.

Il n'y avoit donc pas un grand nombre de jeunes Dames; j'en connois peu qui puissent s'amuser de bonnes choses quelque bien qu'elles soient dites.

Lady

Lady SENSÉE.

Il faut tout dire, ma Bonne. Celui qui a soutenu cette bonne conversation, est un jeune homme fort aimable. Quand je dis un jeune homme, je me trompe; il a trente ans. On le connoît quand on l'écoute: quand on le regarde, il n'en paroît pas vingt-cinq. Toutes nos Dames se sont mises à son ton; car du premier coup d'œil, on souhaite d'être estimée d'un tel homme. C'est l'esprit le plus sage, & en même tems le plus orné: il apprécie tout sans paroître juger de rien, & ce qui me plait le plus en lui, c'est qu'il a un grand respect pour la religion. Mylord C*** selon sa bonne coûtume, a voulu placer quelques sottes plaisanteries sur la régularité de Mylady à l'église; Mylord *William*, c'est le nom de mon héros, l'a battu à platte coûture, & l'a forcé de rougir.

Madem. BONNE.

Vous avés bienfait de me nommer Mylord *William*; j'aurois presque crû que vous tombiés dans l'exagération. Pour celui-là, je le connois: je me trouvai sur le même vaisseau que lui quand il revint de France. Il étoit fort triste alors; on disoit qu'il venoit de perdre une personne qu'il avoit aimé. Sa tristesse ne nuisoit point à ses graces; au contraire, je n'ai rien vû de plus touchant. Je l'ai revû plusieurs fois depuis: il essayoit à se dissiper dans le commerce du grand monde; ses soins fûrent inutiles alors, & il chercha dans de longs voyages un réméde à sa douleur. Le tems apparemment aura fait son effet ordinaire, & devenu capable d'écouter les priéres de sa famille: il prendra un établissement qu'elle souhaite depuis longtems.

Lady SENSÉE.

Je vous assure que plusieurs méres sembloient lui faire la cour au nom de leurs filles; surtout la Duchesse D * * * a beaucoup parlé du mérite des siennes, & l'a fort invité à faire une connoissance particuliére avec son époux.

Madem. BONNE.

A ce que je vois, vous avés tout examiné assés sérieusement: n'a-t-il point marqué de préférence à celles qui étoient là?

Lady SENSÉE.

En vérité, ma Bonne, si je ne craignois d'être ridicule, je vous dirois que toutes
les

es préférences ont été pour moi. Je croyois que ma vanité seule en étoit flattée ; mais j'entrevois que mon cœur entre pour quelque chose, & même pour beaucoup dans le plaisir que j'en ai ressenti. Prenés garde à moi, ma Bonne ! Voyés comme je suis devenue rouge.

Madem. BONNE.

Effectivement, ma chère, j'ai remarqué à la vivacité avec laquelle vous m'avés parlé de Mylord *William*, qu'il vous intéressoit un peu trop. Ce n'est pas que je voulusse condamner & reprimer vos sentimens, s'il étoit vrai qu'il eût du penchant pour vous ; je suis bien sûre que vos parens approuveroient sa recherche. Cependant je crois qu'il est plus prudent de vous en tenir à la simple estime. Tout ce qui va au de-là, est dangereux ; car enfin, vous pourriés vous être trompée : il peut avoir déjà quelques vues sur un établissement, & il vous en coûteroit infiniment pour déraciner une passion de votre cœur, si vous lui en aviés donné l'entrée. Heureusement, nous allons à la campagne ; nous serons trois mois sans le voir, & si pendant ce tems il se déterminoit pour un autre, vous seriés guérie de cette légère égratignûre.

Lady SENSÉE.

Assûrement, je suis plus malade que vous ne le croyés, ma Bonne : cette partie de campagne que j'ai tant souhaité, m'ennuye d'avance. Que deviendrois-je, si j'allois aimer un homme qui seroit l'époux d'un autre ? J'en mourrois, j'en suis sûre.

Madem. BONNE.

Seroit-ce de douleur de l'avoir perdu, ou du regret de conserver une passion qui seroit alors criminelle ?

Lady SENSÉE.

Je ne suis pas encore assés folle pour mourir de désespoir ; non, ma Bonne, c'est de m'imaginer que je ne pourrois commander à mon cœur. Allons, je veux prévenir ce mouvement honteux : je ne vous parlerai plus de Mylord, & toutes les fois que son mérite me reviendra dans l'esprit, je le chasserai comme une mauvaise pensée, & je ferai un acte d'amour de Dieu.

Madem. BONNE.

C'est le moyen d'être bientôt guérie, ma chère amie. Occupés-vous aussi beaucoup

coup : allés rejoindre votre Maman ; elle a compagnie ce soir. Vous la priérés de m'excuser, si je ne vous suis pas : ma migraine n'est pas absolument passée.

✳✳✳✳✳✳✳✳✳✳✳✳

Continuation de la Conversation.

Lady SENSÉE.

AH ! ma Bonne, savés-vous bien quelle est la première personne que j'ai apperçue dans l'apartement de Maman ? Mylord *William*, qui venoit de se faire présenter à mon pére. J'ai dit que je l'ai *apperçu*, car en vérité, je ne l'ai pas vu tout-à-fait ; je me suis assise de façon que je pouvois sans affectation me dispenser de le regarder. Pour mes oreilles, il ne dépendoit pas de moi de les fermer ; j'ai pourtant essayé de me distraire ; j'ai presque toujours prié le bon Dieu. Oh ! que j'avois l'air stupide ! Mylady me l'a dit, & m'a demandé si j'étois malade. J'aurois pû répondre que oui, car mon cœur battoit si fort, que je croyois qu'il cherchoit à s'échapper de ma poitrine : j'ai pourtant répondu que je n'avois rien ; je l'aurois trompé en disant que j'étois mala-

malade. Je la suis pourtant, ma Bonne; mais mon mal n'est pas de la compétance des médecins.

Madem. BONNE.

Je ne veux pas, ma chère, que vous vous tourmentiés trop. Les mouvemens que vous avés éprouvés deviendroient sérieux, à force d'y faire attention. Tenés-vous attachée à Dieu sans contrainte : dissipés-vous ; ne cherchés pas à examiner trop scrupuleusement ce qui se passe en vous. Si ces premiéres impressions ne s'effacent pas malgré la priére & la vigilance, soumettés-vous à la peine qui pourra vous en arriver par la suite, mais sur tout point de trouble. Vous n'avés pas recherché cette occasion, vous n'aurés pas nourri vos sentimens avec complaisance : voilà tout ce que Dieu demande de vous. Pauvre Lady *Sensée*, qui se croyoit si forte ! Eh bien ! que pensés-vous de votre courage à présent ?

Lady SENSÉE.

Oh ! je me dirois des injures, & à vous aussi, ma Bonne ; car enfin, vous voulés un peu tourner tout cela en raillerie, & il n'y a rien de plus sérieux. Dieu me punit ; je m'étois toûjours mocquée de ces

passions

passions à la premiére vûë que je traitois de visions : m'y voilà prise. Mais, ma Bonne, on parle de l'amour dans le monde comme d'une passion agréable ; j'ai bien peur qu'on ne m'ait trompé. Depuis cinq à six heures que je l'éprouve, j'ai eû plus de peine que je n'en ai ressentie en six ans : la jalousie, la méchanceté sont entrées dans mon cœur avec lui. Miss *Betty* qui étoit chés Maman, étoit assise vis-à-vis de Mylord *William* ; elle faisoit cent minauderies. Oh, qu'elle me paroissoit ridicule ! que je souhaitois qu'elle le parût au Cavalier, & dans le même moment je parcourois les yeux, la bouche & les autres traits de la Demoiselle, pour tâcher d'en médire. Vous savés qu'il n'y a rien à gagner pour la jalousie dans cet examen : elle me paroissoit charmante ; je l'aurois bien battue de l'être tant. Quel Galimatias de pensées diverses ! Tout cela se passoit dans un coin de mon âme sans m'en demander la permission. Je priois Dieu avec toute la ferveur dont je suis capable, & malgré cela mes pensées alloient leur train. C'étoit comme une comédie qui se passoit au fond de mon âme dont j'étois simplement la spectatrice, sans que ma volonté y jouât aucun rôle. Oh, que cela est fatiguant !

Madem.

Madem. BONNE.

Et vous avés évité avec la grace de Dieu ce qu'il y avoit de plus fâcheux dans cette mauvaise comédie où votre volonté n'a joué aucun rôle, pour me servir de votre expression. Que seroit-ce si le remord se joignoit aux peines que vous venés d'éprouver? Voilà l'amour dans son naturel, ma chère; il traîne après lui une cohorte de pensées désagréables, de passions dégoûtantes. J'avouerai pourtant qu'il n'est pas toujours si pénible dans ses commencemens; on s'y livre d'abord sans s'en douter, & l'illusion est quelquefois d'une assés longue durée chés celles qui n'ont pas l'habitude de veiller sur leur cœur. Qu'y gagnent-elles? rien du tout. Il faut en revenir à savoir ce qui se passe dans leur âme, à en rougir si l'objet qui les a subjugué, n'est pas digne d'elles, à combattre des sentimens qu'on a laissé se fortifier, ou à se couvrir de honte en y cédant lâchement; que si l'objet de leur passion, n'a rien qui puisse leur faire honte, la jalousie, la crainte, la délicatesse viennent les tourmenter. Vous n'éprouverés point ces mouvemens, ma chère Lady; votre âme soûmise au devoir, triomphera de tout ce qui peut le blesser.

vous

vous trouverés une amie toûjours prête à vous plaindre, à vous aider de ses conseils. Et que disoit Mylord *William* ?

Lady SENSÉE.

Il félicitoit Mylord d'avoir une grande fille si estimable, (c'étoit de moi qu'il parloit) & j'avois dépit de ce qu'il n'employoit pas le mot d'aimable, comme si l'un n'étoit pas beaucoup plus flatteur que l'autre. Oh, que les passions sont déraisonnables ! Il faisoit l'éloge de la modestie & de la retenue, parceque je ne disois rien ou presque rien. A propos, ma Bonne, il a trouvé le secret de me rendre attentive pendant quelques momens à ce qu'il disoit: il a demandé de vos nouvelles, a dit qu'il vous estimoit beaucoup, qu'il vouloit vous rendre une visite, & qu'un homme qui auroit une femme élevée de votre main, seroit fort heureux. Il m'a regardé dans ce moment, j'en suis sûre ; non pas que je l'aye vû : c'est que le son de sa voix m'a indiqué de quel côté il tournoit la tête, & moi, je toussois sans en avoir envie, pour avoir le prétexte de porter mon mouchoir à mon visage, car j'étois d'un rouge ridicule ; j'en suis devenue laide, je vous en assure.

Madem.

Madem. BONNE.

J'admire l'effet des passions. Comme elles éclairent sur les moindres mouvemens de leurs objets ! Ah çà, ma chère Lady ! soyés tranquille, s'il se peut : Dieu, auquel vous vous abandonnés, tournera toutes les choses pour votre bien. Si vous devés faire votre salut avec Mylord *William*, il fortifiera dans son cœur les sentimens qui paroissent y naître en votre faveur. Si au contraire, il se détermine en faveur d'une autre, soyés bien assûrée que ce sera pour votre bien, & qu'il vous donnera la force de vaincre des mouvemens involontaires qui ne pourroient devenir légitimes, à moins qu'il ne vous appelle à une vertu très-supérieure à laquelle vous seriés conduite par le chemin d'un continuel renoncement à un sentiment chéri, & en ce cas il vous donnera des forces nécessaires & proportionnées au besoin que vous en aurés. Mais de quelque façon que les choses tournent, demandés-lui la force de modérer vos sentimens : un amour légitime même a toûjours besoin d'être réglé par la raison, sans quoi il devient une source féconde de chagrins & de maux.

TROI

TROISIÉME CONVERSATION.
Madem. BONNE. *Lady* SENSÉE.

Madem. BONNE.

Qu'avés-vous fait de Lady *Sincére* ? Il semble qu'elle nous fuye. Cette fille a certainement quelque chose dans la tête qui la tourmente extrêmement. N'en auriés-vous pas découvert la cause ?

Lady SENSÉE.

Son mal n'est pas dans la tête, ma Bonne; il est dans le cœur. La jalousie m'a rendue clairvoyante : elle est ma rivale.

Madem. BONNE.

Si cela est, je la plains bien sincérement. La pauvre enfant s'est formée l'habitude de céder à ses penchans ; elle ne trouvera pas dans la piété, la priére, la soûmission à la volonté de Dieu, les ressources qui vous sont offertes.

Lady SENSÉE.

Si Mylord *William* peut être instruit de sa façon de penser pour lui, il pourra bien se déterminer pour elle. Elle n'est pas belle,

belle; cependant, elle est fort aimable. D'ailleurs, elle est extrêmement riche, & a cette sorte d'esprit qui plaît dans le monde. Or vous savés bien, ma Bonne, que les grands biens déterminent les hommes.

Madem. BONNE.

La jalousie vous rend injuste, ma chère. Mylord *William* a trop de mérite & de vertu pour se marier par intérêt, ou pour se laisser prendre à des propos légers & des graces frivoles. Il n'épousera jamais qu'une femme qu'il estimera parfaitement, & cette femme sera la plus heureuse personne du monde ; car dans la vérité, c'est un homme accompli.

Lady SENSÉE.

Vous n'y pensés pas, ma Bonne; au lieu de chercher à détruire mon amour, vous semblés prendre plaisir à l'augmenter.

Madem. BONNE.

C'est que je ne le crains plus, ma bonne amie : vous allés trouver dans le devoir des forces suffisantes pour le régler. Mylord se marie ; vous voyés bien qu'il faut nécessairement l'oublier. Allons, ma chère, du courage ! Elevés votre âme à Dieu, con-

conjurés-le de remplir le vuide de votre cœur, & de n'y laisser en faveur de Mylord que les sentimens qui seront compatibles avec ce que vous devés à votre créateur. C'est un Dieu jaloux, ma chère ; il ne veut point de partage.

Lady SENSÉE.

Permettés-moi de m'asseoir, ma Bonne ; je n'en puis plus. . . . . . Voilà donc à quoi aboutissent les passions : à tourmenter. Oh, mon Dieu ! je vous fais le sacrifice de la mienne : vous me punissés avec justice de n'avoir pas eû pour vous assés d'amour pour remplir tout mon cœur, & en fermer l'entrée aux objets sensibles. C'en est fait, ma Bonne ; je remercie Dieu de la grace qu'il me fait : je sens qu'il me donne la force de vaincre mon penchant. Vous dites que je dois le régler. Cela seroit trop dangéreux ; il faut le vaincre absolument, & oublier que j'ai jamais connu Mylord *William*.

Madem. BONNE.

J'en serois bien fâchée, ma chère. Il mérite votre estime, votre amitié, un attachement honnête & subordonné à celui que vous devés à Dieu. De tels sentimens
ne

ne sont pas incompatibles avec le devoir, & je veux que vous les lui conserviés.

Lady SENSÉE.

En vérité, ma Bonne, je ne vous conçois pas; & pour la première fois de ma vie, vous me permettrés de ne pas suivre votre conseil. Quoi! j'irois nourrir un amour devenu criminel sur le nom d'un attachement raisonnable & permis? Non, assûrement, je ne m'y jouerai pas! Si je me trompois jusques à le vouloir, vous devriés employer tout le pouvoir que vous avés sur mon esprit, pour me montrer le danger d'une telle conduite. Assûrement, je ne haïrai point Mylord; ce seroit une injustice: j'aimerois pourtant mieux qu'on m'en accusât, qu'on publiât que le dépit me fait agir, que de m'exposer à le voir avant d'être sûre de mon cœur à son égard, & de me trouver dans une parfaite indifférence.

Madem. BONNE.

J'approuve vos craintes, ma chère; & malgré l'estime qu'elles m'inspirent pour vous, je suis fâchée de vous dire que vos résolutions sont impraticables. Mylord épouse votre meilleure amie, une personne avec laquelle vous vivés; il y auroit de
l'af-

l'affectation à rompre avec elle, & il faudra nécessairement continuer à la voir. D'ailleurs, vos parens se priveroient-ils pour vous de la compagnie d'un homme aimable, qu'ils estiment & qu'ils aiment?

Lady SENSÉE.

Oh! pour ce dernier article, je vous en réponds: je me jetterai à leurs pieds; je leur découvrirai ma foiblesse. Il m'en coûtera, sans doute: je m'exposerai à perdre leur estime; cependant, je regarde ce mal, quelque grand qu'il soit, comme une bagatelle lorsqu'il est question de ma vertu, de sauver mon âme... Mais qu'avés-vous, ma Bonne? Vous pleurés!

Madem. BONNE.

Ce sont des larmes délicieuses, ma chère; la joye la plus pure & la plus légitime les fait couler. Venés m'embrasser, ma chere! Vous avés payé à ce moment toutes les peines que j'ai prises pour votre éducation: vous aimés Dieu plus que Mylord; je suis contente. Cependant, j'exige encore un acte de vertu qui n'est pas moins pénible que ceux que vous venés de faire. Vous avés vaincu l'amour, le dépit & la douleur. Pourrés-vous vaincre la joye?

Lady

Lady SENSÉE.

Ah, quels soupçons faites-vous naître dans mon âme ! Expliques-vous, ma Bonne ; seroit-ce moi....

Madem. BONNE.

Oui, ma chère, c'est sur vous que Mylord *William* a jetté les yeux : il vous a demandé à vos parens ; j'ai répondu de votre obéissance, & j'ai demandé permission de vous prévenir. Il arrive ce soir ; j'ai voulu vous mettre en état de le recevoir avec décence ; un premier mouvement auroit pû vous trahir.

Lady SENSÉE.

Ah, quel coup pour la pauvre Lady *Sincére !* En vérité, ma Bonne, le sentiment de pitié qu'elle m'inspire, suspend la joye que me donne le bonheur que vous venés de m'annoncer. Ayés pitié d'elle, ma Bonne ! Tâchés de la guérir : car, assurement ! Elle aime Mylord ; depuis un mois que nous sommes ici, je l'ai pénétré. Mais dites-moi, je vous prie, pourquoi vous m'avés ainsi éprouvée ? Vous m'avés mise à la plus rude épreuve qu'on puisse imaginer : jugés en vous-même ; j'ai été tentée de vous mésestimer. Dites-moi aussi, je vous

vous prie, tout ce que vous savés de cette affaire ; car enfin, Mylord ne m'a vû que deux fois, & encore la seconde, j'étois fort laide, fort maussade, vous le savés.

Madem. BONNE.

Je vous pardonne vos jugemens, ma chere ; ils étoient fondés. A l'égard du détail de cette affaire, elle a quelque chose de fort singulier; c'est à l'envie & à la malignité d'une personne qui vous déteste, que vous devrés cet établissement que je regarde comme très-avantageux, non parceque Mylord a quinze mille piéces de rente, mais parcequ'il réunit mille qualités estimables. Madame votre mère vous mena chés votre tante le lendemain du jour où vous avés connu votre amant; il vint me voir pendant votre absence, & j'ai crû devoir vous le cacher, de peur d'entretenir chés vous un sentiment qui pouvoit vous devenir funeste. Il parla d'abord de choses générales, & fit tomber la conversation sur vous. Il me pria de lui dire en femme d'honneur ce que je pensois de votre caractère, parcequ'une personne à laquelle il s'intéressoit, avoit des vues sur vous. Je lui fis votre portrait, non en mère aveugle, mais en personne
équi-

équitable, en l'avertissant surtout que j'étois ou devois être suspecte en parlant de vous, puisque ma tendresse pouvoit fort bien m'exagérer vos bonnes qualités. Le même jour il se trouva chés Lady ✱✱✱, vous savés qu'elle nous hait beaucoup. Mylord ayant prononcé votre nom, je ne sais à quel sujet, elle se déchaîna contre nous comme à son ordinaire, me traita de prude, de ridicule, de méthodiste qui vous avoit si bien coëffé de fausses idées, qu'à votre âge vous aviés renoncé aux spectacles, comme si des filles qui vous valoient bien, n'y alloient pas; que vous refusiés les bals sous de sots prétextes ; que je ne menageois pas votre santé, & qu'elle savoit de bonne part que nous allions souvent ensemble dans des gréniers où l'on sentoit fort mauvais, & même où il y avoit de pauvres malades. Et comment, la jeune personne s'accommode-t-elle de cela, demanda Mylord ? C'est une pauvre stupide, répondit Mylady, qui se laisse mener par le nés, qui à son âge ne voudroit pas lire un livre sans la permission de sa Bonne, qui passe ses jours à étudier, à lire, à écrire, & tout cela en pure perte, car à peine ouvre-t-elle dix fois la bouche dans une soirée.

Avoués

Avoués, reprit une autre Dame, qu'elle le fait toûjours à propos. Oh! si vous voulés, dit Mylady: cependant c'est une créature fort insipide, toûjours de l'avis de tout le monde, parcequ'elle n'a pas l'esprit d'en avoir un; une scrupuleuse qui veut faire parade d'une charité stupide. Parle-t-on de quelqu'un; elle s'imagine qu'on médit, fait une mine froide, sérieuse, & puis sans aucun égard pour le respect qu'elle doit aux personnes plus âgées qu'elle, interrompt la conversation, pour venir vous planter au nés une sotte histoire, à la justification de celles de qui on parle, comme si on avoit eû tort d'en dire de ces choses que tout le monde sait. Effectivement, dit Mylord, cette Lady *Sensée* est une singuliere créature. Votre ennemie prit cela pour argent comptant, & s'applaudit de vous avoir ruiné dans l'esprit de Mylord. La Dame qui étoit en tiers dans cette conversation, n'en fût pas la dupe. Il vint du monde: on joua, elle ne voulût s'engager dans aucune partie, & s'étant approchée de Lord *William*, lui dit qu'il étoit caustique dans ses approbations. Il avoua qu'il ne comprenoit pas comment on pouvoit donner un tour si malin aux qualités les plus respectables. Cette Dame que vous n'avés jamais vû, mais dont vous avés soûtenu les intérêts chés votre ennemie par pur esprit d'équité, a saisi cette occasion de vous marquer sa reconnoissance. elle a confirmé au Lord *William* ce que je lui avois dit de votre caractere, & l'a déterminé. Il fit prier votre Papa de passer chés lui à l'occasion d'une affaire d'intérêt, dans laquelle il pouvoit l'obliger, & demanda votre main pour prix de ce service.

Lady SENSÉE.

Comme la providence se joue de la malice des hommes, & fait tourner leurs desseins contre eux-mêmes ! Permettés-moi de vous quitter, ma Bonne, pour la remercier du secours qu'elle m'a accordé dans toute cette affaire ; mon cœur est si plein de ma reconnoissance envers Dieu, qu'il ne peut contenir ses sentimens.

Madem. BONNE.

Priés-le aussi, ma chère, de régler ceux que vous avés pour Mylord : ils sont devenus légitimes par l'approbation de vos parens: cependant, vous n'êtes pas dispensée de les sanctifier en les rapportant à Dieu. Votre mariage ne se fera que dans quatre

quatre mois, pour des raisons de famille. Il peut arriver bien des choses pendant un si long terme: la mort, l'inconstance, & mille autres accidens que nous ne pouvons prevoir. Mettés bien tout entre les mains de Dieu; c'est la meilleure preuve de votre reconnoissance que vous puissiés lui donner.

* * * * * * * * * *

DIX-SEPTIÉME JOURNÉE.

Toutes les écoliéres rassemblées, excepté Lady LUCIE & Lady SINCERE.

Madem. BONNE.

NOUS allons commencer par la leçon du Saint Evangile, après quoi je vous dirai une histoire fort jolie. C'est à vous, Miss *Belotte*.

Miss BELOTTE.

Un docteur de la loi s'approchant de Jésus, lui dit: Maître, je vous suivrai en quelque lieu que vous alliés. Jésus lui répondit: Les renards ont des taniéres, & les oiseaux du ciel ont des nids; mais le fils de l'homme n'a pas où reposer sa tête. Un autre de ses disciples lui dit: Seigneur, avant que je vous suive, permettés-moi d'aller ensévelir mon père. Jésus lui dit : laissés aux morts le soin d'ensévelir leurs morts.

Lady MARY.

Je ne comprends point du tout, ma Bonne, quel peut être le sens de ces deux passages de l'Evangile. Voulés-vous bien nous les expliquer ?

Madem. BONNE.

Vous vous souviendrés, s'il vous plaît, Mesdames, que l'explication que je vous donne, peut n'être pas la vraye. Toutes les fois que l'Evangile est sujette à interprétation, je dois pour ce qui me regarde, suivre le sentiment de mon église, & vous les lumières de votre bon sens, comme la votre vous le permet. Je vais vous dire ce que le mien me dicte par rapport à ce passage.

Jésus fait entendre à ce docteur qu'il n'avoit pas une maison où il pût le recevoir, & qu'un homme de sa sorte ne s'accommoderoit pas d'un maître qui étoit si pauvre. Quant à celui qui demande permission d'ensévelir son père, & à qui Jésus la refuse ; c'est pour nous avertir que ceux qu'il appelle à le servir d'une manière partiticuliére, doivent absolument se détacher de tous les embarras du monde, & même de ceux qui paroissent les plus légitimes. Mais cela ne vous regarde pas non plus: vous n'avés point de Religieuses parmi vous, & cela ne peut convenir à vos Ministres qui ont une famille dont ils sont obligés de prendre soin.

Lady MARY.

Est-ce que Jésus-Christ a dit des choses inutiles, & qui ne regardent pas tous les chrétiens en général ? Cela me paroît singulier.

Madem. BONNE.

Vous prierés quelques-uns des Ministres qui vont chés vous, de vous expliquer cette difficulté. Continués, Miss *Belotte*.

Miss BELOTTE.

Jésus étant allé au païs des Géraséniens, deux possédés qui étoient si furieux que personne n'osoit passer par ce chemin-là, sortirent des tombeaux, & vinrent au devant de lui en criant : Jésus, fils de Dieu ! êtes-vous venu ici pour nous tourmenter avant le tems ? Qu'y a-t-il entre vous & nous ? Il y avoit auprès d'eux un grand troupeau de pourceaux qui paissoient, & les démons le prioient en lui disant : si vous nous chassés d'ici, envoyés-nous dans ce troupeau de pourceaux. Il leur répondit : allés ! & étant sortis, ils entrèrent dans ces pourceaux. En même tems tout le troupeau courût se précipiter dans la mer du haut des rochers, & les pourceaux moururent dans les eaux. Alors ceux qui les gardoient, s'enfuïrent dans la ville : ils racontèrent tout ceci, & ce qui étoit arrivé aux possedés. Aussi-tôt toute la ville sortit au devant de Jésus, & l'ayant vû, ils le supplièrent de se retirer de leur païs.

Miss CHAMPETRE.

J'ai entendu dire un beau blasphème au sujet de cet Evangile. Un de ces beaux esprits qui nioit la religion révélée, s'en servoit pour attaquer la divinité de Jésus ; & voici son raisonnement. La loi naturelle qui est émanée de Dieu même, défend de faire tort à son prochain. Jésus en fit un grand aux maîtres de ces pourceaux : il blessa donc la loi naturelle, donc il ne pouvoit être Dieu. Je bouchai mes oreilles au nés de cet impie ; cependant, je n'eus rien à lui répondre. Que falloit-il lui dire ?

Madem. BONNE.

La réponse étoit fort aisée. N'est-il pas
vrai,

vrai, que la loi de Dieu défendoit aux Juifs de manger du cochon ? En garder un troupeau, étoit donc une tentation de violer les préceptes du Très-Haut ; c'étoit une occasion prochaine de péché, & certainement, les maîtres de ces animaux faisoient mal: donc Jésus fit un acte de charité en leur ôtant ce moyen de mal faire. Mais que dire de l'aveuglement des peuples de cette ville ? Ils voyent un grand miracle : en sont-ils touchés ? non. Jésus vient de leur ôter les objets de leur avarice ; ils en sont si offensés, qu'ils refusent de le recevoir. Combien de fois avons-nous imité le crime de ces pauvres malheureux ! Toutes les fois que la grace de Dieu nous presse de renoncer à un plaisir défendu ou dangereux, & que nous refusons de lui obéir, nous prions Jésus de se retirer, & de nous laisser en repos. Ah, Mesdames ! craignons qu'il ne nous en arrive comme à ces aveugles habitans, que Jésus n'exauce une prière, ou tout au moins un désir qui lui est si injurieux, en nous abandonnant à ces passions que nous lui préférons !

Lady MARY.

Ma Bonne, c'est une terrible chose d'être possédé du diable. Est-ce que nous n'an'avons plus à craindre ce danger ? Depuis que je suis au monde, je n'ai jamais vû de possédés, ni de miracles : y en a-t-il encore ?

Miss SOPHIE.

J'ai lû dans un livre qui étoit sur la table de Maman, que depuis la mort de Jésus-Christ, le diable avoit absolument perdu tout son pouvoir, qu'ainsi il n'y avoit, ni ne pouvoit plus y avoir de possédés.

Madem. BONNE.

L'auteur qui a dit cela, se trompe, ma chere. Pour vous en convaincre, Lady *Sensée* va vous rapporter ce qui est dit dans les Actes des Apôtres à l'occasion d'une servante, qui étoit possédée d'un esprit de Python, & des Juifs qui voulurent chasser les démons au nom de Jésus.

Lady SENSE'E.

C'est St. *Luc* qui nous raconte ces histoires, & il a été témoin oculaire de celle-ci ; ainsi je vais le laisser parler.

Etant arrivés à Philippe qui est une colonie Romaine en Macédoine, nous sortîmes de la ville le jour du Sabbat, & allâmes près de la riviere où étoit le lieu ordinaire de l'oraison, & nous parlâmes aux femmes

qui

qui y étoient assemblées. Il y en avoit une nommée *Lydie*, marchande de pourpre, qui servoit Dieu. Elle nous écouta, & le Seigneur lui ouvrit le cœur pour entendre ce que *Paul* disoit. Après qu'elle eût été batisée, & sa famille avec elle, elle dit à *Paul* & à nous : si vous me croyés fidéle au Seigneur, entrés dans ma maison & y logés ; & nous y allâmes, car elle nous força d'y loger. Or il arriva que comme nous allions au lieu de la priére, nous rencontrâmes une servante qui ayant un esprit de Python, apportoit un grand gain à ses maîtres en devinant. Elle se mit à crier après nous en disant : ces hommes sont des serviteurs de Dieu, qui vous annoncent la parole du Très-Haut. Elle fit la même chose pendant plusieurs jours ; mais *Paul* ayant peine à la souffrir, se tourna vers elle, & dit à l'esprit : je te commande au nom de Jésus de sortir de cette fille ! & il sortit. Mais les maîtres de cette fille, voyant qu'ils avoient perdu le gain qu'elle leur apportoit, se saisirent de *Paul* & de *Sylas*, & les menèrent devant les Magistrats.

Miss BELOTTE.

J'ai entendu dire que cette fille n'étoit point possédée, mais seulement qu'elle a-
voit

voit un don, & que St. *Paul* le lui ôtât, & qu'on se sert dans l'Ecriture de ce mot *esprit* seulement pour nous faire comprendre la chose.

Lady MARY.

Assûrement, ceux qui vous ont donné cette belle explication, ne savoient ce qu'ils disoient. J'entends fort bien le texte de St. *Luc*, & tout le monde l'entendra ; mais qui pourroit comprendre ce que veulent dire vos Docteurs ? Est-ce que St. *Luc* n'entendoit pas la langue dans laquelle il parloit, pour avoir mis le mot *esprit* à la place de celui de *don* ? & puis St. *Paul* étoit-il aussi un ignorant en disant à cet esprit qu'il lui commandoit de sortir de cette fille ? Je n'aime pas qu'on veuille être plus habile que St. *Luc* en disant : il a voulu dire ceci, cela. Il auroit bien sû s'exprimer d'une autre maniére, s'il eût voulu nous faire entendre autre chose. Mais voici ce qui me surprend : comment, le diable qui est le père du mensonge, pouvoit-il dire la vérité, & encore une vérité propre à convertir les hommes ? Comment, St. *Paul* pouvoit-il avoir de la peine de ce qu'on avertissoit les hommes de l'écouter, parcequ'il étoit serviteur de Dieu, & annonçoit la parole du Très-Haut ? *Ma-*

Madem. BONNE.

Les Saints n'aiment point à s'entendre louer, ma chère. Ils craignent la vanité & l'orgueil, eux qui sont si persuadés de leur grande indignité, & que tout ce qui est bon en eux, est l'ouvrage du Très-Haut. Et nous qui sommes paîtries d'amour propre, nous aimons les louanges; nous croyons pouvoir nous y exposer sans danger. D'ailleurs, il ne faut pas croire que ce fût par un bon motif que le diable louoit St. *Paul* & ses compagnons. Pour se venger des conversions qu'ils faisoient, & des ames qu'ils lui enlevoient, pour les donner à Jésus, il vouloit en induire quelques-uns à la vanité; c'étoit là son motif.

Lady SENSÉE.

Voici l'autre histoire que ma Bonne m'a commandé de rapporter : elle est aussi tirée des Actes des Apôtres.

Quelques-uns des exorcistes Juifs qui alloient de ville en ville, entreprirent d'invoquer le nom de Jésus sur ceux qui étoient possédés des malins esprits, en disant : Nous vous conjurons par Jésus que *Paul* prêche. Ceux qui faisoient cela, étoient sept fils d'un Juif, prince des prêtres nommé *Séva*. Mais le malin esprit leur répondit ; Je con-

L 6 noîs

nois Jésus, & je sais qui est *Paul* ; mais vous, qui êtes-vous ? Aussi-tôt l'homme qui étoit possédé d'un démon furieux, se jetta sur deux de ces exorcistes, & s'étant saisi de leur personne, les traita si mal, qu'ils furent contrains de se sauver de cette maison nuds & blessés.

Miss CHAMPETRE.

Oh ! pour cela, il faut se rendre. Il y auroit de l'impiété & de la folie à dire que le diable a perdu la puissance de posséder les hommes depuis la mort de Jésus : car l'Ecriture dit formellement le contraire. Reste à savoir, s'il y a actuellement des hommes qui soient réellement possédés du diable, & pourquoi il n'y en a pas en Angleterre.

Madem. BONNE.

Autant je suis révoltée contre les beaux esprits qui nient la possibilité des possessions, autant suis-je en garde contre la superstition, l'ignorance & la malice des hommes. Peut-il y avoir des possessions depuis la mort de Jésus ? Oui ; l'Ecriture nous en donne la preuve, & Dieu permettra qu'il y en ait encore, toutes les fois qu'il le trouvera convenable à sa gloire. Telle & telle personne qu'on dit possédée, l'est-elle réellement ?

ment ? Je n'en fais pas un mot. C'est peut-être une fourbe qui, habile dans l'art de se disloquer le corps, cherche à en imposer pour gagner de l'argent. Ne voyons-nous pas des charlatans faire des choses surprenantes ? Peut-être est-ce une personne affligée de violentes vapeurs, de convulsions extraordinaires. C'est aux savans & aux médecins à décider si ces personnes ont quelque chose de surnaturel, ou si l'on doit attribuer ce qu'on voit en eux, à la malice de leur volonté, ou au dérangement de leur machine. J'en reviens à la régle que je vous ai déja donné. Dieu qui est la sagesse infinie, ne fait rien d'inutile ; il ne prodigue point les miracles & les choses qui sortent de l'ordre naturel, sans les raisons les plus sages. J'ai toûjours du penchant à croire une chose surnaturelle quand il en résulte des effets dignes de Dieu, & au contraire une incrédulité parfaite pour les choses qui n'aboutissent qu'à causer des terreurs paniques.

Lady MARY.

Ma Bonne nous a promis de nous raconter une histoire après le St. Evangile ; je ne fais pas crédit volontiers d'une telle dette.

Lady

Lady LOUISE.

Et de nous prouver qu'indépendamment du commandement de Dieu, l'indissolubilité du mariage étoit nécessaire pour en assûrer le bonheur. Pour que je croye cela, il me faut les preuves les plus fortes, où il n'y ait pas de réplique.

Madem. BONNE.

Je payerai ces deux dettes avec ponctualité. L'histoire que je vous ai promis, je l'ai lû en Anglois : c'est peut-être un roman, n'importe ; elle renferme un grand nombre d'importantes vérités, cela me suffit. Au reste, Mesdames, selon ma coûtume, je la traduirai très-librement : il y en a six ou sept volumes dont je ne pourrois pas raisonnablement faire plus d'un en retranchant les inutilités & les sottises; car vous savés qu'il semble être de régle en Angleterre de ne pas faire un roman où il n'y en ait.

Miss CHAMPETRE.

Voilà une bonne calomnie ! Vous n'avés pas lû, sans doute, les ouvrages de Mr. *Richardson*, sans quoi vous ne parleriés pas ainsi, ma Bonne.

Madem.

Madem. BONNE.

Je les ai tous lû, ma chère, non sans douleur de voir le plus honnête homme du monde se méprendre sur un sujet si important ; il n'y en a pas un seul que je voulusse permettre à une jeune personne, parcequ'au milieu des meilleures choses du monde, il y en a toûjours de très-dangéreuses. Nous discuterons cela une autre fois, ma chère : revenons à mon histoire.

Un gentilhomme assés riche qui demeuroit dans la province de Barkshire, resta veuf avec trois enfans, deux garçons & une fille. Quoiqu'il aima tendrement ses enfans, il céda au préjugé, & se priva de leur compagnie pour les envoyer dans les écoles. *Betsi* sa fille avoit douze ans, une jolie figure, beaucoup d'esprit, & point de jugement.

Lady MARY.

Expliqués-nous, s'il vous plaît, ma Bonne, quelle est la différence de l'esprit & du jugement : je ne l'entends pas bien.

Madem. BONNE.

L'esprit est la facilité de concevoir aisément, de retenir ce que l'on apprend, & de l'appliquer avec facilité, de rendre ses
pen-

pensées avec vivacité, de leur donner une jolie tournure, & de le faire si aisément, qu'il semble aux autres que ce soit sans y penser. Vous sentés bien que cela dépend d'une imagination très-vive & d'une grande mémoire. Le jugement au contraire consiste à péser sur les objets pour les bien connoître, les examiner avant d'en parler, ou avant d'agir. L'esprit & le jugement sont donc incompatibles : l'un croît en mesure de ce que l'autre diminuë.

Lady VIOLENTE.

Cela me paroit terrible, ma Bonne ; on dit que j'ai beaucoup d'esprit : à ce compte je n'ai donc pas de jugement.

Madem. BONNE.

Ce n'est pas une conséquence, ma chère ; on confond toutes ces choses dans les enfans pour l'ordinaire : on n'y prend pas garde de si près. Une jeune personne qui parle sans cesse, dit vingt sottises entrelardées de quelques saillies spirituelles ; aussi-tôt on décide qu'elle a beaucoup d'esprit. Vous, au contraire, dirés des choses sensées, réfléchies ; on devroit dire que vous avés du jugement : on ne s'en avise pas.
Au

Au reste, le jugement s'acquiert par celles-mêmes qui ont beaucoup d'esprit, si elles ont un bon guide qui leur fasse remarquer leurs sottises, & les accoûtume à la réflexion. Ce secours manqua à Miss *Betsi*, & elle ne dut son jugement qu'à une grande suite de malheurs.

Son père suivant les mouvemens d'une aveugle amitié, récommanda en mettant sa fille à l'école, de ne la pas gêner; & comme la petite personne faisoit de tems en tems de beaux présens à ses maîtresses, elle acquit par-là le droit de se gouverner à sa fantaisie. La soûmaîtresse à qui elle fournissoit le thé & le sucre, ne cherchoit depuis le matin jusqu'au soir qu'à lui faire du plaisir. Elle s'apperçût que la petite personne aimoit beaucoup les romans; elle eût soin de lui en fournir, la louoit de ses agrémens, l'entretenoit des grands partis qu'elle devoit espérer, du grand nombre d'adorateurs qu'elle auroit dans le monde, & de la jalousie qu'elle causeroit aux femmes. Miss *Maly*, autre pensionnaire, partageoit ces lectures & ces conversations : c'étoit l'amie intime de Miss *Betsi* ; elles se jurèrent une amitié éternelle, & s'oublièrent en sortant de l'école, comme c'est la coûtume.

Ce fût un événement bien triste qui tira *Betsi* de l'école. Elle avoit seize ans, & son père alloit la reprendre lorsqu'il mourût. Par son testament, il laissa sa fille fort riche & maîtresse de se retirer auprès d'une de ses tantes, ou chés son tuteur qui se nommoit *Truedhomme*. Cette tante étoit une Dame très-rangée, qui ne voyoit que des personnes âgées; ainsi *Betsi* arrivée à Londres où elle se promettoit de jouir de tous les plaisirs, préféra la maison de son tuteur qui ayant une femme & une belle-fille du grand air, étoit de tout & recevoit une nombreuse compagnie. *Clarice*, c'étoit le nom de la belle-fille de *Truedhomme*, étoit une franche libertine, mais qui masquoit le déréglement de ses mœurs avec beaucoup d'adresse, parce-qu'elle souhaitoit de trouver un mari. Comme elle n'étoit ni aussi riche ni aussi belle que *Betsi*, vous concevés qu'elle conçût pour elle une haine violente : c'eût été peu de chose pourtant, si elle n'eût pas été sage ; mais cet avantage est estimé d'un grand prix même aux yeux des plus libertins. *Clarice* ne pouvant ôter à sa rivale ni les richesses, ni ses graces, résolût de lui ôter sa sagesse, ou du moins sa réputation, ce qui est la même chose aux yeux des hommes.

Betsi

Betsi malgré son étourderie étoit vraiement sage, & avoit le meilleur cœur du monde : elle fût prise au réglement extérieur des mœurs de *Clarice*, la crût aussi sage qu'elle, & conséquemment conçût que la cocquetterie n'étoit point incompatible avec la plus sevére vertu. *Clarice* eût soin de l'engager dans les démarches les moins mesurées, la traînoit dans les lieux publics où elles portoient une tête au vent, un air évaporé, ce qui leur attira très souvent de fâcheuses avantures. Vingt fois elles furent prises pour de malhonnêtes personnes ; des hommes qui ne les connoissoient pas, leur firent de mauvais complimens, & convaincus par l'horreur qu'ils inspiroient à Miss *Betsi* qu'elle étoit sage, gémissoient de la voir si imprudente. Insensiblement, les autres jeunes filles craignant d'être associées à leurs mauvaises rencontres, n'oserent plus aller avec elles en public, & se contentèrent de recevoir *Betsi* lorsqu'elles n'avoient personne. Si cette malheureuse fille eût réfléchi sur leur conduite, elle eût bien conçu l'irrégularité de la sienne ; mais réfléchir étoit sa bête d'aversion, & elle étoit déjà notée dans le public sans en avoir le moindre doute.

Parmi

Parmi les personnes qui fréquentoient la maison de Madame *Truedhomme*, il s'en trouva un qui réunissoit en sa personne, ce qu'il y a de plus aimable & de plus estimable. Il se nommoit *Jacson*, & étoit très-riche. Comme il avoit un grand discernement, il distingua bientôt le caractere de *Betsi*, & connût qu'il y avoit en elle de quoi faire une excellente femme. Il crût quelque tems que la pitié seule l'intéressoit à son sort : c'étoit un intérêt plus tendre, & il ne s'en apperçût qu'au moment où son penchant pour elle étoit si fort, qu'il ne pensa pas même à le détruire. *Betsi* ne fût pas insensible aux soins de *Jacson* ; elle l'aimoit passionnement depuis l'instant où il s'étoit montré à ses yeux : cependant, elle eût la force de lui cacher ce qui se passoit chés elle en sa faveur. Elle ne vouloit pas se marier si-tôt pour jouir de sa jeunesse dans une entière liberté. D'ailleurs, comme elle étoit déterminée à continuer à se livrer à la dissipation après son mariage, elle vouloit s'assûrer de la complaisance de celui qu'elle choisiroit pour époux, & elle eût sacrifié son penchant à ce bonheur imaginaire.

Lady

Lady CHARLOTTE.

Oh la sotte bégueule ! Elle peut être aussi malheureuse qu'elle le voudra : je ne m'intéresse plus à son sort.

Madem. BONNE.

Elle arrachera bientôt votre pitié, Madame, & telle fille qui paroit méprisable aujourd'hui, & qui doit être méprisée à cause de ses imprudences, n'est pas moins sage dans le fond que *Betsi* ne l'étoit alors. Le grand malheur de cette pauvre fille étoit de n'avoir jamais été contredite : la liberté lui paroissoit un bien auquel elle devoit immoler tous les autres, & peut-être eût-elle ouvert plûtôt les yeux sur sa mauvaise conduite, si l'imprudence de sa tante n'eût aggravé son mal. Cette femme lui avoit reproché son étourderie avec aigreur, & c'étoit par esprit de contradiction qu'elle s'y livroit alors. Elle craignoit de rencontrer un pareil censeur dans un mari : *Jacson* lui paroissoit un homme raisonnable qui eût pû désapprouver ses goûts ; donc elle vouloit le subjuguer avant de le rendre maître de sa personne, autant qu'il l'étoit de son cœur.

Vous

Vous n'avés pas oublié que *Betsi* avoit eû pour amie à l'école une fille nommée *Maly*, dont elle n'avoit pas entendu parler depuis son arrivée à Londres. Elle fût fort surprise de recevoir une lettre de cette fille datée de la prison où elle étoit retenue pour dettes. *Betsi* accoûtumée à céder aux premiers mouvemens, se jette dans une chaise à porteurs, court à la prison, embrasse son amie, lui offre sa bourse, & lui demande, comment elle a été reduite à cet état misérable. *Maly* lui apprend en pleurant, que la soûmaîtresse de l'école séduite par une somme d'argent, l'a engagé dans une intrigue avec un homme qui l'a enlevé, l'a mené à Londres, s'en est dégoûté au bout de deux mois, & l'a planté là; qu'elle a été forcé de vendre ses habits piéce à piéce pour subsister, & que n'ayant pas le moyen de payer son hôtesse à laquelle elle devoit quatre guinées, cette femme l'avoit fait mettre en prison. *Betsi* tire sa bourse, lui en donne huit, & se retire après lui avoir promis de plus grands secours, si elle veut se mieux conduire à l'avenir.

Miss SOPHIE.

En vérité, cette Miss *Betsi* avoit un tres-
bon

bon cœur, & je commence à l'aimer : elle a fait là une fort bonne action.

Madem. BONNE.

Et je vous gronderois beaucoup, si vous vous avisiés d'en faire une pareille. Il est des vertus pour tout âge, Mesdames ; je vous l'ai déjà dit, & je vous le répéte. Le vôtre n'est point propre à faire des charités de cette espéce : si jamais il s'en offroit une pareille, gardés-vous de l'entreprendre. Une prison est un lieu où l'on ne met pas pour de bonnes actions ; si vous voulés visiter les prisonniers, que ce soit avec une personne âgée, non-suspecte, & avec la permission de vos parens. S'il s'agit d'une personne déréglée, chargés un ministre ou une personne âgée de lui porter vos secours, & sous quelque prétexte que ce soit, ne la voyés pas : votre réputation & peut être votre vertu seroient en danger.

Lady LOUISE.

Voilà plusieurs histoires où l'on fait jouer de vilains rôles aux soûmaîtresses, surtout aux Françoises. Pourquoi les auteurs ont-ils cette manie ? Est-ce par justice ou par un préjugé contre la nation ?

Madem.

Madem. BONNE.

C'est par sagesse, Madame, & pour engager les gouvernantes à prendre de plus sages précautions dans le choix de leurs soûmaîtresses. Je ne sais comment il y a des mères assés hardies pour mettre leurs filles dans les écoles, en sachant le peu de précaution qu'on y prend. Une fille françoise arrive de la Provence à Londres avec quelques lettres de récommandation qui assûrent qu'elle est une brave personne. On connoît peu ceux qui la récommandent, & ceux-ci très-souvent la connoissent encore moins. On est pourtant dans l'usage de faire honneur à ces lettres de récommandation, ne fût-ce que par la raison du motif qui les amène, c'est toûjours la crainte de la persécution. Celles qui viennent de Suisse, n'ont pas le même motif. Il est vrai, qu'importe? toutes passent sous le nom de Françoises. Ont-elles de la réligion, du bon sens, de la douceur, de la patience, du zéle pour le salut des âmes? Qui s'avise de faire cette question? On s'informe soigneusement, si elles n'ont point un mauvais accent. Trouve-t-on qu'elles parlent à peu près bien, tout est dit: les voilà reçûës dans une école de cinquante filles plus ou moins. Elles sont quatre
soû-

sou maîtresses chargées de ce troupeau, dans les grandes écoles s'entend; j'en connois qui passent quarante écolières, & qui n'en ont que deux. De quoi est-il question pour ces nouvelles débarquées? d'être la femme de chambre, la maîtresse de lecture, & d'ouvrages de ces enfans. Vous croyés peut-être que j'allois dire de morale. Oh! pour cela, il n'en est point question. Elles répètent de tems à autre des lieux communs sur la sagesse, la réligion & les autres vertus; c'est à *attrape qui peut*. Les écolières écoutent cela comme une chanson, & l'air dégagé dont on leur en parle, leur aide à se persuader qu'il n'importe pas beaucoup de pratiquer ces leçons. Voilà pourtant à la lettre la manière dont vingt mille filles au moins sont élevées en Angleterre: faut-il s'étonner après cela de la façon dont ces filles devenues mères de famille s'acquitent de leurs devoirs?

Miss CHAMPETRE.

Voilà un terrible abus, ma Bonne; mais le moyen d'y remédier? Que faire pour détruire un si grand mal?

Madem. BONNE.

Je le regarde comme incurable, Mesdames.

dames. Pour guérir une maladie, il faut que le médecin soit persuadé de son existence; il ne s'avisera pas de donner des remèdes pour celle qu'il ignore. Les parens sont contens de cette éducation, & n'ont garde de la regarder comme mauvaise. Les mères mettent leurs filles à l'école pour s'en débarrasser, pour leur faire apprendre la danse & la musique à bon marché. Si elles réussissent dans ces deux points, elles sont contentes.

Miss MOLLY.

J'avoue que les foûmaîtresses sont pour la plûpart de pauvres sujets; mais les gouvernantes, c'est-à-dire, celles qui tiennent les écoles, ont sans doute plus de talens, plus de soins, plus d'attention pour former le cœur des écolières.

Madem. BONNE.

Cela vous plaît à dire, Mesdames; elles ont bien autre chose à faire. Elles sont les économes de la maison, veillent sur la dépense, reçoivent les visites des parens qui ne considèrent pas qu'une gouvernante occupée à recevoir les visites, ne peut être dans sa classe où elle devroit être clouée, & où elle ne passe pas deux heures par jour. D'ail-

D'ailleurs, vous êtes convaincuës, Mesdames, que pour bien conduire les enfans, il faut les connoître. Comment voulés-vous qu'une maîtresse connoisse un si grand nombre d'enfans, surtout une maîtresse si occupée de choses étrangéres à son devoir ? Il faudroit, puisqu'elles veulent être house-keepers, & se repoſer sur les soûmaîtresses de l'éducation de leurs écoliéres ; il faudroit, dis-je, choisir des personnes capables de bien remplir ces grands & importans emplois ; & le moyen qu'une femme de mérite s'y consacre : voudra-t-elle habiller chaque jour une douzaine de filles ? Quand elle est bien epuisée le soir, voudra-t-elle veiller jusqu'à minuit pour raccommoder leurs habits & leur linge ? Il n'y a que des filles dont la vocation est, d'être femmes de chambre qui puissent s'y assujettir.

Lady LOUISE.

Eh ! par charité, ma Bonne, formés une école où l'on instruira toutes ces femmes. N'est-il pas horrible que nous ne sachions où trouver des personnes capables d'élever nos enfans ?

Madem. BONNE.

J'ai fait là-dessus, Mesdames, tout ce qui dépendoit de moi. Ce seroit au gouvernement à remédier à un mal connu, à un mal dont tout le monde convient, à un mal enfin qui a les plus terribles conséquences. Il faudroit assujettir toutes ces personnes à apprendre avant que d'enseigner, les soûmettre à un examen; mais on trouveroit cela contraire à la liberté. Je vais continuer mon histoire, car j'en dirois trop sur cet article.

Miss *Betsi* fût quelques jours sans entendre parler de *Molly*; enfin elle reçut un billet de sa part qui lui enseignoit le lieu où elle étoit logée, & lui demandoit une visite pour lui communiquer bien des choses. Notre étourdie ne balança pas à s'y rendre, & la trouva fort bien meublée. *Molly* lui dit, qu'elle avoit trouvé un de ses parens qui avoit eû pitié de son malheur, & qui lui faisoit une pension honnête, jusqu'à ce qu'il eût trouvé le moyen de la reconcilier avec ses parens. Pendant que Miss *Betsi* la félicitoit de son bonheur, & l'exhortoit à s'en rendre digne par une conduite irreprochable, le prétendu parent arriva avec un de ses amis. La conversation fût d'abord très-décente: on s'émancipa peu à peu, & elle commençoit à devenir libre, lorsque la porte s'ouvrit, & qu'on vit paroître Mr. *Jacson*. Il recula d'étonnement à la vûe de Miss *Betsi*, &

comme

comme le Cavalier qui accompagnoit le prétendu parent, voulût faire quelque plaisanterie sur sa rivalité avec *Jacson*, celui-ci prit un air fort sérieux, & lui dit qu'il avoit l'honneur de connoître Miss *Betsi*, & qu'il ne comprenoit pas, comment elle se trouvoit là. Un mot qu'il lui dit à l'oreille, acheva de le remettre dans les bornes du respect, & *Betsi* qui avoit une partie chés elle, se retira peu de tems après. *Jacson* la suivit, fût mélancolique toute la soirée, & ayant enfin trouvé le moment de lui parler en particulier, lui demanda comment elle connoissoit une fille du caractère de Miss *Molly*? *Betsi* lui répondit que c'étoit une connoissance d'école, & qu'elle ne comprenoit pas où pouvoit aboutir une pareille question. Alors *Jacson* lui apprit que *Molly* étoit une fille entretenuë, & que ce parent étoit son amant: il finit en lui conseillant de ne la revoir jamais. Ce mot de conseil révolta Miss *Betsi*: elle lui dit, qu'elle ne l'avoit pas prié de veiller sur sa conduite, & qu'elle lui conseilloit, de ne plus se mêler de lui donner des avis; que pour lui montrer qu'elle étoit persuadée que tout ce qu'il lui avoit dit sur le compte de *Molly*, étoit une calomnie, elle

iroit

iroit le lendemain avec elle à la comédie, comme elle le lui avoit promis.

Jacſon outré ſe retira, reſolû d'arracher de ſon cœur l'attachement qu'il avoit pour une fille qui le méritoit ſi peu; mais lorſque ſes premiers mouvemens furent calmés, il ſe reprocha de lui avoir parlé avec trop peu de ménagement. Il ſavoit qu'elle avoit un grand fond de ſageſſe, & que ſes fautes ne venoient que de ſa tête & point du tout de ſon cœur. Il ſe promettoit beaucoup du tems pour mûrir ſon eſprit, ſurtout s'il pouvoit lui inſpirer un attachement raiſonnable. Il ſe détermina donc à oublier le paſſé & à faire un dernier effort pour ſavoir au moins à quoi s'en tenir, & juger de ce qu'il pourroit eſpérer pour l'avenir.

Miſs *Betſi* n'avoit pas paſſé une nuit plus tranquille que ſon amant : ſon diſcours lui avoit donné de violens ſoupçons contre *Molly*; cependant, il lui paroiſſoit cruel de la condamner ſur un ſimple rapport. Elle regarda comme le chef-d'œuvre de la prudence d'avoir un éclairciſſement avec elle ſur ce ſujet, reſolue de ne la revoir jamais, ſi elle l'avoit trompé. A l'égard de Mr. *Jacſon*, *Betſi* avoit trop bonne opinion de ſes charmes, pour imaginer qu'un homme qui en avoit reſſenti l'effet,

pû

pû lui échapper. C'étoit un captif dont elle se croyoit sûre, & qu'elle vouloit accoutumer au joug. Elle se confirma dans cette pensée, lorsqu'il le vit revenir dès le matin: elle le reçût d'un air piqué; mais sans y faire beaucoup d'attention, il lui dit:

Mademoiselle, tout doit vous avoir appris depuis long-tems l'attachement que j'ai pour vous. Je vous adore, & après vous avoir donné mon cœur, je viens vous offrir ma main. Voyés si vous me trouvés digne de devenir votre époux, & si vous m'aimés assés pour me suivre à la campagne où je suis résolû de me fixer.

Si la premiére partie du discours de *Jacson* avoit transporté *Betsi* de joye, la conclusion excita sa colére. Ce n'est pas qu'elle ne l'aima assés pour lui tout sacrifier avec le tems, car elle commençoit à se dégoûter des plaisirs bruyans; mais comment avoit-il osé l'exiger? Cette hardiesse excita son indignation & retint l'aveu de ses sentimens qui étoit prêt à lui échapper. Pour les mieux déguiser, elle traita fort mal *Jacson* qui convaincu qu'il n'y avoit rien de bon à espérer d'une fille de ce caractère, sortit avec la résolution de ne la revoir jamais. *Betsi* se flattoit que les efforts

efforts qu'il faisoit pour briser sa chaine, en resserreroit les nœuds : cependant, elle n'étoit pas accoutumée à s'occuper de pensées fatiguantes, & pendant qu'elle rêvoit à ce qu'elle feroit pour s'en distraire, la partie qu'elle avoit liée la veille, lui revint dans l'esprit. L'heure de la comédie étant venue, elle fût prendre Miss *Molly*, & l'ayant accompagnée au spectacle, elles furent bientôt jointes par deux Cavaliers dont l'un étoit le parent, car Miss *Molly* l'avoit fort assuré, que tout ce qu'on lui avoit dit à cet égard, étoit une calomnie.

Les résolutions des amans ne sont pas toûjours fixes. *Jacson* malgré le mauvais traitement qu'il avoit reçû, estimoit encore trop *Betsi* pour la croire capable d'aller à la comédie après ce qu'il lui avoit dit. La curiosité l'y conduisit : il eût la douleur de l'y voir, & de s'appercevoir qu'elle attiroit les regards de tout ce qu'il y avoit d'hommes sans mœurs; il ne pût soûtenir ce spectacle, & se retira chés lui dans un état digne de compassion. Au sortir de la comédie, *Betsi* ramena *Molly* chés elle, & les deux Cavaliers la pressèrent tellement de monter une minute, qu'elle ne pût s'en défendre. Le couvert étoit mis : *Molly* proposa un souper qui fût long-tems refusé

par

par *Betsi* qui céda enfin. Elle n'eût pas lieu de s'en repentir : les propos furent extrêmement mésurés, & la pauvre abusée eût juré qu'elle étoit avec les plus honnêtes gens du monde. A onze heures & demie, elle demanda des porteurs ; le domestique après avoir resté plus d'une demi-heure, protesta qu'il n'avoit pû trouver qu'un carrosse. La politesse ne permettoit pas au Cavalier qui accompagnoit le parent, de l'y laisser aller seule : ainsi il fût décidé qu'il la reconduiroit. *Betsi* sans défiance donna son adresse au cocher qui la demandoit à la portiére ; mais le Cavalier lui dit tout-bas de les conduire dans un Bagnio-house. Quoiqu'il eût parlé bas, comme je l'ai dit, le nom de cette maison n'échappa pas à *Betsi*. Ah, mon Dieu ! s'écria-t-elle, où me menés-vous, Monsieur ? N'ayés point de peur, ma belle enfant, lui dit le Cavalier ; je sais que vous ne voulés pas être connue, & je me suis pourvû d'un masque que vous mettrés en entrant. On vous a trompé, Monsieur, dit *Betsi* ; assûrement ! on vous a trompé : je suis une honnête fille. Oh ! j'en suis persuadé, repartit le Cavalier ; c'est sur ce ton que je vous prends, & que je veux vous traiter. Au nom de Dieu ! s'écria-t-elle, ramenésmoi où je vous ai dit ; & en même tems il lui prit un si grand tremblement, qu'elle étoit prête à tomber en convulsion quand le carrosse arrêta. Le Cavalier ayant vû à la lueur d'un flambeau qu'elle avoit l'air d'une personne mourante, commença à soupçonner quelque chose. Mademoiselle, lui dit-il, je suis assés libertin pour profiter de la bonne volonté d'une personne de votre sexe; mais je ne me pardonnerois jamais d'avoir insulté une fille d'honneur. L'êtes-vous ? & si vous l'êtes, comment vous êtes-vous trouvée en la compagnie de la *Molly ?* Ha, Monsieur ! s'écria la pauvre *Betsi* à demi-morte ; oui, je vous le jure, je suis une personne d'honneur, la fille d'un bon Gentilhomme qui mourroit plûtôt, que de faire une bassesse. J'avouë que j'ai été bien imprudente : cependant, je croyois cette indigne créature absolument revenue de ses égaremens. Ayés pitié de moi ! ayés pitié de moi !

Betsi s'exprimoit d'une maniére si naturelle, qu'elle fit compassion au Cavalier. Je suis au désespoir de ce qui s'est passé, lui dit-il ; je vais vous ramener chés vous : cependant, je le répéte, je suis excusable, & vous ne devés vous en prendre qu'à vous, & en même tems il donna ordre au cocher,

cocher, d'aller en St. James-street où demeuroit *Betsi*. Rassûrée par cet ordre, elle raconta toute la verité de cette histoire au Cavalier qui après de nouvelles excuses, la laissa chés elle plus morte que vive.

Quelle nuit passa cette pauvre étourdie à qui nous ne devons plus donner ce nom! La première chose qu'elle avoit faite en rentrant chés elle, avoit été de se jetter à genoux pour remercier Dieu de l'avoir tiré du péril où son imprudence l'avoit jetté: ensuite repassant sur toutes les circonstances de sa vie, elle s'étonna de n'avoir pas plûtôt essuyé une pareille catastrophe. Elle sentit qu'elle s'étoit faite une réputation fort équivoque : elle se rappella mille occasions où des filles de son âge avoient feint un voyage, une maladie pour éviter de se trouver en public avec elle, & ne pouvoit comprendre par quel enchantement elle ne s'en étoit pas apperçûe plûtôt. Elle se trouvoit indigne de *Jacson*, & je crois que s'il s'étoit offert à ce moment à sa vûe, elle se seroit jettée à ses pieds pour lui confesser ses erreurs, & le conjurer de la mener à cette campagne qui lui avoit fait une si grande horreur quelques heures auparavant. Mais son repentir étoit venu trop tard,

tard, & elle devoit faire une longue pénitence de ses imprudences.

Lady MARY.

Comment, ma Bonne, est-ce que Mr. *Jacson* ne fût pas instruit de son changement ?

Madem. BONNE.

Elle en eût été quitté à trop bon marché, ma chère, & son exemple devoit donner une utile leçon aux personnes du sexe. *Jacson* tourmenté par tout ce que l'amour & la jalousie ont de plus affreux, fût de grand matin chés Mr. *Truedhomme*, non pour voir *Betsi*, mais pour savoir à quelle heure elle étoit rentrée : il crût le demander à *Clarice* d'un air indifférent, & son visage & le son de sa voix décéloient son trouble. Cette méchante créature pensa, que si elle pouvoit parvenir à dégoûter *Jacson* de *Betsi*, il pourroit bien jetter les yeux sur elle. Elle lui dit donc qu'elle étoit revenue à une heure après minuit avec un Cavalier, qu'elle avoit l'air effacé, & les yeux fort rouges. Cela vous étonne ? continua-t-elle, en regardant fixément *Jacson*; en vérité j'ai pitié de vous, & je ne puis souffrir que vous soyés plus long-tems

la

la dupe d'une telle créature : ce n'eſt pas là ſa premiére échappée ; & ſi vous voulés vous en aſſûrer par vous-même, allés à Shelſey, & vous y verrés la preuve de ſon dérangement dans un enfant qu'elle eût il y a neuf mois.

Lady VIOLENTE.

Ah, l'abominable créature que cette *Clarice!* Eſt-ce que *Jacſon* pût croire cette horrible calomnie ?

Madem. BONNE.

Et que ne pouvoit-il pas croire après ce qu'il avoit vû ? Croyés-moi, Meſdames, une fille imprudente donne priſe à toutes les calomnies : on eſt en droit de croire d'elle tout ce que la malignité peut inventer, ſans qu'elle ait droit de s'en plaindre. N'ayés pas peur qu'on s'aviſe de calomnier une fille modeſte & réſervée. Le monde, dit Madame *de Sevigné*, n'eſt ni fou ni injuſte ; il augmente, il exagére, il n'invente point ſans fondement. Pour moi, je puis dire avec vérité, que j'ai vû vingt femmes ſans réputation dont j'aurois cautionné la vertu : cependant, je ne pourrois blâmer d'injuſtice les perſonnes qui les regardoient comme des femmes perduës ;

perduës; elles en avoient la hardiesse, les maniéres. J'en ai connu une entr'autres qui tenoit le premier rang dans une ville. Je ne crois pas, à vingt-cinq ans qu'elle eût réfléchi vingt-cinq minutes. Chacun de ses jours étoit marqué par dix imprudences dont une seule suffisoit pour faire perdre la réputation la mieux établie. Je n'aimois pas cette femme qui, à son tour, ne pouvoit me souffrir; mais Dieu me fit la grace de me préserver de l'injustice en cette occasion, & je fûs la seule avec une autre personne qui ne l'aimoit pas plus que moi, à soûtenir qu'elle étoit sage malgré les apparences. Dix ans après, cette femme s'est séparée de son mari en justice; il eût bien souhaité la faire passer pour déréglée, & a fait examiner sa conduite à fond. Cet examen a confirmé mon sentiment. On a trouvé une étourdie, une imprudente, & on a vû clair comme le jour qu'il n'y avoit que cela.

Pésés bien sur cet article, Mesdames; il est question de votre perte. Lady *Sensée*, dites-nous cette fable de Mr. *de la Mothe* qui nous a parû si jolie. Si vous ne vous souvenés pas des vers, dites-nous en le sujet en prose.

Lady

Lady SENSÉE.

La vertu, les talens & la réputation s'associèrent pour faire ensemble un assés long voyage. Après quelques jours de marche, ces personnes se trouvèrent si bien de leur société, qu'elles resolurent de ne se séparer jamais. Cependant, comme il pouvoit arriver mille accidens capables de les égarer dans une longue route, elles se donnèrent des marques pour se retrouver. J'habite peu dans les villes, dit la vertu, & je me plais dans le silence & la simplicité des hameaux : cependant, je n'ai point tellement abandonné les cités qu'on ne m'y rencontre quelquefois. Quand vous y verrés des maris fidéles, des femmes attachées aux devoirs de leur état, des magistrats intégres & studieux, des amis qui se fassent appeller plusieurs fois par leurs amis dans la prosperité, & qui accourent sans qu'on les demande, dans l'adversité : soyés assûrés que je serai là. Pour moi, dit le talent, je ne suis pas si difficile à trouver. Un édifice simple & majestueux, un tableau rival de la nature, un discours qui attachera également l'esprit & le cœur, un livre bien écrit, vous indiqueront ma demeure. Il ne restoit plus que la réputation. Elle dit : si vous souhaités ne jamais perdre ma compagnie, gardés-moi à vûë; j'ai cent mille moyens de me perdre, & c'est toûjours sans espoir & sans ressource: car dès qu'on m'a perdue une fois, on ne me retrouve plus.

Madem. BONNE.

Rien de plus vrai que le sens de cette fable. On peut retrouver la vertu; mais la perte de la réputation est irréparable. *Betsi* en fit la triste expérience. *Jacson* se rendit à Shelsey dans la maison que *Clarice* lui avoit indiqué: il y trouva effectivement un enfant fort joli. Les gens qui en étoient chargés, dirent sans se faire presser, qu'il leur avoit été remis par Miss *Betsi* qui l'aimoit beaucoup, & qui leur avoit promis une récompense s'ils le lui rendoient en bon état. S'il eût été question d'une fille modeste & réservée, *Jacson* eût sans doute cherché à approfondir cette affaire; mais *Betsi* malgré ses avis se lioit avec une fille de mauvaise vie, donc il y avoit de l'analogie avec ses inclinations & celles de cette fille. Quelle honte pour lui s'il cédoit à une passion déshonorante! L'idée de l'infamie à laquelle il avoit échappé, la crainte de s'y exposer de nouveau en revoyant *Betsi*, lui fit prendre réfolution de quitter Londres. Il l'exécuta le même jour, & fe retira dans une de fes terres où il paffa trois mois. Il fit plus. *Jacfon* avec beaucoup de probité, avoit les paffions très-violentes; ce n'étoit qu'à force de violence qu'il étoit parvenu à les régler. Comme il connoiffoit la foibleffe de fon cœur, & qu'il en appréhendoit une trahifon de fa part, il chercha dans le devoir un préfervatif contre un amour maléteint. Mylord *Bafile* fon voifin avoit une fœur fort aimable & très-vertueufe: il la demanda en mariage à fon frère, & s'il ne parvint pas à l'aimer comme il avoit fait *Betfi*, la forte eftime qu'elle lui infpira, fût bientôt fuivi d'un attachement folide. *Bafile* étoit prêt lui-même à fe marier; c'étoit à une amie de la malheureufe *Betfi* qui fe nommoit Lady *Cécile*. Cette jeune Dame plus équitable & plus prudente qu'on ne l'eft ordinairement à dix-huit ans, avoit été d'abord fort liée avec notre étourdie: la néceffité de conferver fa réputation, l'avoit forcé à s'éloigner de fa compagnie fans affectation; cependant, elle lui rendoit juftice, & favoit fort bien que fon cœur étoit bon, qu'elle aimoit la vertu, & qu'il eût fallû peu de chofe pour la rendre accomplie.

Lady

Lady *Cécile* gémit de n'être point dans un âge où elle pût la guérir de ses travers sans danger pour elle-même ; mais elle conserva pour elle beaucoup d'amitié, de pitié, & lorsqu'elle la voyoit par hasard, lui disoit toûjours quelques mots capables de réveiller ses bonnes dispositions. Mylord *Basile* qui devoit conclure son mariage à son retour à Londres, pria *Jacson* de remettre le sien pour le même jour, & *Jacson* y consentit.

Cependant, *Betsi*, après avoir passé une nuit cruelle, mais salutaire, se tranquillisa un peu au commencement du jour. La résolution qu'elle avoit prise de renoncer à ses erreurs, de les avouer à *Jacson*, remit assés de calme dans son ame pour lui permettre de goûter quelques momens de repos : elle se réveilla sur les neufs heures pleine d'impatience de voir son amant. La journée s'étant passée sans qu'elle en entendit parler, elle éprouva les plus vives inquiétudes : le lendemain elle s'informa à quelques-uns de ses amis, s'il n'étoit point incommodé ; personne ne savoit ce qu'il étoit devenu. Ah ! qu'elle paya cher alors les dédains dont elle l'avoit accablé ! Avec quelle amertume se reprocha-t-elle ses imprudences ! Regrets inutiles : trois mois

se

se passèrent sans qu'elle entendit parler de lui. S'il eût pû la voir dans cette nouvelle situation, elle eût sans doute regagné son estime. Elle avoit absolument renoncé à toutes les compagnies suspectes; on ne la voyoit plus dans les lieux publics. Sa chambre qu'elle avoit eû en horreur quand elle y étoit seule, étoit devenue une retraite sûre, où elle retrouvoit sa raison dans des lectures solides, & où elle déploroit & ses fautes, & la perte qu'elles lui avoient occasionné : elle n'en sortoit presque pour aller à l'église, ou chés cette tante dont j'ai parlé. Un jour qu'elle sortoit de la paroisse de St. *James*, elle vit approcher plusieurs carrosses dont les domestiques avoient des cocardes comme pour un mariage. La curiosité lui ayant fait regarder ceux qui étoient dans ces carrosses, elle démeura immobile dans le vestibule de l'église, sans pouvoir ni avancer ni reculer. Vous devinés, sans doute, Mesdames, que *Jacson*, sa future épouse, Lord *Basile* & *Cécile* étoient dans ces carrosses. *Jacson* qui apperçût *Betsi*, la salua très-respectueusement, mais avec un air dégagé qui lui perça le cœur. Il paya le coup qu'il lui avoit porté, par une émotion assés vive qu'il calma pourtant bientôt. *Betsi* fût obligée de se jetter dans une chaise,

chaise, & revint chés elle plus morte que vive. Ce fût là qu'elle apprit le double mariage qui venoit de se célébrer, de la bouche de la maligne *Clarice* qui se consoloit de la douleur d'avoir manqué *Jacson*, par la joye de l'avoir enlevé à sa rivale. *Betsi* voyant sa perte sans retour, ne s'abandonna point à une douleur qui l'auroit rendu le but des plaisanteries de *Clarice*; elle la renferma dans son cœur, & parût au dîner comme à son ordinaire. Ses larmes coulèrent lorsqu'elle fût renfermée dans sa chambre : elle avoit perdu tout le bonheur de sa vie; elle l'avoit perdu par sa faute. Quels motifs de douleur plus légitimes! Cependant, *Jacson* content de son sort, évitoit tout ce qui pouvoit réveiller une passion qu'il avoit eû tant de peine à détruire; il fuyoit tous ceux qui auroient pû lui prononcer le nom de *Betsi*: le hasard le servit mal. Il étoit dans l'apartement de Lady *Basile*, lorsqu'on annonça un homme de Shelsey qui demandoit à parler à cette Dame. Ah ! dit-elle, c'est le nourricier de notre enfant. Qu'appellés-vous votre enfant, ma sœur, lui dit *Jacson* en riant, vous n'êtes mariée que depuis huit jours ? Et j'ai déjà un enfant d'un an en nourrice, continua Lady *Basile* : il

faut

faut vous expliquer cette énigme. Une pauvre milanère françoise mourût en couche il y a un an. Je fus la voir, & j'y trouvai Miss *Betsi* qui en vérité est très-charitable, & qui lui portoit du secours. Cette pauvre femme nous recommanda son enfant, & nous promîmes de nous en charger ; mais comme j'étois fort occupée dans ce tems, je remis à *Betsi* la moitié de l'argent que devoit coûter la nourriture & l'entretien de cette petite créature, & la priai de s'en charger. Depuis ce tems, ajoûta-t-elle en regardant son époux, vous m'avés si fort occupé que je n'ai plus pensé à cet enfant. Le nourricier vient sans doute me demander si je veux continuer à en prendre soin. Ces paroles furent un coup de foudre pour *Jacson* : il rougit, il pâlit, & son émotion fût si vive, que son épouse lui demanda s'il se trouvoit mal. Non, répondit-il avec franchise ; je me reproche actuellement ma credulité pour une calomnie affreuse : on m'avoit persuadé que cet enfant appartenoit à Miss *Betsi*. Oh ! cela est du plus méchant, dit Lady *Basile* avec vivacité. *Betsi* est étourdie ; mais elle est sage, j'en répondrois comme de moi-même : oui, elle aime sincérement la vertu. Je pardonne

donne pourtant aux perfonnes qui faute de la connoître en jugent autrement. Il faut avouer qu'elle fe comporte d'une étrange manière : fa vivacité l'emporte ; fi on peut parvenir à réfléchir un peu, ce fera une femme accomplie, car j'ai vû d'elle des traits admirables. Je vais donc vous régaler d'une nouvelle qui vous fera plaifir, dit Lord *Bafile*, c'eft que Mifs *Betfi* eft abfolument changée, qu'elle a renoncé au grand monde : on dit qu'elle eft devenue Méthodifte ; je n'en crois pas un mot. Quelques difcours que j'ai entendu, me font croire qu'un dépit amoureux eft le feul artifan de ce miracle qui fubfifte depuis trois mois.

Si le Lord *Bafile* avoit eû quelque connoiffance de la liaifon qui avoit été entre fon beau-frère & *Betfi*, il fe feroit bien gardé de parler ainfi. Son époufe qui ne l'ignoroit pas, s'apperçut du trouble de *Jacfon*, & pour faire changer le difcours, commanda qu'on fît entrer le nourricier & un peintre qui apportoit un portrait en mignature de Mr. *Jacfon* que fon époufe avoit fait faire. Il manquoit quelque chofe à la draperie de ce portrait : le peintre promit de le faire l'après-dîné, & on convint de lui envoyer le

des ADOLESCENTES.

le lendemain dix guinées & de le faire reprendre.

Miss BELOTTE.

J'ai une frayeur extrême pour le pauvre *Jacson* & surtout pour son épouse. Il va être amoureux de *Betsi* ; n'est-ce pas, ma Bonne ?

Madem. BONNE.

Ne craignés rien pour un homme qui a de la probité & de l'honneur, de cet honneur fondé sur la religion s'entend, quand il est question d'un devoir. *Jacson* eût quelques combats à soûtenir, & il en sortit victorieux : cependant, comme la vertu réelle se défie de ses forces, il se hâta de fuïr l'occasion, & ayant fini ses affaires à Londres, il se retira à la campagne.

Le nourricier de l'enfant ayant reçu quelque argent de Lady *Basile*, fût trouver Miss *Betsi*, & lui dit qu'il sortoit de chés la Dame qui avoit soin du pauvre orphélin avec elle. La vertu de *Betsi* n'étoit pas encore assés solide pour se refuser au plaisir d'entendre parler de son amant. Elle interrogea le nourricier sur tout ce qu'il avoit vû & entendu ; & ce fût par ce moyen qu'elle apprit qu'il y avoit un portrait de *Jacson* chés un peintre, & qu'elle qu'elle céda à la tentation d'enléver cette copie à celle qui lui avoit ôté l'original.

Miss BELOTTE.

Je croyois *Betsi* entièrement convertie; cependant, elle fait une fort mauvaise action. Qu'avoit-elle à faire du portrait d'un homme qui ne pouvoit plus être son mari, d'un homme qu'elle devoit oublier absolument?

Madem. BONNE.

Vous avés bien raison, ma chère; on ne peut regarder une fille qui fait une telle action comme vraiement convertie. C'est qu'il n'y a que l'amour de Dieu qui puisse changer absolument le coeur; l'amour de la créature est incapable de produire un tel miracle. Il est pourtant certain, que *Betsi* avoit changé: elle s'habituoit à prier, à réfléchir; cela la préparoit aux graces de Dieu & à une conversion parfaite. Considérés encore, Mesdames, combien il est malheureux de prendre l'habitude de céder à ses penchans: il faut des années ensuite pour apprendre à les réprimer. La raison de *Betsi* s'opposoit en vain au vol qu'elle vouloit faire à Mr. *Jacson*: son coeur l'emporta. Elle se leva de grand matin,

matin, s'habilla comme une femme de chambre, fût chés le peintre, paya les dix guinées, & s'empara du portrait. Que de larmes sa vûë ne lui fit-elle pas repandre! Il lui rappelloit à tout moment la perte qu'elle avoit faite, & elle fût trois jours si accablée de sa douleur, qu'elle fût hors d'état de sortir de sa chambre.

Lady MARY.

Ne la voila-t-il pas bien avancée avec ce vilain portrait pour lequel elle avoit fait un mensonge, car sans doute elle dit au peintre qu'elle venoit le chercher de la part de Mr. *Jacson*. Il faut avouer qu'elle étoit bien sotte; au lieu de chercher à oublier son amant pour se guérir, elle travaille à entretenir un sentiment qui la tourmente.

Madem. BONNE.

Et faisons-nous autre chose toute notre vie que de chercher à nourrir des passions qui deviennent pour nous des occasions journaliéres de mille maux? Pésés la peine qu'il vous en coûteroit à étouffer un désir déréglé, une jalousie, une haine, avec le détail des peines journaliéres que vous causeront ces passions, & vous comprendrés qu'il est beaucoup plus facile de faire un généreux sacrifice tout d'un coup que de nourrir des sentimens qui ne peuvent servir qu'à nous tourmenter si nous y résistons, ou à nous rendre criminelles si nous y cédons lâchement.

Je vous ai dit en commençant cette histoire, que *Betsi* avoit deux freres. Ils revinrent de leurs voyages dans ce même tems, & arrivèrent à propos pour recevoir les derniers soûpirs de leur tuteur. Sa femme & sa belle-fille n'étoient pas une compagnie convenable à *Betsi* : ces deux jeunes gens ne trouvèrent pas qu'il leur convint de la prendre chés eux, où ils vouloient recevoir des personnes de leur âge ; ils la pressèrent donc de se marier, ou d'entrer dans une école. L'alternative étoit fâcheuse : *Betsi* se décida pour le mariage, selon le désir de ses frères, qui instruits de ses imprudences, n'avoient pas meilleure opinion de sa sagesse que les autres. Un Capitaine nommé *Murey* qui passoit pour honnête homme, fût celui pour lequel elle se détermina. En entrant dans cet engagement, elle prit une forte résolution d'en remplir les devoirs, & de s'attacher à son mari, & certainement, elle l'eût fait s'il eût voulu seulement prendre pour elle des maniéres honnêtes. *Murey* en étoit incapable. C'étoit un un homme débauché, brutal, & surtout de l'avarice la plus sordide. Quelle école pour la pauvre *Betsi*! Elle y apprit pendant trois ans à se vaincre dans tous les momens du jour, pour éviter les scénes les plus désagréables qui finissoient le plus souvent par la mettre en danger de sa vie.

Miss MOLLY.

Et pourquoi les souffroit-elle, ma Bonne? La patience, n'a-t-elle pas ses bornes? Il me semble que je pourrois fort bien souffrir des injures d'un mari dont je ne me soucierois pas beaucoup; mais des coups, cela est trop fort. Feroit-on mal alors de se plaindre?

Madem. BONNE.

Je ne le crois pas, ma chère. Considérés pourtant, combien il est désagréable à une femme de bon sens, de se donner en spectacle, d'être l'objet d'un procès, des discours de toute une ville, des interprétations malignes des gens oisifs, des récriminations d'un mari, & souvent de toute une famille puissante, assés injuste pour prendre son parti.

Lady LOUISE.

Je vous l'avoue, ma Bonne, j'aimerois mieux mourir que de m'exposer à tous ces désagrémens.

Madem. BONNE.

Ce fût aussi le parti que prit la pauvre *Betsi*. Cependant, quelque appliquée qu'elle fût à cacher tout ce qu'elle avoit à souffrir, une maîtresse que son mari avoit abandonnée, & qui devint celle de *George* frère ainé de la pauvre maltraitée, l'avertit des mauvaises façons que *Murey* avoit pour son épouse. *George* aimoit sa sœur avec beaucoup de tendresse : il lui fit entendre qu'il étoit instruit de ses malheurs, la força à lui en faire le détail, & lui jura en vrai militaire, que si elle refusoit de se séparer de son indigne époux par les voyes que la justice lui offroit, il se couperoit la gorge avec lui. *Betsi* fut effrayée de cette menace, & pour éviter un tel malheur, consentit de se retirer chés sa tante qui démeuroit dans un village à deux milles de Londres. A peine fût-elle en lieu de sûreté, que ses frères intentèrent un procès à *Murey*; & comme tous les domestiques attestèrent les indignités qu'il avoit fait souffrir

souffrir à sa femme, ce méchant mari fût forcé de lui payer une forte pension, & de la laisser tranquille.

Ce procès terminé, *Betsi* résolût de vivre d'une maniére si retirée, qu'elle imposeroit silence à la plus maligne critique. Renfermée chés sa tante, elle n'en sortoit que pour aller à l'église, refusoit toutes les parties de plaisir, ne recevoit aucune visite. Elle n'avoit de plaisir qu'à se retirer dans un vaste jardin, où elle repassoit ses premiéres années dans l'amertume de son âme. Elle n'avoit point voulû entendre parler de *Jacson* depuis son mariage, & avoit évité avec soin toutes les personnes qui pouvoient lui en donner des nouvelles.

Jacson de son côté étoit parvenu à l'oublier: les vertus de son épouse l'avoient fixé, & il l'aimoit très-tendrement, lorsque la mort la lui enléva. Il avoit passé quatre années hors de Londres avec elle, & le désir de faire diversion à sa mélancolie, l'y ramena. Le tumulte de la ville s'accordant peu avec sa douleur, il loua un apartement dans le village où *Betsi* s'étoit retirée, & justement à côté de la maison de sa tante. Un jour qu'il étoit dans un cabinet de verdure qui n'étoit séparé du jardin voisin que par une haye, ses yeux se

portèrent

portèrent par distraction vers le jardin. Quelle fût sa surprise d'y appercevoir *Betsi* qui traversoit une allée pour venir chercher de l'ombre proche du lieu où il étoit. Elle avoit conservé tous ses charmes : la tristesse lui donnoit un air touchant, & qui la rendoit mille fois plus aimable que cet air vif, étourdi, évaporé qu'il lui avoit toûjours vû. Elle marchoit lentement, les yeux lévés au ciel ; en un mot, son attitude étoit capable d'attendrir un homme qui ne l'a jamais vû : que ne fit-elle pas sur un cœur où elle avoit régné si souverainement? *Betsi* éprouvoit en ce moment un sentiment si douleureux, qu'elle ne pût retenir ses larmes. *Jacson* ne pouvoit la voir que de côté : cependant, il remarqua qu'elle tiroit un portrait de sa poche, & qu'il fût bientôt arrosé de ses pleurs, car elle étoit obligée de l'essuyer à chaque instant ; c'étoit la dernière foiblesse de cette infortunée. *Betsi* après avoir inutilement cherché du secours dans sa raison, avoit enfin compris que la philosophie ne guérit de rien, & qu'une sincére piété peut seule soulager un cœur flétri de douleur. J'ai dit qu'elle avoit évité de prononcer même le nom de *Jacson* : cette violence qu'elle s'étoit faite, sembloit

sembloit avoir augmenté le penchant qu'elle avoit pour lui; elle chérissoit ce penchant, & croyoit pouvoir le conserver sans crime. La religion l'éclaira: elle connût que le seul moyen de recouvrer la paix, étoit de ne rien réserver dans le sacrifice qu'elle faisoit à Dieu. Ce portrait qu'elle arrosoit de ses larmes, elle le voyoit pour la derniére fois, & ne venoit dans ce lieu retiré que pour s'arracher cette image chérie.

Jacson attentif à tous les mouvemens de *Betsi*, ne s'apperçût du retour de sa flamme que par les mouvemens jaloux qui s'élévèrent dans son cœur. J'ai dit que le Lord *Basile* avoit fait renaître chés lui quelque estime pour cette fille, en lui apprenant qu'elle avoit absolument abjuré la coquetterie. Ce portrait fit revivre ses anciens soupçons. Elle pleuroit sans doute un amant favorisé, puisqu'elle avoit reçû son portrait; mais ses larmes sembloient indiquer qu'il étoit infidéle. Ingrate créature, dit-il en lui-même, tu n'en eusses jamais versé si ton cœur eût voulu répondre à ma flamme. Dans ce transport jaloux, il s'éloigne, cherche un endroit où la haye fût assés basse pour être franchie, se rapproche doucement de

Betsi, & lui arrache avec violence ce portrait qu'elle venoit de renfermer dans sa boëte. *Betsi*, quoiqu'extrêmement effrayée, ne pût voir sans frémir ce portrait dans les mains de *Jacson*: la crainte qu'il n'ouvrit la boëte, fût un sentiment dominant qui ne lui permit pas d'en écouter d'autres. Au nom de Dieu, Monsieur, lui dit-elle en joignant les mains, ne poussés pas l'indiscrétion jusqu'à vous rendre maître de mon secret malgré moi. Non, Mademoiselle, lui répondit *Jacson* en lui rendant la boëte d'un air furieux; je ne verrai point cet amant à qui je dois attribuer les mépris dont vous payâtes autrefois la flamme la plus pure. Il m'a vengé, sans doute: vous êtes abandonnée, & la honte... Arrêtés, *Jacson*! lui cria *Betsi*; n'accablés pas une infortunée qui s'accuse elle-même plus rigoureusement que vous n'avés la cruauté de le faire. Je n'aimois jamais qu'une fois: mon cœur exempt des travers de mon esprit, n'eût point à rougir du choix qu'il avoit fait. Voyés, ingrat! quel fût l'objet de toute ma tendresse. En même tems, elle lui jetta la boëte qui s'ouvrit en tombant, & dans laquelle il reconnût ses traits avec une surprise inexprimable.

Miss

Miss CHAMPETRE.

Il est donc décidé que je ne pourrai me livrer une seule fois au plaisir d'estimer Miss *Betsi* tout à mon aise : à peine fait-elle un pas vers la vertu, qu'elle recule. Quelle folie de donner ce portrait à *Jacson* ! A quoi s'exposoit-elle !

Lady SENSÉE.

Vous connoissés peu le cœur humain, si cela vous étonne. Croyés-vous de bonne foi, ma chère, qu'on détruise en vingt-quatre heures une habitude de toute la vie ? *Betsi* n'a jamais sû ce que c'étoit de résister aux mouvemens de son cœur ; il l'emporte comme malgré elle. Dans les commencemens de la conversion, on tombe & on se reléve vingt fois par jour : c'est un combat perpétuel entre la volonté & la mauvaise coûtume.

Lady SPIRITUELLE.

Comment pouvés-vous dire, que *Betsi* n'étoit convertie que depuis vingt-quatre heures, elle qui avoit supporté tant d'années les mauvais traitemens de son mari avec une patience d'ange ? Pour moi, elle m'a bien édifiée.

Madem. BONNE.

Vous avés oublié, ma chère, que *Betsi* en sacrifiant un grand nombre de choses au devoir, avoit mis une réserve à son sacrifice. Ce souvenir de *Jacson* qu'elle se permettoit, ce portrait qu'elle gardoit ; tout cela nous annonce qu'elle ne cherchoit qu'une vertu extérieure qui eût pû convenir à une payenne. Ce n'est pas là ce que l'on peut appeller conversion. Quand elle est sincére, le cœur n'excepte rien des sacrifices qu'il veut faire ; il commence même toûjours par les plus pénibles. Ne comptons jamais sur notre conversion quand nous voudrons réserver un penchant chéri, & sans une conversion parfaite ne nous flattons pas d'acquérir la tranquillité & la paix qui en sont une suite nécessaire. Croyés-vous que *Betsi* eût été si misérable & si triste, si elle fût retournée à Dieu comme il faut ? Sa malheureuse situation étoit une preuve de l'imperfection de son changement : elle n'étoit pas encore vertueuse, elle va le devenir.

Lady CHARLOTTE.

Comment, ma Bonne, vous voulés que la pauvre *Betsi* ait perdu tant d'années de patience

patience au milieu des cruels traitemens qu'elle avoit à souffrir de son barbare époux ? Oh ! pour le coup, vous me paroissés trop sevére. Vous me désespéreriés, ma Bonne, si je pouvois croire que faute d'un sacrifice je perdisse le fruit de tous les autres aux yeux de Dieu.

Madem. BONNE.

Dites-moi, ma chère amie, vous croyés-vous obligée en conscience de payer le Laquais de Lady *Sensée*, ou d'une autre de vos amies ?

Lady CHARLOTTE.

Non, assûrement ! ma Bonne. Pourquoi payerois-je des gens qui ne s'occupent pas pour moi, qui ne me servent pas ? Cela seroit ridicule.

Madem. BONNE.

On n'est donc obligé selon vous qu'à payer les gens qui travaillent pour nous, & non ceux qui s'occupent pour les autres. Ainsi Dieu & la vertu ne payent point les dettes de la philosophie, de la raison, du respect humain, du monde. Faites mille & mille actes de vertu par tous ces motifs humains : Dieu que vous n'avés pas servi, ne peut pas vous récompenser. Je sais qu'on ne fait guére ces sortes de choses sans que Dieu y ait quelque part ; un peu de l'un, un peu de l'autre, ce sont très-souvent des motifs imparfaits, éloignés de l'amour pour son créateur. Comme il est la bonté même, rien n'est perdu. *Bétsi* reçoit le prix des sacrifices qu'elle a fait avec imperfection, & une augmentation de courage pour en faire de plus grands. Celui qui va suivre, la rendra solidement vertueuse, & lui donnera une paix, une joye dont elle n'avoit pas même eû l'idée jusqu'à ce moment.

Lady VIOLENTE.

En jettant cette boëte de portrait, il me semble qu'elle ne céde pas à sa passion dominante. Ce n'est pas par amour qu'elle l'a laissé voir à *Jacson* ; elle n'y pense pas seulement : c'est son orgueil qui occasionne ce mouvement. Elle l'apperçoit qu'il la soupçonne ; elle ne peut en soûtenir l'idée. Voyés-vous, Mesdames, je me connois aux mouvemens de l'orgueil.

Madem. BONNE.

Vous avés cela de commun avec moi, ma chère : je puis céder à ses mouvemens ;
mais

mais il n'est guère possible que je m'y méprenne. Continuons notre histoire, nous en étions restées à la surprise où la vûe de son portrait jetta Monsieur *Jacson.*

Seroit-il possible, s'écria-t-il après quelques momens de silence, seroit-il possible que j'eûsse été depuis long-tems l'objet de l'attachement de la seule personne que j'aye aimé dans ma vie? Je n'en puis douter; mais non, vous m'avés toûjours accablé de vos mépris. Ce ne peut être vous qui ayés été cherché ce portrait; le hasard l'aura fait tomber dans vos mains.... Je l'ai vû pourtant arrosé de vos larmes. Ah! cruëlle *Betsi,* pourquoi me cachiés-vous votre tendresse? Mais il en est tems encore: je suis libre.... Arrêtés, Monsieur, lui dit *Betsi*; si vous êtes libre, je ne la suis pas: il ne m'est plus possible de vous cacher un amour que je sûs trop bien déguiser. Oui, mon cœur n'a jamais été sensible que pour vous. Après cet aveu que les circonstances m'arrachent, vous sentés bien que je dois vous voir à cet instant pour la derniére fois. La vertu & le devoir m'en font une loi; je leur obéirai sans murmure. Oubliés mes égaremens passés: oubliés mes sentimens pour vous; mais surtout ne vous offrés jamais à ma vûë.

vûë. Ce seroit abuser du sécret que je viens de vous découvrir ; ce seroit vous exposer à perdre mon estime, & mon retour sincére à la vertu me rend digne actuëllement d'oser menacer un honnête homme de l'en priver. En finissant ces mots, *Betsi* s'éloigna de *Jacson*, & sans se permettre de se retourner pour le voir encore un fois, se renferma dans la maison.

Miss MOLLY.

Ah, ma Bonne ! que ce moment dût être pénible pour elle ! Je vous l'avoue, je l'estime beaucoup, & la plains encore d'avantage.

Madem. BONNE.

Votre pitié est inutile, ma chère; jamais elle n'en eût moins de besoin que dans cette occasion. C'étoit la premiére fois de sa vie qu'elle pratiquoit sincérement, pleinement la vertu : ce fût aussi la premiére fois qu'elle se trouva dans un calme parfait. Cette situation si neuve pour elle, lui fit éprouver une satisfaction qui ne peut qu'être conçue, & que les paroles sont incapables d'exprimer. *Betsi* devenue chrétienne, connût bien qu'elle avoit agi en cette rencontre par une force qui

qui lui étoit venue d'en haut: elle en eût une vive reconnoissance pour celui qui l'avoit secouru, & par sa fidélité à demander la continuation de son secours, elle triompha entiérement de sa foiblesse. Son indigne époux s'étant livré à la débauche, en ressentit enfin les funestes effets ; il tomba malade......

Miss BELOTTE *frappant des mains.*

Ah, que je suis contente ! Ce vilain homme va mourir, & la pauvre *Betsi* épousera enfin Monsieur *Jacson*.

Madem. BONNE.

Tranquillisés vous, ma chère ; on ne meurt point toutes les fois qu'on est malade. *Betsi* fût heureuse, mille fois plus heureuse même que vous ne pouvés vous imaginer, & cependant fût quinze ans sans épouser son amant.

Miss SOPHIE.

Je crois à ce bonheur, comme je crois au mystéres de la religion, sans le comprendre. Comment est-il possible d'être heureuse en combattant sans cesse un penchant chéri ? car de dire qu'on vient à le détruire sans que l'objet qui le cause, en donne aucun

aucun sujet, je ne le croirai jamais. Ce n'est pas par obstination au moins, ma Bonne ; non, je vous en assure, c'est par conviction. J'ai mes penchans comme les autres : il est vrai qu'ils n'ont eû jusqu'à présent que des bagatelles pour objet ; cependant, ces bagatelles me tiennent fort au cœur, & m'ont souvent causé bien des chagrins. Pour éviter ces peines, j'ai fait mille efforts pour détruire ces penchans : cependant, je vous jure qu'ils subsistent avec autant de force aujourd'hui que jamais ; il semble même qu'ils augmentent au lieu de diminuer.

Madem. BONNE.

Et vous pouvés-vous assûrer qu'ils ne feront que croître & embellir malgré toutes les peines que vous continuerés de prendre ? Il ne fût pas pour se débarrasser des peines que lui donnoit son amour, que *Betsi* en fit le sacrifice. Ce fût pour plaire à Dieu : elle le fit, seulement par son secours qu'elle lui avoit demandé, & qu'elle continua de lui demander dans les occasions délicates qu'elle eût à soutenir dans la suite.

Je vous ai dit que Madame *Murey* (car *Betsi*, comme vous pensés bien, portoit le nom

nom de son mari) étoit séparée de lui en justice : c'est-à-dire, qu'il ne pouvoit pas la forcer à demeurer avec lui, & qu'elle avoit son bien en particulier. Aussi-tôt qu'elle sût qu'il étoit tombé malade, elle se rappella les sermens qu'elle avoit fait en l'épousant, & pensa que les hommes ne pouvoient la dispenser des vœux qu'elle avoit fait en présence de Dieu. Fidéle à ces mouvemens, elle quitte sa retraite, & s'exposant à tout ce qui pouvoit lui en arriver de fâcheux, elle se rendit chés Mr. *Murey*.

Miss CHAMPETRE.

Je ne conçois pas que cette démarche pût avoir de fâcheuses suites : si son mari la recevoit mal, & étoit assés brutal pour ne pas connoître le prix de la bonté du cœur de son épouse, son pis aller étoit de s'en retourner & le laisser là.

Lady SENSEE.

Non pas, ma chère : la démarche qu'elle avoit faite, annulloit sa séparation d'avec son mari, non par rapport aux biens, mais par rapport à l'habitation, & son mari étoit en droit de la forcer à demeurer dans sa maison. Lorsqu'elle y revint, elle renonça au pouvoir que la loi lui donnoit de
vivre

vivre féparement de lui ; vous voyés qu'elle rifquoit beaucoup.

Madem. BONNE.

Mr. *Murey* n'avoit jamais aimé fa femme, parceque fon cœur étoit dépravé par la débauche. La maladie, la douleur, en calmant la violence de fes paffions, lui laifférent la faculté de réfléchir fur la conduite eftimable qu'elle avoit tenue tout le tems qu'elle avoit vécu avec lui. Sa patience, fa douceur, fes charmes fe peignirent à fon imagination devenu plus tranquille. Il connût le prix du tréfor qu'il avoit perdu par fa faute : il le regretta de la maniére la plus vive, & crût le regretter inutilement. Il n'avoit pas la moindre idée du courage heroïque qu'une vraye chrêtienne trouve dans les motifs de réligion ; pouvoit-il prévoir le bonheur que cette réligion qu'il ignoroit, alloit lui procurer ? L'état déplorable où il fe trouvoit, aggravoit fes regrets : il avoit diffipé la plus grande partie de fon bien, & fe trouvoit abandonné à des foins mercenaires que les domeftiques proportionnoient au prix qu'il étoit en état de leur payer. Quelle fut fa furprife lorfqu'on lui annonça fon époufe qui demandoit la permiffion de le voir & de le fervir ! Emporté

porté par le mouvement de sa conscience, & sans consulter ses forces, il se jette à genoux, lui demande pardon, se confesse indigne d'une telle bonté, & s'évanouit dans ses bras. *Betsi* qui avoit le cœur excellent, fût touchée de son repentir, & le premier objet qui frappa les yeux de *Murey* lorsqu'il les ouvrit, fût son épouse toute en larmes. Ce dernier trait de la noblesse de son âme acheva de le toucher; elle profita de l'ascendant qu'elle acquit en ce moment sur lui pour le rappeller à Dieu qui bénit son zéle. *Murey* détesta ses égaremens, promit de se corriger s'il recouvroit sa santé, & tint parole. Ce ne fût pourtant qu'au bout de deux ans qu'il guérit de la plus affreuse maladie qui l'avoit rendu semblable à un l'épreux. Pendant tout ce tems, *Betsi* surmontant l'horreur & le dégoût que lui donnoit cette maladie, lui rendit tous les services qu'il auroit pû attendre d'une garde, & pensa elle-même ses playes quoiqu'il la pria avec les plus grandes instances de se décharger, sur un autre d'un emploi si dégoûtant.

J'ai dit que *Betsi* étoit riche; mais il faut l'être beaucoup à Londres pour résister aux dépenses prodigieuses qu'entraînent de telles maladies. D'ailleurs, *Murey* s'étoit en-

endetté, & ses créanciers n'attendirent pas qu'il fût rétabli pour exiger leur payement. Ils obtinrent un ordre de l'arrêter, & *Betss* se vit contrainte de se faire une prison de son apartement qu'elle n'ouvroit qu'avec les plus grandes précautions. Tout d'un coup il lui vent en pensée qu'elle avoit des diamans dont la vente pourroit acquitter ces dettes. Aussi-tôt elle fit venir une femme qui l'avoit servie & que le mauvais état de ses affaires n'avoit point éloigné d'elle. Elle lui confia ses bijoux, & la pria de les vendre. Cette femme s'acquittá de sa commission, & lui ayant apporté une grosse somme, elle assembla les créanciers de son époux & les paya entiérement. Trois jours après lorsqu'elle étoit occupée à donner quelques ordres dans la cuisine, on remit un pacquet à Mr. *Murey* accompagné d'une lettre dans laquelle il lût ces mots :

" Une Dame qui a connû Madame *Murey*
" dans son enfance, & qui l'aimoit beau-
" coup, ayant appris l'extrêmité où elle étoit
" réduite, veut payer quelques services
" qu'elle a reçû d'elle. On lui a présenté ses
" diamans qu'elle a acheté ; mais c'est pour
" les lui rendre. Elle y joint, Monsieur, un
" billet de mille livres sterling pour réparer
" le

" le mauvais état de vos affaires ; & si vous
" faites de ce secours l'usage qu'on en
" espére, vous pourres compter sur une
" pareille somme tous les ans. Si vous
" souhaités en marquer votre reconnois-
" sance, vous le pouvés en laissant igno-
" rer à votre épouse le recouvrement de
" ses bijoux, & le secours qui vous est
" offert."

Lady SPIRITUELLE.

Cette Dame là a bien l'air de Mr. *Jacson* qui prend ce détour pour rendre service à *Betsi*, sans qu'elle puisse s'en offenser.

Lady VIOLENTE.

Je l'aurois crû comme vous ; mais c'est un service qu'on veut payer. *Betsi* n'en avoit pas rendu à Mr. *Jacson* : cela me déroute. Ne seroit-ce point cette Miss *Molly* qu'elle avoit tiré de prison & qui auroit attrappé une fortune considérable ? J'ai ouï dire que ces sortes de créatures ont le cœur bon, & qu'elles sont ordinairement généreuses.

Lady SENSE'E.

Je crois qu'il faut faire une distinction, ma chere. Une pauvre malheureuse fille sans principe de religion, sans aucune éducation,

cation, se laisse séduire par un malheureux, & s'en voyant abandonnée aussi bien que de sa famille, sans savoir aucune profession pour gagner sa vie, continue à malfaire en gémissant de son état. Je crois bien qu'une telle fille est susceptible de sentimens d'humanité. Mais *Molly* n'étoit pas dans ce cas; elle avoit le cœur mauvais; vous savés bien qu'elle avoit voulû perdre la pauvre *Betsi* en l'associant à sa mauvaise conduite. Je ne peux attendre rien de bon d'une telle personne : ainsi je conclus, qu'elle n'a aucune part à cette générosité qui convient parfaitement au caractère de Mr. *Jacson*.

Madem. BONNE.

Vous ne vous trompés pas, ma chere. Mr. *Jacson* connoissoit l'amour & la vertu. Il avoit senti tout ce qu'il en coûtoit à *Betsi* pour s'arracher d'auprès de lui. Ce portrait qu'elle lui avoit laissé entre les mains, étoit une preuve de la sincérité de la résolution qu'elle avoit prise de renoncer à lui. Ce procédé avoit ajoûté à l'amour qui s'étoit réveillé dans son cœur le respect & l'admiration. Il resolût d'obéir à ses derniers ordres quoiqu'il pût lui en coûter ; mais en même tems il renonça pour jamais

mais à tout engagement. De retour à Londres, il s'informa soigneusement de tout ce qui regardoit celle qui l'intéressoit uniquement. Lady *Basile* le lui apprit; & comme elle se doutoit des sentimens que *Jacson* conservoit pour son amie, elle ne pesa sur ses malheurs que pour exagérer la vertu avec laquelle elle les avoit supporté. *Jacson* dont l'admiration croissoit à chaque mot qu'elle lui disoit, voulût s'instruire plus en détail de ce qui regardoit Madame *Murey*. Pour cela, il chercha à se lier avec cette femme de chambre dont j'ai parlé. Vous devinés le reste, Mesdames. Ce fût pour ménager la délicatesse de celle qu'il obligeoit, qu'il cherchât ce détour.

Lady LOUISE.

Ne trouvés-vous pas, ma Bonne, que Mr. *Jacson* s'exposoit beaucoup, en conservant ces liaisons quoiqu' éloignées, avec la femme d'un autre qu'il aimoit encore ? Il se fioit trop, ce me semble, à lui-même.

Madem. BONNE.

Vous pourriés bien avoir raison, ma chère : cependant, il me semble qu'un

amour

amour tel qu'il l'avoit, perdoit la plus grande partie de son danger par la conduite de *Beth* qui étoit toute propre à faire naître & augmenter chaque jour les sentimens d'une estime respectueuse. Il pouvoit & devoit s'intéresser pour elle, la secourir, pourvû que ce fût toûjours d'une manière indirecte, & surtout sans chercher à la voir. Peut-être ma décision est-elle trop relâchée ; mais il seroit bien dur de perdre la liberté d'aider une personne & de veiller sur ses intérêts seulement parcequ'on l'a aimé, ou qu'on l'aime encore ; on la traiteroit plus mal qu'un ennemi.

Mr. *Murey* ignoroit le sacrifice que son épouse avoit fait de ses bijoux. Cette lettre en le lui apprenant, augmenta tellement son respect, son admiration & son amour pour elle, que son cœur ne pouvant suffire à ces sentimens, sembloit prêt à s'éclater. Il se contraignit beaucoup pour lui cacher ce qui causoit sa joye, & l'augmentation de sa tendresse : il eût voulu lui marquer sa reconnoissance, chercher avec elle à connoître son bienfaiteur ; car *Murey* étoit devenu honnête homme, & comme tel ne trouvoit point que des bienfaits excessifs fussent un fardeau insupportable à l'amour propre. Il sacrifia tout le plaisir

plaisir qu'il auroit eû à marquer sa gratitude à son bienfaiteur, au désir de lui obéir. Toutefois il ne pût résister jusqu'à la fin au désir ardent qu'il avoit de le connoître. Sa santé étant parfaitement rétablie, il céda au désir de son épouse, & se retira à la campagne. Il y reçût au bout de l'année un billet de banque de la même somme, ce qui dérangea toutes ses mésures ; car ce bienfait étoit venu par la poste. L'année d'après il feignit des affaires à Londres, un mois avant le tems qu'on lui avoit donné pour le terme du payement, & le jour marqué un homme l'aborda au caffé de St. James, & lui remit une lettre à son adresse où il se douta qu'étoit le billet en question. Il avoit avec lui un domestique sans livrée auquel il avoit récommandé de suivre tous ceux qui pourroient lui remettre quelques papiers : cet homme s'acquita fort adroitement de sa commission, & lui apprit que le porteur du billet appartenoit à Mr. *Jacson*. *Murey* n'avoit jamais entendu prononcer ce nom ; mais s'étant informé à quelques personnes de ce qui concernoit son bienfaiteur, il eût le bonheur d'en rencontrer une qui aimant beaucoup à parler, lui apprit toute l'histoire de *Jacson* depuis sa sortie du Collége jusqu'à ce jour. Son inclination pour *Betsi* ne fût point oubliée : son mariage avec Lady *Basile*, & l'étrange vie qu'il menoit depuis sa mort, eûrent leur tour. Il avoit renoncé à tout engagement, refusé les partis les plus avantageux sans qu'on pût deviner ses motifs ; car il n'avoit point de maîtresse, & étoit le *Caton* de ceux de son âge. On croyoit pourtant qu'il aimoit : des soûpirs qui lui échappoient malgré lui, une rêverie qui le surprenoit au milieu des compagnies les plus amusantes, tout annonçoit une passion sécrete dont on ne pouvoit deviner l'objet.

Toutes ces circonstances apprirent à *Murey* qu'il avoit un rival bien dangereux ; mais le soin qu'il avoit de cacher à *Betsi* ce qu'il faisoit pour elle, écartât toute idée désavantageuse à son bienfaiteur. Il épia l'occasion de le rencontrer, lui avoua ingénûment qu'il connoissoit & son amour & ses bienfaits, & pour vous prouver, ajoûta-t-il, combien je compte sur vôtre probité & sur la vertu de mon épouse, je ne crains point d'augmenter les sentimens que vous avés pour elle en vous découvrant toute la beauté de son âme. En même tems il fit à *Jacson* le détail de tout ce qu'il lui avoit fait souffrir, des actes héroïques

roïques de vertu qu'elle avoit pratiquées pendant fa longue maladie, de la douceur & de la patience avec laquelle elle l'avoit ramené au bien, & de la vie toute angélique qu'elle menoit à la campagne où elle bornoit tous fes plaifirs à faire du bien. Il finit ce long difcours en difant à *Jacfon*: je fens que mes infirmités me conduiront au tombeau avant le terme ordinaire; la douleur que me caufera la féparation d'une époufe fi chérie, & que je ne mérite pas, fera bien adoucie par l'efpoir que vous lui ferés un jour un fort digne d'elle.

Murey auroit pû parler plus long-tems fans craindre d'être interrompu, & pendant que *Jacfon* cherchoit quelque expédient pour détruire fes foupçons fans bleffer la vérité, l'époux de *Betfi* lui fit une profonde révérence, & fortit fans attendre fa réponfe. Il vécût encore trois ans, & fa femme ne fe relâcha jamais de ce qu'elle croyoit lui devoir. Il en avoit eû deux enfans qui étoient encore affés jeunes : il déclara *Betfi* héritiére avec fes enfans, & nomma *Jacfon* pour leur tuteur. La veille de fa mort il remit à fon époux fon teftament & fes bijoux, en lui apprenant qu'il les tenoit de la main de celui qu'elle trouveroit défigné dans fon teftament auffi bien que l'aisance dans laquelle ils avoient vécû ; que c'étoit à elle à payer les dettes de sa reconnoissance, & qu'il espéroit que son cœur ratifieroit le choix qu'il avoit osé faire d'un époux qui la rendit plus heureuse qu'elle ne l'avoit été avec lui. *Betsi* étoit trop occupée de la mort prochaine de *Murey* pour laisser entrer dans son esprit l'idée d'un second mariage. Le testament ayant été ouvert, elle comprit l'intention de son époux, & après avoir laissé écoulé le tems du deuil le plus régulier, elle épousa *Jacson* qui ne s'apperçût pas même que l'âge & les fatigues avoient altéré ses traits ; tant les belles qualités qu'elle avoit acquises, compensoient avantageusement ce léger désavantage.

Lady MARY.

Il faut avouer que *Betsi* avoit fait de grandes fautes ; il paroit pourtant qu'elles lui ont été avantageuses. Si elle eût épousé *Jacson*, elle n'eût pas eû occasion de pratiquer les vertus héroïques que nous avons admiré.

Madem. BONNE.

Il ne faut pas se fier à son exemple. Plusieurs, ou plûtôt un grand nombre, commencent comme elle, & il en est bien peu
qui

qui tirent autant de fruit de leurs sottises passées ; au contraire, après avoir perdu le frein qui contient dans le devoir celles que la religion ne reprime pas, c'est-à-dire, la crainte de la mauvaise opinion du Public qui les méprise sur des apparences, méritent entiérement leur mauvaise réputation, & deviennent déréglées. Cette histoire, Mesdames, a été si longue qu'elle a pris toute notre leçon. Je n'ai pas voulu la couper ; parceque nous partons encore pour un mois ; mais ce sera la derniére absence de cette année. Nous en passerons le reste à Londres.

DIX-HUITIÉME JOURNÉE.

CONVERSATION PARTICULIÉRE.

Madem. BONNE. *Lady* SENSE'E.

Lady SENSE'E.

AH, ma Bonne ! vous me voyés demi-morte ; je n'en puis plus. Je viens de recevoir la plus terrible nouvelle qu'il soit possible d'imaginer. Je manque de force

force pour vous l'apprendre. Lisés cette lettre.

Lettre de Mademoiselle *** à Lady Sensée.

 « Si je ne savois pas la voix publique
« que vous êtes la plus généreuse de toutes
« les filles, je n'aurois pas la hardiesse de
« m'adresser à vous dans des circonstances
« où vous touchés au bonheur de votre
« vie que je vais sans doute empoisonner ;
« mais l'intérêt d'une innocente créature
« à qui vous allés tout ravir, me force à
« surmonter la honte que doit me causer
« l'aveu de mes égaremens, & le regret
« de vous en voir la victime.
 « Je suis fille de condition, & c'est le
« seul avantage que j'ai reçû de la na-
« ture, car je ne puis plus regarder comme
« un bien, la régularité de mes traits qui
« a causé la perte de mon innocence.
« Née sans bien, un usage barbare me
« destina au cloître pour lequel j'avois
« une répugnance invincible : je ne l'avois
« point puisée dans mon attachement pour
« le monde ; je ne le connoissois pas. Le
« convent qui avoit été mon berceau,
« pour ainsi dire, devoit aussi devenir
« mon tombeau. La situation de quelques
« Religieuses qui avoient été sacrifiées
« comme

« comme moi à la fortune d'un ainé,
« m'annonçoit le fort terrible qui m'at-
« tendoit un jour. Née courageuse, je pris
« la ferme résolution de ne jamais pro-
« noncer des vœux sacriléges qui seroient
« désavoués par mon cœur, & je pro-
« testai à l'Abbesse que je donnerois un
« scandale public plûtôt que d'accepter
« l'habit lorsqu'il me seroit offert. Dès
« cet instant, toutes les bontés qu'on avoit
« eû pour moi, s'évanouirent ; je n'é-
« prouvai plus que des mauvais traite-
« mens. Mon père me ménaça de toute
« son indignation, si je continuois à ré-
« sister à ses volontés. Hélas ! ce père qui
« m'étoit étranger pour ainsi dire, & que
« je ne connoissois que comme un tyran
« qui cherchoit à me rendre infortunée ;
« ce père, dis-je, n'avoit point acquis
« sur mon cœur ces droits qui y excitent
« le respect : j'oubliai celui que je lui dé-
« vois, & dans la fureur qui le saisit, il
« faillit à devenir mon meurtrier. On
« m'arracha de ses mains à demi-morte,
« & il retourna dans son château en vo-
« missant mille malédictions contre moi
« qui n'ont eû qu'un effet trop funeste.

« Ce frère auquel on me sacrifioit, étoit
« né tendre & généreux ; quoiqu'il me
« connût

« connût à peine, la fureur de mon père
« l'attendrit pour moi, & il eût donné la
« moitié du bien qu'on lui destinoit, pour
« m'arracher au triste sort qui m'étoit
« destiné. Inutile pitié ! Que pouvoit un
« garçon de seize ans contre un père des-
« potique & cruel ? Il faisoit alors ses
« études à la flèche où Mylord *William*
« étoit lié avec lui d'une amitié fort
« étroite : il lui confia le chagrin que lui
« causoit son impuissance à me secourir,
« & lui demanda ses conseils. Mylord
« âgé de dix-huit ans & né tendre comme
« son ami, l'encouragea à tout entrepren-
« dre pour me tirer de mon esclavage, &
« ils concertèrent ensemble les moyens de
« le faire finir. *Deterville* mon frère
« conduisit son ami à mon convent, &
« nous procura plusieurs entretiens. Mes
« foibles charmes firent impression sur le
« cœur de Mylord qui proposa à son ami
« de me donner sa foi en sa présence, & de
« me conduire en Angleterre où il ratifie-
« roit devant les hommes les promesses
« qu'il me feroit devant Dieu. Mon
« frère eût sans doute rejetté une telle
« proposition, si son âge lui eût permis
« de réfléchir ; mais la vûë du danger dont
« j'étois ménacée, l'aveugla, à quoi ne
« con-

" contribua pas peu la droiture de son
" cœur. Comme il se sentoit incapable
" de manquer à une telle promesse, il ne
" pût soupçonner son ami de chercher ja-
" mais à l'éluder. Je me prêtai à ces
" arrangemens sans répugnance : j'aimois
" Mylord, j'abhorrois le cloître, je n'a-
" vois pas quatorze ans ; pésés toutes ces
" circonstances, Mademoiselle, & qu'elles
" diminuent l'horreur que vous aurés de
" ma foiblesse. Comme mon frère étoit
" sûr que nous serions poursuivis, il eût
" la prudence de nous ménager une re-
" traite dans un hameau extrêmement
" écarté où nous passâmes six mois en
" attendant que les perquisitions qu'on
" devoit faire de nous, fussent finies. Au
" bout de ce tems, nous partîmes pendant
" la nuit pour nous embarquer dans une
" chaloupe que mon amant avoit loué à
" grands fraix. Nous fûmes trahis : le
" Patron que Mylord avoit eû l'impru-
" dence de payer d'avance, nous dénonça
" au Gouverneur D*** qui nous fit arrê-
" ter. J'ignore ce que devint *William* ;
" pour moi, je fûs conduite dans une espéce
" de cachot, où malgré les mauvais trai-
" temens qu'on me fit subir, j'accouchai
" heureusement d'une fille infortunée,

O 5 ,, pour

« pour laquelle j'implore votre pitié. On
« m'enferma ensuite dans un autre con-
« vent où mon père me fit dire que je
« n'avois qu'à me déterminer à prendre le
« dernier engagement, puisque mon sé-
« ducteur avoit expiré par sa mort le
« crime de son rapt. Cette nouvelle man-
« qua occasionner la mienne, & dans le
« désespoir qu'elle me causa, j'aurois con-
« senti à tout ce qu'on exigeoit de moi.
« Heureusement, la Supérieure de cette
« maison connoissoit mieux ses devoirs
« que l'Abbesse dont j'ai parlé : elle refusa
« constamment de m'admettre aux vœux;
« mais elle s'engagea en même tems à ne
« me laisser avoir aucune communica-
« tion avec les personnes du dehors, &
« elle tint parole. La mort de mes pa-
« rens en me laissant maîtresse de moi-
« même, l'a remise en liberté de suivre
« les mouvemens de son cœur à mon
« égard : elle m'apprit alors que Mylord
« *William* avoit échappé aux poursuites de
« mon père qui m'avoit faite passer pour
« morte ; que ma fille vivoit encore, &
« que j'étois déshéritée. Elle fit plus :
« elle fournit aux frais de mon voyage
« pour l'Angleterre où je suis arrivée de-
« puis quatre jours avec ma fille. Quel a
« été

« été mon défespoir d'apprendre que My-
« lord étoit prêt à conclûre un engage-
« ment éternel avec vous, Madame! Je
« ne puis lui en faire un crime; il ignore
« ma malheureuse existence. Sans doute,
« vos charmes & vos vertus auront banni
« de son souvenir une fille imprudente
« qui ne mérite pas de vous être préférée.
« Oui, Madame, je me rends justice. Ce
« cloître l'objet de mon aversion, devien-
« droit celui de mes vœux, si l'intérêt de
« ma malheureuse fille ne l'opposoit point
« à mes désirs. Il est vrai que les loix
« laissent à Mylord le droit de disposer de
« sa main; mais un honnête homme ne
« connoit que celles qui lui sont dictés
« par la conscience & par l'honneur: &
« vous en connoissés bien les de-
« voirs, Madame, que j'ose vous prendre
« pour arbitre entre Mylord & moi. Ré-
« pondés à la confiance de deux infor-
« tunées qui vous demandent un époux
« & un père, & qu'une injustice qu'elles
« n'attendent pas de vous, feroit mourir
« de douleur."

Madem. BONNE.

Je l'avoue, ma chère, voilà une étrange lettre. Et à quoi vous déterminés-vous? L'avés-vous montré à quelqu'un?

Lady SENSÉE.

A quoi je me détermine, ma Bonne ? Pouvés-vous en douter ? Mon cœur est déchiré ; il adore Mylord *William* : cependant, si ce récit est vrai dans toutes ces circonstances, je ne balancerai pas un moment à renoncer à lui pour jamais. Oui, quoiqu'il m'en coûte, je n'aggraverai point les malheurs de ces infortunées. Hélas ! la mère mérite plus de pitié que d'indignation, & n'a été que trop rigoureusement punie : pour son innocente fille, Mylord seroit le plus lâche de tous les hommes s'il refusoit de lui donner un état. Voilà, ma Bonne, quelles sont les résolutions de ma volonté ; mais que mon cœur est peu d'accord avec elle. Il faut donc renoncer à tout le bonheur de ma vie ; qu'importe ? il vaut mieux être malheureuse qu'injuste.

Madem. BONNE.

Fille vraiment digne d'un meilleur sort ! Mais je m'égare, ma chère ; ma sensibilité m'a emporté & m'a fait oublier d'adorer les vûës de la divine providence à votre égard. Chère enfant, un cœur tel que le tien est trop grand pour les hommes :

mes: ton Dieu en est jaloux; il veut que tu sois son partage, puisqu'il t'ôte un objet si digne de ton attachement.

Lady SENSÉE.

Hélas, ma Bonne! cette pensée que vous me suggérés, est la première qui s'est offerte à mon cœur affligé à la lecture de cette lettre fatale. Je l'ai saisi avec avidité, & au milieu de mon désespoir, elle m'a fait concevoir l'espérance d'un dédommagement bien avantageux. Cependant, mon amour pour Mylord étoit légitime: j'aurois pû l'aimer sans offenser mon Dieu; j'aurois pû... Quelle foiblesse! Vous me la pardonnerés, mon Dieu! mon cœur la désavoue. Ah, ma Bonne! que je paye cher à ce moment les douceurs passagères que j'ai goûté depuis deux mois! Voilà donc à quoi aboutissent les penchans les plus légitimes: à déchirer notre pauvre cœur; car enfin, cette séparation qui me tue, il eût fallu la faire un jour. Elle n'est qu'anticipée: la mort l'eût fait, peut-être en peu de tems. Non, je ne veux plus m'attacher qu'à ce que je serai sûre de pouvoir aimer éternellement.

Madem.

Madem. BONNE.

Je respecte en vous, ma chère, les mouvemens de la grace ; assûrement, elle n'en démeurera par-là, & cet événement si fâcheux en apparence, est la vocation aux plus grandes vertus. Je vous crois pourtant trop prudente pour vous engager à rien dans ces momens de trouble : on peut aimer Dieu parfaitement dans toutes sortes d'états. Jettés-vous aveuglement dans la volonté divine pour l'avenir sans rien décider en particulier. Quand vous serés un peu remise, nous consulterons ensemble ce qu'il convient de faire en cette occasion. Il faudroit, ce me semble, communiquer cette lettre à Mylord.

Lady SENSÉE.

Je crains trop ma foiblesse pour oser la lui donner moi-même ; j'attends ce service de vous, ma Bonne. Allés le trouver : je passerai le tems de votre absence à demander à Dieu la force dont j'ai besoin dans ces circonstances.

DEU-

DEUXIÉME CONVERSATION.

Madem. Bonne, *Lady* Sense'e.

Madem. Bonne.

Vous me voyés toute en pleurs, ma chère amie. L'admiration & la pitié les font couler. Je n'ai jamais vû tant de désespoir, d'amour & de vertu. Je vais sans doute augmenter vos regrets ; mais j'ai promis à Mylord de vous exposer sa situation : d'ailleurs, son courage dans une occasion si pénible doit augmenter le vôtre. L'infortunée qui vous a écrit, n'a rien exagéré dans son récit ; il convient de toutes les choses qu'elle avance. C'est une fille de qualité digne d'un meilleur sort. Sa beauté & la compassion qu'elle excita dans son âme, y produisirent des mouvemens qu'il prit pour de l'amour, & qui lui arrachèrent la promesse d'unir son sort au sien : il l'eût même fait sans répugnance il y a six mois, quoique la passion qu'elle lui avoit inspiré, eût été aussi-tôt éteinte que satisfaite ; mais il se crût

crût lié devant Dieu au moment où il le prit à témoin des sermens qu'il faisoit de l'être un jour.

Lady SENSEE.

Il vous a trompé, ma Bonne, lorsqu'il vous a dit qu'il avoit cessé de l'aimer. N'avés-vous pas été le temoin de sa tristesse, aussi bien que toute l'Angleterre, & ne m'avés-vous pas dit vous-même qu'elle étoit occasionnée par la perte d'une personne qu'il avoit beaucoup aimé ? Pourquoi chercher à en imposer sur un article qui après tout m'importe si peu ?

Madem. BONNE.

Veillés sur votre cœur, ma chère amie, & n'affoiblissés pas les grands & nobles mouvemens que Dieu y a excité par un sentiment de dépit. Non, Mylord n'a point cherché à nous en imposer : sa tristesse fût réelle ; mais nous nous trompions sur ses motifs. Les remords les plus cuisans en étoient la cause. Il s'accusoit de la perte d'une jeune personne qu'il avoit occasionné. Il se la représentoit mourante dans le sein de la honte & de l'infamie, peut-être du crime ; & voilà ce qui

qui l'accabloit, & ce qu'il ne se seroit pardonné de sa vie. Les préjugés criminels que le monde a adopté à cet égard, n'ont jamais pû faire la moindre impression sur un esprit aussi droit que le sien. Il regarde comme le châtiment de ce crime, l'impossibilité où il se trouve d'être à la seule personne qu'il ait véritablement aimé. Il va gémir de sa perte le reste de sa vie, & ce qui aggrave son tourment, c'est la persuasion où il est, que sans avoir partagé sa faute, vous en supporterés la peine. Il vous conjure par ma bouche d'apporter le seul soulagement à ses maux qu'il lui soit possible de recevoir, c'est l'assûrance que vous mettrés ce grand courage qu'il vous connoit à l'oublier. J'ai crû qu'il alloit expirer en prononçant ce mot terrible : cependant, il a rappellé toutes ses forces, & me l'a répété plusieurs fois. Il m'a rendu votre portrait, & a résisté au violent désir qu'il avoit de le garder, ou d'en considérer les traits pour la derniére fois. Enfin, il m'a quitté pour aller se jetter aux pieds de Mylord & de Mylady, & en leur annonçant son malheur, leur redemander la parole qu'il leur a donné, puisque l'honneur & la réligion ne lui permettent plus de la tenir. Je dois le revoir

avant

avant son départ, pour l'assûrer que je vous ai laissé tranquille.

Lady SENSE'E.

Je ne le verrai donc plus ! Que cela est cruel ! N'importe ? Il faut faire mon sacrifice tout entier. O mon Dieu ! pardonnés-moi ma foiblesse. Il n'en est pas moins volontaire, quoiqu'il soit arrosé de mes larmes. Allés, ma Bonne, allés l'assûrer que je sens sa perte comme je le dois ; que sans un secours bien particulier de Dieu, j'y succomberois. Dites-lui que nul mortel ne lui succédera dans mon cœur; que... ou plûtôt ne lui dites rien. N'augmentés point sa sensibilité en lui peignant la mienne ; au contraire, persuadés-lui, s'il est possible, que je suis une ingrate, que je ne méritois pas sa tendresse. Je ne sais ce que je dis, ma Bonne ; mes sentimens se succédent comme les flots d'une mer agitée par les vents les plus contraires. Dites-lui donc tout ce que Dieu vous inspirera.... Arrêtés un moment, ma Bonne. Cette infortunée qui ne l'est plus, cherchera peut-être à paroître à mes yeux. Epargnés-moi ce suplice. Je lui pardonne mes malheurs ; mais elle

cause

cause le mien. Hélas ! son sort, qui me paroît digne d'envie, mérite peut-être ma pitié. Mylord *William* va l'épouser par devoir : ce sentiment pourra-t-il suffire à son bonheur ? Il ne l'aime plus ; son indifférence percera malgré ses efforts à la lui cacher : elle m'aura rendue misérable sans devenir heureuse. Je suis forcée de la plaindre.... Allés, ma Bonne, allés dire à Mylord qu'il n'est qu'un moyen d'adoucir ma peine, c'est de transporter à la nouvelle épouse tous les sentimens qu'il me devoit. Il m'a juré mille fois que je régnerois toujours despotiquement sur son âme ; voici le moment d'accomplir ses sermens. Je lui ordonne d'aimer son épouse ; je lui tiendrai compte de tout l'amour qu'il aura pour elle. S'il devient heureux lui-même en faisant la félicité de ma rivale, je serai heureuse. Voilà une félicité sur laquelle je ne comptois pas. Pour son innocente fille, que j'aurois de plaisir à la voir & à l'embrasser ! Seroit-ce un crime, ma Bonne ? Me seroit-il défendu de transférer à cet enfant tous les sentimens que j'avois pour son père ?

Madem. BONNE.

Avés-vous oublié, ma chère amie, que
Dieu

Dieu ne veut point de rival dans votre cœur? La vuë de cet enfant nourriroit un penchant que vous devés détruire. Un jour viendra où maîtresse abſolue de vos ſentimens, vous pourrés ſuivre avec ſureté ceux que vous ſentirés pour elle. Actuellement, vous ne devés vous occuper qu'à ſuivre vos premiéres vûës, c'eſt-à-dire, à ne laiſſer s'affermir chés vous qu'un amour que le tems ne puiſſe détruire, qu'un amour qui ait pour objet un Etre éternel, infiniment parfait, & dont la mort qui briſe les autres liens, ne pourra vous ſéparer. Je vous laiſſe avec cet Etre immenſe: mes conſolations affoibliroient les ſiennes. Je vous le répéte, c'eſt un Dieu jaloux qui veut vous ſéparer de tout appui humain, pour vous attacher uniquement à lui.

TROISIÉME CONVERSATION

PARTICULIÉRE.

Madem. BONNE. *Lady* SPIRITUELLE.
Lady SENSE'E.

Lady SPIRITUELLE.

JE viens mêler mes larmes avec les vôtres, chère amie. Tous ceux qui connoissent le mérite de Mylord *William*, vous plaignent & vous admirent : car on dit que vous avés montré en cette occasion un courage héroïque. Pour moi, qui connoit toute la sensibilité de votre cœur, je n'ai pas eû toute la foi possible à ce grand courage ; j'ai crû que vous payés chèr en secret la fermeté que vous faisiés paroître en public, & que vous aviés besoin de consolation & de quelque chose qui vous empêche de vous livrer à vous-même : ainsi j'ai obtenu de Maman la permission de venir partager votre solitude.

Lady SENSE'E.

Vous me rendés justice lorsque vous me croyés bien foible, & je suis très-reconnoissante de l'amitié qui vous engage à venir partager ma peine. Mais, ma chère, toutes les consolations humaines eûssent été impuissantes à mon égard ; & si le secours ne me fût venu du haut des montagnes célestes, il est certain qu'il n'y avoit point de remédes à mes maux. Dieu a bien voulu être lui-même mon consolateur ; je ne suis plus à plaindre. Ah, ma chère ! qu'il y a peu de comparaison à faire entre les douceurs que son amour repand dans les cœurs,

&

& les foibles satisfactions que procurent les attachemens terrestres!

Lady SPIRITUELLE.

J'étois venue pour consoler, & je me trouve encouragée. Il est donc vrai que l'amour de Dieu surmonte toutes les foiblesses de la nature. Que vous êtes heureuse, ma chère Lady, d'en éprouver des effets si sensibles! Que ne donnerois-je pas pour participer à votre courage, moi qui me trouve si foible dans les plus petites choses que Dieu demande de moi, & qui lui refuse des bagatelles!

Madem. BONNE.

Et qui vous empêche d'être participante du bonheur que vous enviés? Croyés-moi, ma chere, ou plûtôt croyés-en l'experience de votre amie. La vertu, la vertu héroique même n'effraye que de loin. C'est un fardeau qui seroit insupportable s'il falloit le supporter seule; mais aussi-tôt qu'on y met la main avec une ferme confiance dans le secours de Dieu, il se charge avec bonté de le rendre aisé & facile. Interrogés à cet égard Lady *Sensée*: son témoignage ne peut vous être suspect.

Lady

Lady SENSÉE.

Affûrement, ma chère, je ne voudrois pas vous tromper. Oui, affûrement ! il n'y a que la premiére difficulté à vaincre : auffi-tôt qu'on fe détermine à fe prêter aux mouvemens de la grace, elle rend tout facile, ou du moins elle augmente nos forces d'une maniére fi vifible qu'on en eft furpris foi-même. Ah ! fi vous pouviés vous figurer quelle fatisfaction on goûte lorfqu'on baiffe la tête fous le joug que Dieu préfente, vous ne balanceriés pas un moment à vos donner toute à lui. J'ai facrifié l'amour que je portois à une créature périffable, & ce Dieu de bonté a rempli le vuide de mon cœur. Je fens qu'il y régne fans partage, & qu'il ne tient qu'à ma fidélité qu'il n'y régne pour toûjours. Je regarde cet événement fi cruel aux yeux de ma chair, comme la fource du plus grand bonheur pour moi : il m'ouvre la carrière des grandes vertus fi je fuis fidéle à fa grace, & j'efpére que celui qui m'en procure l'occafion avec tant de bonté, acheva fon ouvrage en me donnant la force de continuer ce qu'il a fi heureufement commencé en moi.

Lady

Lady SPIRITUELLE.

Est-il possible après un tel exemple que je continue à refuser à Dieu les bagatelles qu'il me demande ? Non ; je me détermine sincérement à ne plus vivre que pour lui. Je veux, s'il est possible, qu'il règne sans partage dans mon cœur, & que tous mes autres attachemens lui soient subordonnés. Aidés-moi à soûtenir cette résolution, ma Bonne ! Accablés-moi de reproches si je suis infidéle à ma résolution. Plût à Dieu que Lady *Sincére* pût éprouver le même sentiment que moi ! Je la plains bien véritablement. Quel changement terrible les passions opèrent-elles dans notre cœur ! Lady *Sincére* est née bonne, & j'ai eû mille preuves que son cœur est tendre & sensible. Cependant, une passion la rend cruelle & barbare : elle ne peut déguiser la joye qu'elle ressent de la rupture de ce mariage qui devoit naturellement accabler de douleur une de ses amies. Elle ne profite point de cette perte ; elle seroit alors plus excusable : il semble que le malheur d'un autre est un soulagement pour elle. Savés-vous bien, ma Bonne, que son exemple avoit déjà commencé à me faire prendre la résolution que celui de Lady *Sen-*

sensée a confirmé ? Quel malheur de se laisser subjuguer par ses passions ! Moi, qui les ai si violentes, je serois donc en danger de devenir barbare, injuste, cruëlle, en un mot, tout ce qu'il plairoit à ces mouvemens indomptés. Cela fait frémir.

Madem. BONNE.

J'ai toûjours craint ce qui arrive à cette pauvre enfant ; elle n'a jamais sû se contraindre en rien, & voici la suite naturelle de la mollesse d'ame qu'elle a contractée. Prions Dieu qu'il l'éclaire, Mesdames ! Remercions-le de nous avoir préservé de ces excès. Hélas ! sans le secours de sa grace, nous serions ce qu'elle est aujourd'hui, & peut-être pire encore.

* * *

DIX-NEUVIÉME JOURNÉE.

Toutes les écoliéres rassemblées.

Madem. BONNE.

JE tiendrai ma parole, Mesdames ; nous ne ferons plus d'absence : ainsi ne me grondés pas. Lady *Violente* va nous répéter le St. Evangile.

Lady VIOLENTE.

On présenta à Jésus un paralytique couché dans un lit. Jésus voyant leur foi, dit au paralytique : mon fils ! ayés confiance; vos péchés vous sont remis. Aussi-tôt quelques-uns des Docteurs de la foi dirent en eux-mêmes : cet homme blasphéme. Mais Jésus voyant ce qu'ils pensoient, leur dit : Pourquoi donnés-vous entrée à de mauvaises pensées dans vos cœurs ? Lequel est le plus facile, ou de dire, vos péchés vous sont remis, ou de dire, levés-vous, & marchés ? Or afin que vous sachiés que le fils de l'homme a le pouvoir sur la terre de remettre les péchés : levés-vous, dit-il au paralytique; emportés votre lit, & vous en allés dans votre maison. Le paralytique lui obéit ; ce que le peuple voyant, il fût rempli de crainte, & rendit gloire à Dieu de ce qu'il avoit donné une telle puissance aux hommes.

Lady CHARLOTTE.

A ce que je vois, ma Bonne, le peuple juif n'avoit aucune idée de la divinité de Jésus, & le regardoit seulement comme un Prophète à qui Dieu donnoit le pouvoir d'opérer des miracles. Il ne pensoit pas que Jésus

Jésus eût par lui-même le pouvoir de remettre les péchés.

Madem. BONNE.

La multitude, je crois, ne fit attention qu'à la guérison corporelle du malade, & non pas à la spirituelle ; & nous ne voyons pas que Jésus lui en fasse un crime. Au contraire, lui qui sonde les cœurs, appelle les pensées des Docteurs de mauvaises pensées. Quoi donc ! Ils soûtenoient l'honneur de Dieu en appellant blasphémateur un homme qui s'associoit à sa toute-puissance. Quel mal faisoient-ils à cela ? Ils en faisoient sans doute, puisque Jésus les en accuse. Ne pourrions-nous pas dire, que le peuple ayant des lumiéres très-bornées, étoit excusable dans son ignorance grossiére, au lieu que les Docteurs devant être éclairés, avoient déjà eû assés de preuves de la divinité de Jésus-Christ, pour que leur doute à cet égard fussent inexcusables ? Quelles ont été vos reflexions, Miss *Belotte* ?

Miss BELOTTE.

Il me paroit que la maladie de ce paralytique étoit un châtiment de ses péchés, puisque l'effet cesse, lorsque le péché qui en étoit cause, est ôté.

Madem. BONNE.

C'est une conséquence des paroles de Jésus, ma chère. Les maladies, comme St. *Paul* nous l'apprend, sont souvent le châtiment du péché, & il attribue cette sorte de châtiment surtout à la mauvaise communion. Dans nos infirmités, au lieu de mettre toute notre confiance dans les médecins, nous devrions tâcher d'obtenir la remission de nos péchés. Votre Eglise vous en offre un moyen qui est bien négligé parmi vous, Mesdames, & c'est la confession. On la pratique à l'heure de la mort; donc on la croit utile: pourquoi la négliger pendant la vie, si elle l'est? pourquoi s'en servir à la mort, si elle ne l'est pas? Cette conduite a lieu de surprendre.

Lady LOUISE.

Vous me faites souvenir, ma Bonne, que j'ai vû cette pratique récommandée dans le livre des communes priéres à l'article où sont les priéres pour les mourans. Je ne comprends pas trop bien ce que signifient ces paroles: *Par la puissance que j'en ai reçû de Dieu, je t'absous.* Je crois, si ce n'est pas les propres mots que c'en est le sens. Cette absolution, remet-elle absolument les péchés à tous ceux auxquels on on les prononce, après qu'ils se sont confessés à l'article de la mort ? Cela seroit fort commode.

Miss FRANCISQUE.

J'ai ouï dire qu'il y a une religion comme cela ; je ne sais laquelle. On peut y pécher autant qu'on veut : l'absolution efface tout.

Madem. BONNE.

On vous a trompé, ma chère, & je vous donne ma parole que cette religion que je connois parfaitement, n'enseigne point du tout cela, & qu'elle a cette doctrine en horreur, & avec raison. Il n'y a aucune absolution qui puisse justifier un pécheur qui ne hait pas le péché, & qui n'est pas déterminé à mourir plûtôt que de le commettre. Confessé-vous tant que vous le voudrés à l'heure de la mort, l'absolution que le Ministre vous donnera de la part & par le pouvoir de Dieu, sera conditionnelle : elle suppose toûjours la haine du péché, l'amour de Dieu, & un désir sincère de se corriger. Sans ces conditions elle est inutile.

Miss CHAMPETRE.

Mais si j'ai l'amour de Dieu, vous nous avés appris que je ne puis aller en enfer : si je ne puis aller en enfer, c'est sans doute que mes péchés me sont pardonnés ; s'ils me sont pardonnés, cette confession, cette absolution sont une cérémonie inutile.

Madem. BONNE.

Comme vos trente-neuf articles de foi, & l'endroit où il est parlé de cette confession & absolution dans le livre des communes priéres, ne disent pas un mot des motifs de cette confession & de ses avantages, je ne me hasarderai point à vous en instruire. Vous devés à cet égard consulter quelque Ministre ; car je suis persuadée que ces motifs & ces avantages doivent être expliqués quelque part, quoique je les ignore. On ne doit rien négliger des choses qui peuvent faciliter le bien. Si vous êtes contente de ce qu'on vous dira sur cet article, je vous exhorte à ne pas attendre à la mort à profiter des avantages spirituels qu'elle peut vous procurer. Continués, Lady *Violente*.

Lady VIOLENTE.

Jésus sortant de là, vit en passant un homme qui étoit assis au bureau des impôts & qui se nommoit *Mathieu*, auquel il dit: suivés-moi! & lui aussi-tôt se leva & le suivit. Et Jésus étant à table dans la maison de cet homme, il y vint beaucoup de publicains & des gens de mauvaise vie qui s'y mirent avec Jésus & avec ses disciples; ce que voyant les Pharisiens, ils dirent à ses disciples: pourquoi vôtre maître mange-t-il avec des publicains & des pécheurs? Jésus les ayant entendu leur dit: ce ne sont pas ceux qui se portent bien qui ont besoin de médecins, mais ceux qui sont malades. C'est pourquoi allés, & apprenés ce que veulent dire ces paroles: j'aime mieux la miséricorde que le sacrifice. Je ne suis pas venu appeller les justes, mais les pécheurs.

Lady SENSE'E.

Ces Pharisiens me provoquent. Je les vois comme une troupe de chiens argneux qui ne suivent que pour chercher à mordre.

Madem. BONNE.

Il est encore un grand nombre de gens qui se livrent à ce zéle pharisaïque & ce sont les faux dévots & les prudes. Les premiers sous pretexte qu'ils sont exempts des vices grossiers, frondent impitoyablement sur les autres, sans penser que notre Dieu est un Dieu de miséricorde & de charité. Qu'ils viennent lire leur condamnation dans cet Evangile ! Qu'ils y apprennent qu'il n'y a point de piété où il n'y a point de charité, ou peut juger de l'une par l'autre ! Pour les prudes, c'est l'orgueil & quelquefois même le dérèglement qui met leur langue en action : elles se persuadent qu'on les croit exemptes des vices contre lesquels elles déclament avec aigreur. Si tout le monde me ressembloit, elles perdroient leur tems ; car je ne puis m'empêcher de mal penser d'elles, quelque effort que je fasse au contraire. Lady *Sensée*, dites nous quel fut le sort de *Camille* qui avoit pris la ville de *Veïes* ?

Lady SENSÉE.

Les Tribuns qui étoient acharnés contre le mérite, voyant le mécontentement que le peuple avoit conçu contre *Camille* qui avoit consacré la dixiéme partie du butin à *Apollon*, profitèrent de cette mauvaise disposition pour le perdre, & l'accusèrent de s'être approprié une partie du butin

butin fait à Véies. Quelque dénuée de vraisemblance que fût cette accusation, le peuple y prêta l'oreille, & *Camille* fût banni. La vertu de ce grand homme ne fût pas à l'épreuve de cette injustice. Il se laissa surmonter par son ressentiment, & en sortant de Rome, il pria les Dieux, s'il étoit innocent, de réduire les Romains à une telle nécessité qu'ils fussent forcés de le rappeller.

Lady LOUISE.

J'avoue, ma chère Lady, que *Camille* eût tort de former un tel souhait. Cependant, avoués qu'il étoit bien dur de supporter une telle calomnie. Après tout, cet homme étoit Payen, & le paganisme n'offroit pas de motifs suffisans pour se vaincre en pareil cas.

Lady VIOLENTE.

Je vous demande pardon, Madame! J'ai un bon ami parmi les Grecs qui se comporta mieux que *Camille*. Avec la permission de ma Bonne, je vous en dirai l'histoire. Nous pourrions l'avoir dit autrefois entre nous; mais ces Dames n'y étoient pas.

Les Athéniens avoient tant de peur de perdre leur liberté, qu'ils bannissoient ceux qui avoient assés de talens & de vertus pour pouvoir les asservir un jour. Tout le peuple donnoit sa voix en cette occasion, c'est-à-dire, que ceux des citoyens qui décidoient contre un homme, écrivoient son nom sur une coquille, *Aristide* fût banni de cette maniére, & eût le sang-froid de servir de Secrétaire à un païsan qui ne le connoissant pas, le pria d'écrire sur une coquille le nom d'un certain *Aristide* qu'il vouloit bannir, parcequ'il étoit choqué de l'entendre appeller *le Juste*. *Aristide* en sortant d'Athènes, pria les Dieux de rendre les Athéniens si heureux, qu'ils n'eussent jamais besoin de le rappeller. Voila, comme vous le voyés, Mesdames, une conduite bien supérieure à celle de *Camille* dans deux occasions absolument semblables.

Miss BELOTTE.

Cela vous plaît à dire, ma chère ; je trouve les deux cas absolument différens. Si le bannissement est le même, que les motifs se ressemblent peu. *Aristide* conserve toute sa réputation : elle est même augmentée par ce bannissement qui ne s'exerçoit que contre les gens du premier mérite ; au lieu que le pauvre *Camille* est chassé de Rome

Rome comme un voleur. Vous savés bien, Mesdames, ce que dit un auteur françois :

Le crime fait la honte & non pas l'echafaut.

Cela est si vrai, ma chere Lady *Violente*, que vous vous glorifiés de la mort de votre bis-ayeul qui eût le col coupé, & dont le corps fût mis en quatre quartiers sur les portes de quatre différentes villes. Il s'en glorifioit lui-même, & souhaitoit que son corps pût fournir un morceau pour chaque ville, parcequ'il croyoit mourir pour la justice ; au lieu que vous seriés désespérée de penser qu'il eût souffert un tel supplice pour un vol.

Lady VIOLENTE.

Me désespérer ? Le terme est bien fort. Je suis tellement faite que je ne serai jamais vraiement humiliée que des sottises que je ferai moi-même ou dont je serai la cause. Quoiqu'il en soit de mon opinion, il est certain que je me trompois : le cas de *Camille* étoit différent de celui d'*Aristide*, & si le premier fit une mauvaise action, il mérite plus de pitié que de colère. Sa priere fût-elle exaucée, Lady *Sensée* ?

Lady SENSE'E.

Je ne crois pas qu'on puisse se servir de ce mot, car il s'adressoit à des Dieux sourds, impuissans, & eux-mêmes injustes ; mais le Dieu de toute justice qui récompense les vertus morales par des biens temporels, & qui punit l'injustice, fit repentir les Romains de celle dont ils s'étoient rendus coupables envers cet innocent. Mais la justification de *Camille* a besoin d'une grande histoire pour être entendue. Je vais vous la raconter.

Les Gauloises autrefois étoient si fécondes, que le païs qu'on nomme aujourd'hui la France, ne pouvoit pas contenir tous ses habitans. Ceux des Gaulois qui habitoient autour de la ville de Sens, s'y trouvant trop pressés, résolurent d'envoyer une colonie dans l'Italie. Un grand nombre d'hommes & de femmes arrivèrent heureusement près de la ville de Clusium, & demandèrent aux habitans la permission de bâtir sur un terrain proche de leur ville, & qui n'étoit pas cultivé. On leur refusa leur demande, & ils se préparèrent à l'obtenir de force en assiégeant la ville de Clusium. Les habitans se voyant pressés, demandèrent du secours aux Romains

mains dont apparamment ils étoient Alliés. Le Sénat réfolût d'envoyer une Ambaffade aux Gaulois pour les engager à fe défifter de leur entreprife ; mais au lieu de choifir pour cet important emploi des hommes prudens & fages, on le confia à de jeunes étourdis qui gâtèrent tout par leur ôrgueil, comme vous l'allés voir.

Les Ambaffadeurs pleins de mépris pour les Gaulois qu'ils traitoient de Barbares, leur demandèrent avec hauteur, de quel droit ils vouloient avoir ce terrain ? Le Chef des Gaulois leur répondit : du même droit qui vous a mis en poffeffion de prefque tout ce que vous poffédés en Italie. Les Ambaffadeurs picqués jufques au vif d'une telle réponfe, diffimulèrent leur reffentiment pour fe mieux venger, & feignant de prendre un efprit de paix, demandèrent permiffion d'entrer dans la ville pour travailler à un accommodement. On le leur accorda, & au lieu de faire la fonction de médiateurs, ils fe mirent à la tête des affiégés dans une fortie, & violèrent ainfi *le droit des gens*.

Mifs BELOTTE.

Qu'eft-ce que cela veut dire, violer *le droit des gens ?* Voilà la premiére fois que j'enj'entends cette expreſſion. Expliqués-la, je vous prie.

Madem. BONNE.

Je crois l'avoir déjà fait, ma chère; n'importe. La ſociété a beſoin de certaines loix qui ſont priſes dans la nature, & qui en aſſurent la tranquillité. On appelle cela le droit naturel, le droit des gens, & ces loix ſont inviolables, parceque ſans elles perſonne ne ſeroit en ſûreté. Ainſi le droit des gens eſt violé ſi on manque à ſon ſerment, ſi on recule les bornes du champ de ſon voiſin, ſi on abuſe de ſa confiance & de la bonne foi, & c'eſt de cette dernière manière que les Romains violèrent le droit des gens. Leurs Ambaſſadeurs trompèrent les Gaulois pour obtenir l'entrée de la ville, & au lieu de ſe ſervir de cette permiſſion ſelon l'intention de ceux qui la leur avoient donné, & pour le bien commun, ils la tournèrent à leur déſavantage, ce qui étoit un crime.

Lady SENSE'E.

Les Gaulois agirent en cette occaſion avec une modération qui auroit fait honneur aux Nations les plus policées. Ils envoyèrent à leur tour des Ambaſſadeurs

à

à Rome pour se plaindre de la conduite de ceux qui avoient violé le droit des gens, & demandèrent qu'on les leur livrât pour les punir selon l'usage. C'étoit assurément le parti le plus juste & le plus sage. La brigue du peuple l'emporta sur le Sénat. Non seulement, on refusa de livrer les coupables ; mais on les nomma Tribuns militaires pour repousser les Gaulois, qui justement offensés de ce refus, déclarèrent la guerre aux Romains. La bataille se donna proche de la riviére d'Alica, & ces jeunes gens ne s'acquitèrent pas mieux de l'office de Généraux qu'ils n'avoient fait de celui d'Ambassadeurs, ensorte qu'ils furent entièrement défaits.

La consternation fût si grande à Rome lorsqu'on apprit cette défaite, qu'on ne pensa pas même à s'y défendre. On mit en sûreté les choses sacrées : les jeunes gens s'enfermèrent dans le Capitole, & tout le reste chercha son salut dans la fuite. Quelques vieillards Consulaires ne pûrent s'y résoudre, & résolurent de se dévouer dans Rome au fer des Gaulois.

Miss SOPHIE.

Je vous demande pardon, ma Bonne ;
mais

mais voici encore une expression que je n'entends pas : *se dévouer au fer des Gaulois*.

Madem. BONNE.

Les Rois aiment à augmenter le nombre de leurs sujets. Ainsi les Payens étoient persuadés que les divinités des enfers voyoient avec plaisir la guerre & les autres fleaux qui faisoient périr un grand nombre d'hommes. Pour assouvir la soif de ces divinités barbares, il y en a eû souvent qui se sont dévoués à une mort volontaire, persuadés que ce sacrifice volontaire engageroit les Dieux infernaux à choisir le plus grand nombre de leurs victimes chés leurs ennemis qui ne leur auroient point offert un tel présent, & par conséquent à leur procurer la victoire.

Lady VIOLENTE.

C'est-à-dire, qu'ils se dévouoient pour porter malheur à leurs ennemis; mais l'expérience ne les avoit-elle pas détrompé de l'inutilité de ce moyen ? car il n'est pas vraisemblable que l'événement suivit toûjours leurs désirs.

Madem. BONNE.

L'expérience au contraire avoit confirmé

mé cette opinion. Des soldats qui voyoient leur Général se dévouer à la tête de l'armée, se croyoient sûrs de vaincre, & cette certitude qui ranimoit leur courage, jettoit la consternation chés leurs ennemis qui n'étoient battus que parcequ'ils croyoient devoir l'être. Continués, Lady *Sensée*.

Lady SENSE'E.

Les vieillards Consulaires qui s'étoient dévoués pour leur patrie, se rangèrent devant la porte de leurs maisons vétus de leur robe de pourpre & assis dans leur chaire d'yvoire, & y attendirent tranquillement leurs ennemis. Cependant, les Gaulois s'étant approché de Rome, furent très-surpris de la trouver abandonnée. Ils se précautionnèrent contre les surprises, & ensuite entrèrent dans la ville. Ils furent d'abord saisis de respect à la vûë des vieillards Consulaires; mais un soldat Gaulois ayant voulu toucher la longue barbe blanche d'un de ces vieillards, eû reçût un coup de sa baguette d'yvoire. Ce barbare irrité lui enfonça son épée dans le sein, & ce fût comme le signal du massacre. Tous furent tués, après quoi la ville fût pillée & brûlée. Je crois pourtant que les vainqueurs réservèrent quelques lieux pour leur
servir

servir de retraite pendant le siége du Capitole qu'ils entreprirent & qui dura plusieurs mois.

Lady LOUISE.

Je ne comprends pas la terreur qui s'empara des Romains après la perte de la bataille. Que ne nommoient-ils des Chefs expérimentés ? Pour moi, je crois qu'ils eûssent pû résister aux Gaulois. Que faisoient alors leurs Tribuns ?

Madem. BONNE.

Voilà la suite du gouvernement partagé. L'un est d'une opinion, l'autre d'une autre, & on ne détermine rien. On peut présumer que ce qu'ils firent par la suite, ils l'eûssent pû faire alors ; mais la tête leur tourna à tous, parcequ'il y avoit trop de maîtres.

Lady SENSE'E.

Les Romains fugitifs se retirèrent dans les villes voisines de Rome, & il s'en trouva plusieurs à Ardée que *Camille* avoit choisi pour le lieu de son exil. Les habitans de cette ville commirent alors une grande lâcheté : ils eûrent l'indignité d'insulter au malheur

des

des Romains, & de chercher à les maltraiter. *Camille* s'étant mis à leur tête, repoussa l'insulte avec vigueur, & le bruit de ce petit exploit s'étant repandu, les Romains dispersés accoururent en foule pour se ranger autour de lui, & voulurent le nommer Dictateur. *Camille* refusa ce titre & le commandement de cette petite armée, parce qu'étant banni, il ne pouvoit accepter aucune charge ; ainsi il fallût envoyer quelqu'un vers ceux qui étoient enfermés dans le Capitole, afin qu'ils pussent l'élire s'ils le jugeoient à propos.

Lady VIOLENTE.

Oh le bel exploit ! Je n'aurois jamais crû qu'un homme du mérite de *Camille* eût été capable de faire une si grande sottise.

Miss CHAMPETRE.

Comment donc, ma chère, apellés-vous une sottise sa respectueuse fidélité à observer les loix ? Elles défendoient à un banni de rentrer dans Rome ; il auroit crû commettre un crime en violant cette loi : vouliés-vous qu'il s'en rendît coupable ?

Lady

Lady VIOLENTE.

Non, aſſûrement! Madame, j'aurois voulu ſeulement qu'il eût eû le bon ſens de comprendre que la néceſſité contraint la loi. Je vous ferai connoître ma penſée par un exemple trivial à la vérité, mais frappant. Le pire qui en puiſſe arriver, eſt de vous faire rire.

Un homme d'un caractère ſingulier avoit la manie de vouloir que ſon valet ne s'ingerât point à deviner ſa penſée pour faire ce qu'il ne lui avoit pas commandé, & il auroit chaſſé qui auroit fait ſans ſon ordre la choſe la plus à propos. Fatigué d'avoir des domeſtiques qui, diſoit-il, prétendoient en ſavoir plus qu'il ne vouloit, il écrivit ſur une pancarte tout ce qu'il exigeoit d'eux, & défendit au dernier qu'il prit de rien omettre ou de rien ajoûter à ce qui étoit écrit ſur cette liſte, ſous peine d'être chaſſé. Comme ce maître donnoit de fort bons gages, le *Valet* le promit d'être exact à la condition, & pendant un mois il fût ſi exact que le maître ſe félicitoit d'avoir enfin trouvé ce qu'il cherchoit depuis ſi long-tems. Un jour qu'il étoit à la chaſſe, il voulut ſauter un foſſé bourbeux, & ſe laiſſa tomber au beau milieu, enſorte qu'il avoit de la bouë jusqu'aux épaules. Il appelle son valet pour lui aider à se tirer de là; mais le valet s'en excuse sur ce qu'il n'y avoit pas un mot d'un service de cette espéce écrit sur la pancarte. Il fallût que son maître lui jura qu'il ne le mettroit pas dehors pour cette inexactitude. Quand il fût en lieu de sûreté, il le traita de butord, & lui dit: pouvois-je prévoir que je tomberois dans un fossé? Tu sens bien que si je l'avois prévû, j'aurois écrit, & mon valet me tirera du fossé si j'y tombe. Cet exemple corrigea le maître, & rendit le valet moins scrupuleux; car il auroit laissé brûlé la maison sans éteindre le feu, parceque cela n'étoit point écrit.

Madem. BONNE.

A l'application, Mesdames! La loi ne peut ordonner que ce qu'elle peut prévoir. Si le législateur avoit pû deviner les circonstances où se trouvoit alors la république, il eût dit dans ce cas, *Camille* sera Dictateur. Ce fût donc une puérilité dans *Camille* de s'arrêter à la lettre de la loi, au lieu d'en suivre l'esprit, & cette sottise manqua achever la ruine de Rome.

Lady

Lady SENSÉE.

J'ai pensé comme vous, ma Bonne, en lisant ce trait d'histoire ; mais par la suite j'ai trouvé la circonspection de *Camille* bien fondée. Les Romains ressembloient à l'homme à la pancarte, & encore avoient moins d'esprit que lui : ils eussent mieux aimé rester dans la boue que d'en être tirés aux dépens de ce qui étoit écrit ; ainsi *Camille* n'avoit point de tort.

Miss CHAMPETRE.

Là, en conscience, Lady *Sensée*, pouvés-vous penser ce que vous dites ? C'est un ridicule que vous prêtés aux Romains.

Lady SENSÉE.

Je ne leur prête rien, je vous jure, & je puis vous le prouver. Long-tems après, deux frères nommés *Scipions* furent tués en Espagne en perdant chacun une grande bataille. Leurs armées consternées étoient prêtes à tout abandonner, lorsqu'un simple Officier essaya de leur rendre le courage & y réussit. Les soldats ranimés le nommèrent Proconsul, le mirent à leur tête, & sous ses ordres rétablirent les affaires qui étoient désespérées. Cet Officier écrivit

au

au Sénat pour lui rendre compte de ce qu'il avoit fait, & prit dans sa lettre le titre dont ses soldats l'avoient décoré. Ce fût un crime aux yeux des Sénateurs qui ne lui pardonnèrent jamais, ensorte qu'ils laissèrent périr dans l'obscurité un homme qui auroit pû rendre de grands services.

Lady VIOLENTE.

Je hais les gens pointilleux, & qui dans des choses de conséquence s'amusent à des formalités. Ne voilà-t-il pas un beau sujet de punir un homme qui a rendu des services essentiels ? Je crois bien qu'ils eussent banni *Camille* une autrefois, s'il se fût ingeré sans leur ordre d'empêcher les Gaulois de les égorger tous, & de brûler le Capitole, comme ils avoient brûlé la ville. Mais je vous interromps trop long-tems, Lady *Sensée*.

Lady SENSE'E.

Le Capitole étoit bâti sur un roc escarpé : on n'y pouvoit monter que par un lieu fort étroit, & excepté cela, tous les environs en paroissoient inaccessibles. Il y eût pourtant un homme assés hardi pour s'exposer à ce danger. Il se coula sans bruit jusqu'au qu'au pied des rochers, & grimpa jusqu'au Capitole au danger de se casser mille fois le col. Il en descendit aussi heureusement qu'il y étoit monté, & rapporta à *Camille* le titre de Dictateur. Cependant, les traces des pieds de cet homme indiquèrent aux Gaulois la route qu'il avoit tenue, & dans une nuit obscure, ils escaladèrent cet endroit, & parvinrent jusqu'au pied des murs. Comme on croyoit ce lieu assés défendu par sa propre situation, il n'y avoit qu'une sentinelle qui étoit endormie. C'en étoit fait des Romains : la sottise de *Camille* alloit achever leur ruine, lorsque les Oyes consacrées à *Junon*, furent éveillées par le bruit que firent les Gaulois en grimpant sur la muraille. Ces Dames qui sont fort bavardes de leur mêtier, firent tant de bruit, qu'un Officier nommé *Manlius* en fût éveillé. Ayant ramassé tous les soldats qu'il trouva sous sa main, il courût à la muraille, en précipita les Gaulois, & dans leur compagnie la sentinelle qui s'étoit laissé surprendre. Ainsi le Capitole fût sauvé.

Miss BELOTTE.

Cela étoit bien cruel de précipiter ce pauvre homme. Céder au sommeil, n'est pas

pas un crime qui merite la mort. Je hais *Manlius*.

Madem. BONNE.

Je n'approuve pas son action parcequ'il n'avoit aucun droit de condamner cet homme. Il est vrai pourtant qu'il méritoit la mort, & qu'il y eût été condamné. Un officier de garde a droit de tuer une sentinelle endormie : cependant, j'ai connu un Major de place qui fût généralement condamné pour l'avoir fait. Il suffisoit de lui en donner la peur ; cela l'eût tenu éveillé une autrefois. Remarqués pourtant qu'il ne fût blâmé que parceque cette faute n'étoit pas publique. Si elle l'eût été, le bon ordre ne lui eût pas permis de faire grace à ce soldat : le bon ordre demandoit qu'il pérît. Continués, Lady *Sensée*.

Lady SENSE'E.

Un ennemi plus fort que les Gaulois poursuivoit les Romains qui étoient dans le Capitole ; c'étoit la famine. Les assiégés après en avoir souffert les derniéres extrêmités, furent forcés d'entrer en accommodement. Les ennemis convinrent de se retirer pourvû qu'on leur donna mille livres pésant d'or. Les Romains descendirent pour péser cet or, & le Chef des Gaulois mit son epée & son baudrier dans le bassin de la balance où étoient les poids pour le rendre plus pésant. Les Romains se plaignirent de cette injustice, & pour toute réponse il dit: *Malheur aux vaincus !* Dans le moment *Camille* arriva à la tête de sa petite armée, & dit aux assiégés : *Otés cet or, ce n'est qu'avec du fer que les Romains doivent recouvrer leur liberté.* On lui représenta que la paix ayant été conclue, il ne pouvoit attaquer les Gaulois. Il leur répondit qu'étant Dictateur, on n'avoit pû la faire sans son consentement; & tombant tout de suite sur les ennemis désarmés, il en tuë un grand nombre, force le reste à la fuite, & délivre Rome pour long tems de ces dangéreux ennemis.

Lady CHARLOTTE.

Camille qui étoit tantôt trop scrupuleux, me le paroit bien peu à présent. Ne violet-il pas ce droit des gens qui devoit être si sacré ?

Miss CHAMPETRE.

Non, ma chère ; il est certain qu'étant le premier Magistrat, la paix qu'on avoit conclue sans sa permission, étoit nulle.

Lady VIOLENTE.

Mauvaise excuse ! S'il y avoit de la faute,

c'étoit celle des assiégés. Les Gaulois n'étoient point obligés de savoir s'il y avoit un Dictateur. On abuse de leur confiance, de leur sécurité; certainement, cela est mal: j'ai quelque chose en moi qui m'en avertit.

Madem. BONNE.

Et ce quelque chose ne vous trompe point, ma chère. *Camille* avoit tort, & il l'avoit d'autant plus, qu'il avoit une autre raison fort légitime de rompre ce traité. Personne de vous, Mesdames, ne devine-t-elle cette raison?

Miss BELOTTE.

Ne seroit-ce pas que le Général des Gaulois l'avoit rendu nul en le violant lui-même tout le premier, lorsqu'on pésoit l'or?

Madem. BONNE.

Précisement, ma chère. Un traité devient nul dès qu'une des parties contractantes manque à quelques-unes de ces clauses. Le Général Gaulois y avoit manqué; donc il ne subsistoit plus. Mais cette voye de nullité ne vint pas dans l'esprit de *Camille* qui l'ignoroit, sans doute, puisqu'il ne l'allégua pas: donc *Camille* viola réellement le droit des gens en attaquant les

Gaulois qui étoient sans défiance sur la foi du traité. Pour finir tout ce qui regarde cet article, dites-nous, Lady *Sensée*, ce qui arriva lorsqu'il fut question de rebâtir la ville de Rome.

Lady SENSÉE.

A peine les Romains se virent-ils tranquilles sur les ruines de leurs maisons, que ces enragés de Tribuns donnèrent un nouvel exercice à la patience de *Camille* & des autres Sénateurs. Il étoit question de savoir, si on rebâtiroit Rome, ou si on iroit habiter la ville de Veïes. Les Tribuns vouloient qu'on prît ce dernier parti, & *Camille* étoit du sentiment contraire. Il disoit que c'étoit à Rome que les Dieux avoient promis l'empire du monde; que si on alloit à Veïes, plusieurs Romains poussés par l'amour de la religion & de leurs anciens foyers, les rétabliroient; qu'ainsi il y auroit deux Romes qui bientôt ennemies pour la prééminence, se feroient une guerre cruëlle. Pendant qu'on disputoit vivement pour cette affaire, elle fût terminée par un incident assés petit en égard aux suites qu'il eût. On montoit la Garde, & vous savés, Mesdames, que celui qui porte l'étendard, ou comme vous le dites, les couleurs, le plante dans un

lieu

lieu fixe, comme dans la cour de St. *James* par exemple. Comme tout étoit bouleversé, l'Officier qui étoit chargé de cet étendard, oublia l'endroit où il falloit s'arrêter, & marchoit toûjours. L'Officier qui étoit derriére lui, cria plusieurs fois: *Arrêtés, c'est ici qu'il faut démeurer!* Un Sénateur attentif, & qui avoit une grande présence d'esprit, s'écrie: les Dieux se déclarent, *C'est ici qu'il faut démeurer.* Aussi-tôt tous ceux qui étoient assemblés, répétèrent ces paroles. Le peuple devint leur écho sans savoir ni pourquoi ni comment. Ainsi la résolution fût prise de rebâtir Rome; & chacun s'y portant avec ardeur, l'ouvrage fut bientôt achevé.

Lady LUCIE.

Il faut avouer que le peuple est une vraye girouette que le moindre vent fait tourner en tout sens: il ne faut qu'un homme habile & qui sache profiter habilement des circonstances, pour le conduire où il veut qu'il aille.

Madem. BONNE.

Vous avés bien raison, ma chere, & c'est une des raisons qui me fait préférer le gouvernement monarchique à la démocratie. On dit, ce me semble, mal à propos que le peuple gouverne dans les républiques. Non, assûrement ! il n'est point fait pour conduire, mais pour être mené ; & si on examine bien ce qui s'est passé, & ce qui se passe tous les jours dans les républiques, on y découvrira presque toûjours un *Tribun* qui assés habile pour se rendre maître des esprits, conduit la multitude à tout, même contre ses propres intérêts & ceux de l'Etat. Bien entendu que c'est au profit ou de l'ambition, ou de la cupidité de ce *Tribun* qui parfaitement indifférent sur le bien commun, sacrifie tout le bien réel d'une nation à ses intérêts particuliers qu'il cache sous le beau prétexte du bien public. Heureux le peuple chés lequel il se trouve quelques hommes tels que *Camille*, qui ont assés de fermeté pour encourir, s'il le faut, l'indignation du peuple en le servant malgré qu'il en ait & contre ses vuës ! Ces hommes sont bien rares, & j'en ai pourtant vû plus d'un.

Miss CHAMPETRE.

Vous êtes bien fine, ma Bonne, & vou entendra qui pourra. Mais j'imiteras votre discrétion, & ne dirai pas le *mot de l'énigme*. Il est pourtant vrai que les peuples depuis les Romains n'ont pas été aussi faciles à mener qu'ils l'étoient.

Madem. BONNE.

A bien peu de chose près, Madame. Au reste,

reste, cette manie de prendre un mot dit par hasard pour un présage assûré de la volonté du ciel, n'a pas passé avec le paganisme. Long-tems après sa destruction, lorsqu'on vouloit savoir le succès d'une guerre ou d'une autre entreprise, on envoyoit un homme à l'église, & le verset des Pseaumes qu'on chantoit au moment qu'on y entroit, étoit pris comme un présage assûré.

Miss BELOTTE.

On attendoit donc le Dimanche ou les jours de fêtes pour avoir ce présage, car on ne chante les Pseaumes qu'en ce tems.

Madem. BONNE.

Non, ma chère. C'est qu'on avoit alors plus de piété qu'aujourd'hui. Il n'y avoit point de silence dans les temples du Seigneur, & à toutes les heures du jour & de la nuit ils retentissoient de ses louanges.

Miss SOPHIE.

Y avoit-il du mal à consulter ainsi le Seigneur ? Pour moi, quand je prends l'Evangile, je pique au hasard avec une épingle, & je m'arrête au chapitre qui me tombe sous la main par hasard.

Madem. BONNE.

Voilà comme on parle sans s'entendre,

ma très-chère. *Hasard & rien* sont deux mots qui ont la même signification ; vous croyés donc que le *rien* peut vous envoyer quelque chose d'utile. Si fortement persuadée que Dieu qui conduit toutes choses, veille particuliérement sur le bien spirituel de ses créatures ; si convaincue de la certitude des paroles de Jésus, vous croyés fermement qu'il donne le bon esprit à ceux qui le demandent en son nom. Vous le priés avec ardeur de vous envoyer dans la Ste. Ecriture les choses qui conviennent particuliérement à votre situation présente ; alors vous piqueriés votre épingle avec foi : ce seroit un acte de religion par lequel vous attesteriés la vigilance de la providence divine sur vos besoins spirituels. Alors ce chapitre que vous trouveriés, vous ne croiriés point l'avoir trouvé par hasard, mais par un ordre particulier de Dieu. Je ne voudrois pourtant pas me servir de ce moyen pour me déterminer dans des choses particuliéres : nous avons des moyens extérieurs pour régler nos actions auxquels il est plus prudent de se tenir, & j'ai toûjours pour suspectes toutes les pratiques qui peuvent devenir abusives, & nous jetter dans l'illusion.

Lady

des ADOLESCENTES.

Lady LOUISE.

Je n'entends pas bien ce que vous voulés dire, ma Bonne; j'en reviens toujours à vous demander des exemples.

Madem. BONNE.

Je veux faire une lecture pour m'édifier: je demande le Saint Esprit au nom de Jésus; j'ouvre le livre avec une épingle, & je dis ce qui me tombe à livre ouvert avec une attention particuliére, persuadée que Dieu a eû la bonté de diriger ma main. Il n'y a pas de mal à cela; au contraire, c'est comme je vous l'ai dit, un acte de foi de la bonté de Dieu, & un acte de confiance en cette bonté. Je ne risque rien en le faisant, parceque tous les endroits de l'Ecriture Sainte (du Nouveau Testament s'entend) sont propres à m'édifier. Mais je veux me décider sur une affaire de conséquence spirituelle ou temporelle; j'ouvre l'Ecriture Sainte pour me déterminer, ou bien pour savoir si une chose douteuse est bonne ou mauvaise: c'est tenter Dieu, c'est lui demander un miracle, & être persuadée qu'il est toujours à nos ordres pour en faire lorsque la fantaisie nous en prendra; c'est enfin négliger les moyens naturels qu'il nous a donné pour nous déterminer & nous instruire, & nous exposer à nous tromper en les négligeant.

Lady CHARLOTTE.

Quels sont les moyens naturels qu'il ne faut pas négliger pour se déterminer ? J'avoue que je n'en connois aucuns.

Madem. BONNE.

Vous avés d'abord votre conscience, la prudence humaine, les maximes de l'Evangile, & les conseils des personnes éclairées, & dans l'état où vous êtes, l'obéissance à vos parens.

Miss CHAMPETRE.

Pour la conscience, vous savés très-bien, ma Bonne, qu'on s'en fait souvent une fausse quand il s'agit de l'intérêt d'une passion. La prudence humaine, vous savés bien encore que l'esprit du monde l'a terriblement dépravée. Les maximes de l'Evangile, vous savés qu'on les tord pour les amener à son sens. Enfin, le conseil des personnes éclairées, où les trouver ? les a-t-on toûjours sous la main ? D'ailleurs, il n'est guere d'usage en Angleterre de consulter sur sa conscience : nous n'y avons pas de Directeurs, à moins qu'on ne soit Méthodiste.

Madem. BONNE.

Voilà Miss *Champêtre* l'apôtre de la liberté, qui vient de nous donner une preuve complette que ce bien dont nous paroissons si idolâtres, est un poids que nous ne pouvons supporter, & dont nous sentons que nous sommes en danger d'abuser. La voilà qui sent le besoin d'une détermination étrangére, d'une direction enfin. Car si notre conscience peut devenir fausse quand il s'agit de l'intérêt des passions ; si la prudence humaine a été empoisonnée par les maximes du monde ; si nous sommes en danger d'interpréter l'Evangile comme il convient à nos penchans, il en faut conclure nécessairement que nous avons besoin d'un conseil, d'un guide. Se conduire par les lumiéres des autres, c'est renoncer à sa volonté, à sa liberté. Ce qu'il y a de plaisant, c'est que Miss *Champêtre*, sans s'en appercevoir, se conduit par les lumiéres des autres ; qu'elle n'a rien fait depuis plusieurs années sans me consulter, & que j'ai décidé de toutes ses actions. Où étoit alors votre liberté, ma chère ?

Miss CHAMPETRE.

J'en avois un parfait usage. Car premiérement, c'étoit parcequ'il me plaisoit de vous consulter que je le faisois. Secondement, j'étois fort libre de vous obéir ou non : je n'y étois contrainte par qui que ce fût au monde.

Madem. BONNE.

Etoit-ce bien parceque cela vous plaisoit

que vous m'avés consultée, ou bien parceque vous croyés que cela vous étoit utile ? Quand vous avés suivi mes conseils, étoit-ce parceque vous les croyés bons & utiles ? & supposés que vous les trouviés tels, vous étoit-il libre ou non de les suivre ou de ne les suivre pas ?

Miss CHAMPETRE.

Assûrement, j'étois libre de vous résister ; mais j'avoue que j'aurois malfait de le faire, puisque vous ne m'avés rien conseillé que de juste, & que je n'eusse dû exiger de moi sans votre conseil, si mes passions n'avoient pas obscurci les lumiéres de ma raison.

Madem. BONNE.

Ensorte que tous les avantages de votre liberté se réduisent à celui-ci : c'est le pouvoir de faire des sottises si vous le jugés à propos, & de résister aux lumiéres de la raison. Misérable avantage dont les Saints sont privés dans le ciel, & dont je voudrois bien être débarrassée sur la terre! Concevés-le bien, ma chère amie ? Nous ne sommes vraiement libres que quand nous obéissons à la raison, soit à la nôtre quand elle est bien saine, ce qui arrive rarement parceque l'intérêt de nos passions en obscurcit les lumiéres, soit à la raison d'une personne éclairée & sans intérêt qui vient à bout de rectifier la nôtre. Vous restés

restés vraiement libre en obéissant, j'en conviens, parceque vous ne vous soûmettés qu'à la raison ; mais les lumières de la raison vous viennent par le canal d'un autre, & il est pénible de redresser la vôtre : voilà ce qui rend l'obéissance difficile ; qui la rend semblable à l'extérieur à l'esclavage, quoiqu'elle soit la vraye liberté. Ce que je vous dis, est gravé au fond de notre âme : nous sentons notre impuissance à nous bien conduire ; nous cherchons des conseils, des appuis, & nous ne pouvons trop en chercher pourvû que nous les choisissions bien. Mais, me dites-vous, ce n'est pas l'usage en Angleterre de prendre un Directeur ; tant pire ! C'est comme si vous disiés : ce n'est pas la mode de choisir un pilote pour conduire un vaisseau. Je vous dirois : il faut amener cette mode. Une personne consacrée par état à la piété, au service de Dieu, & à procurer le salut des âmes, doit avoir des lumières qui vous manquent, soit du côté de l'étude de l'Ecriture Sainte, soit du côté du secours divin ; car Jésus a dit en parlant à ses Apôtres : qui vous écoute, m'écoute.

Lady CHARLOTTE.

Aussi eussé-je bien écouté les Apôtres si j'eusse vécû de leur tems ; mais je ne puis m'acm'accoûtumer à regarder comme tels des hommes qui vivent dans le grand monde, qui jouent, se divertissent, & menent une vie tout à fait séculiére : cela m'ôte la confiance.

Madem. BONNE.

Je vous plains bien sincérement, Mesdames, si vous n'avés que des guides de ce caractère, & je voudrois de tout mon cœur qu'ils pussent vous entendre. Je les ai souvent entendu déplorer l'abus qui bornoit tout leur ministére à prêcher & réciter les priéres. Je leur dirois volontiers à l'avenir avec Lady *Charlotte :* Voulés-vous acquérir la confiance de vos ouailles, & par-là devenir utile à leur salut ; soyés vraiement à leurs yeux la tribu que Dieu a séparée & s'est réservée pour lui. Qu'on vous voye vivre dans l'éloignement des plaisirs du siécle. La priére, le service du prochain, l'étude doivent borner tous vos plaisirs. Pratiqués non seulement les préceptes de l'Evangile, suivés en encore les conseils, sans quoi votre état ne seroit ni plus parfait ni plus rélévé que celui des autres chrêtiens ; sans quoi vous ne ferés jamais naître la confiance ; sans quoi les gens du monde auront droit de dire, que vous n'avés eû d'autre vocation pour l'état ecclésiastique que l'attrait d'un bénéfice &

des

des moyens de subsistance : vûës qui sont absolument indignes d'un ministre du Seigneur. Mais à quoi m'emporte le fil de la conversation ? Je voulois vous prouver la nécéssité de demander des conseils, & je m'ingère à en donner à ceux dont l'état est de conduire les autres. En vérité, ils doivent me pardonner ; je n'en avois pas l'intention. Cependant, je dirai comme *Pilate*: *ce qui est écrit, est écrit; ce qui est dit, est dit.*

Lady LOUISE.

Je pense, ma Bonne, que celui qui consulteroit avec un esprit de foi, auroit une réponse juste même de la bouche d'un méchant. Dieu ne permettroit pas qu'il vous trompât.

Madem. BONNE.

Oui, s'il est un de ceux à qui Jésus a dit : *Je serai avec vous jusqu'à la consommation des siècles.* C'est à vous d'examiner, Mesdames, qui sont ceux auxquels ces paroles doivent s'appliquer. Mes instructions sur cet article doivent se borner à vous récommander cet examen. Parlons à présent de Madame *du Plessis*.

La veille de la présentation de Jésus au temple. Madame *du Plessis* étant en prière, sentit tout se soûlever en elle : il lui sembloit que Dieu lui demandoit dans cette fête un sacrifice bien pénible, & elle ne pou-

pouvoit conjecturer ce que c'étoit. Jamais il ne lui vint dans l'esprit que ce pressentiment eût quelque rapport à ses enfans. Elle se contenta donc de tenir son cœur disposé à tout, & d'offrir à Dieu en général une soûmission entière à tout ce qu'il lui plairoit d'exiger d'elle. Le lendemain elle alla à l'église avec ses deux filles qui étoient devant elle. Elle consideroit l'offrande que Jésus avoit faite de lui-même, l'offrande que *Marie* avoit faite de ce cher fils, & la douleur dont elle avoit dû être pénétrée lorsque le saint vieillard *Siméon* lui prédit sa mort. Tout d'un coup, elle entendit comme une voix au fond de son cœur qui lui dit : Dieu te demande aussi le sacrifice de ta fille *d'Enfreville*; elle va t'être ravie. Un coup de foudre auroit moins effrayé Madame *du Plessis* : elle resta comme anéantie, & dans le moment ses larmes coulèrent avec tant d'abondance que sa coëffe en fût toute trempée. Cependant, ces mouvemens naturels ne l'empêchèrent point d'élever son âme à Dieu avec force, & de se soûmettre à sa volonté, quelque rigoureuse qu'elle lui parût. Il y avoit alors trois mois qu'elle ne se permettoit plus de regarder cette chère fille en face, pour se priver d'un plaisir qui la distrairoit de la vûe de Dieu seul qu'elle vou-

des ADOLESCENTES. 377

vouloit voir en toute chose. De retour chés elle, elle léve les yeux, les fixe sur son visage qu'elle croit voir déjà couvert des ombres de la mort. La nature succombe; ses larmes recommencent à couler; son assiette en est couverte. Mademoiselle *d'Enfreville* effrayée se léve, se jette au col de sa mère, la conjure de lui dire ce qui occasionne en elle ces mouvemens douloureux. Madame *du Plessis* dévore ses larmes, s'efforce de reprendre un visage serein, & renferme au fond de son cœur le sentiment qui la tuë. Elle triompha du moins de ses mouvemens extérieurs, parût tranquille, & le reste de la journée se passa comme à l'ordinaire. Le lendemain de toutes les grandes fêtes, elle avoit coûtume de mener ses enfans en carrosse aux environs de la ville pour prendre l'air. Arrivées dans une solitude fort agréable, elles s'y promenèrent long-tems, & s'étant assises ensuite, Mademoiselle *d'Enfreville* lui dit qu'elle avoit une forte pensée qu'elle ne vivroit pas long-tems, quoiqu'elle n'eût jamais joui d'une santé plus parfaite. Voici, ajoûta-t-elle, surquoi est fondé cette idée. J'ai ouï dire que le parfait bonheur n'est point pour cette vie, & que notre cœur y vole toûjours de désirs en désirs. Or depuis quelque tems le mien n'en forme

plus

plus aucuns. Autrefois j'ai soûpiré après les plaisirs du monde. Dieu m'a fait la grace d'en connoître la futilité, le danger. Pour les satisfactions innocentes, vous ne me donnés pas le tems de les souhaiter : vous prévénés mes désirs ; c'est un état trop tranquille pour cette vie. Il semble être l'avant-coureur d'un bonheur plus parfait. Madame *du Plessis* sentit en ce moment renouveller toutes ses douleurs, & sût les reprimer. Huit jours se passèrent sans que Mademoiselle *d'Enfreville* fût incommodée. Le huitiéme jour, elle voulût se faire couper les cheveux ; ainsi sa mère vint seule à la communauté. A peine y avoit-elle été deux heures, qu'on vint l'avertir que sa fille avoit la fiévre. Sa maladie se déclara pour le pourpre en vingt-quatre heures. La malade n'attendit pas qu'on l'avertit de se préparer à la mort : elle le fit avec une résignation telle que vous l'avés admirée dans Lady *Tempête*. Elle parloit beaucoup, & l'on craignoit que cela n'augmentât sa fiévre. Sa mère lui dit qu'elle la mettoit en silence tout le tems où elle seroit à dîner. Une servante du convent étant venue dans cet intervalle pour savoir l'état de sa santé, lui fit plusieurs questions : cette fille obéïssante mit le doigt sur sa bouche pour lui montrer

qu'elle

qu'elle ne pouvoit lui répondre ; & pour l'engager à le faire, il fallût que sa mère lui en donna l'ordre. Elle ne sentit point les horreurs de la mort, & cette paix qu'elle avoit goûtée depuis quelque tems, ne l'abandonna point jusqu'à son dernier soûpir. Je n'entreprendrai point de vous exprimer la douleur & la résignation de sa mère ; l'une ne pût être égalée que par l'autre : elle vint passer six sémaines à la communauté où elle fût attaquée d'une peine qui ne peut être comparée à rien.

Elle avoit une si haute idée de la justice & de la sainteté de Dieu, qu'il lui prit une violente crainte pour le salut de ses deux filles, surtout de cette dernière. Elle fût huit jours à souffrir des tourmens inexprimables en cette occasion : enfin, Dieu eût pitié d'elle ; il daigna la rassûrer d'une maniére miraculeuse, & qui aida beaucoup à la consoler.

Lady LOUISE.

Ne nous dirés-vous point, ma Bonne, comment cela arriva ? Voilà, je crois, une de ces choses extraordinaires que vous aviés résolû de nous cacher. J'avoue que cela feroit rire les gens du monde ; mais un miracle opéré en faveur de cette sainte Dame ne m'étonnera pas. Je regarde son
amour

amour pour les souffrances & sa fidélité dans une vertu si héroïque, comme un miracle plus grand que la résurrection d'un mort ; car enfin, la nature n'est point rébelle aux ordres de son créateur, au lieu que notre volonté peut arrêter le cours de ses graces. D'ailleurs, ma Bonne, nous ne répéterons point ce que vous nous direz à cette occasion.

Madem. BONNE.

Que vous dirois-je, Mesdames ? Son âme communiqua avec l'âme de sa chère fille. Ses yeux ne virent aucun objet ; ses oreilles n'entendirent aucun son ; & cependant, elle la vit & l'entendit d'une maniére mille fois plus claire par les facultés de son âme, qu'elle ne l'eût fait par les yeux du corps. En la quittant après l'avoir assûrée de son bonheur, elle lui dit : *loües Dieu des grandes miséricordes qu'il a faites à votre âme ; en peu nous serons réunies.* L'ami auquel elle communiqua ce qui lui étoit arrivé, m'a dit depuis qu'il avoit si peu douté de la réalité de cette vision, qu'il avoit toûjours tremblé depuis pour sa mort prochaine.

Je vous l'ai dit, Mesdames, j'eûs le bonheur de la connoître dans ce tems ; & je puis dire que j'ai bien exercé sa patience:

ce-

cependant, elle avoit un tel ascendant sur moi & sur toutes les autres qui étoient sous sa conduite, qu'il n'étoit pas possible de lui désobéir. Elle perdit sa troisieme fille deux ans après, & libre de tous soins, elle avoit cédé à nos instances, & prenoit ses mesures pour venir demeurer avec nous, lorsqu'elle nous fut ravie.

Trois mois avant sa mort, je dis à la récréation que je n'avois jamais vû mourir personne. Elle me mit la main sur l'épaule, & me dit: avant qu'il soit peu, il ne tiendra qu'à vous de me voir mourir; mais vous n'en aurés pas le courage. Ces paroles me glacèrent d'effroi, & je ne sais comment elles s'échappèrent de ma mémoire: ce qu'il y a de vrai, c'est que je les oubliai parfaitement. Enfin, le pourpre qui avoit moissonné les trois filles, l'attaqua elle-même. Depuis la mort de ces Demoiselles, elle s'étoit retirée dans une petite chambre de sa maison, & louoit le reste au profit des pauvres. Ils profitoient aussi du retranchement de ses domestiques, car elle n'avoit qu'une seule servante qui suffisoit pour elle & l'amie dont j'ai parlé. Il fallût donc appeler des secours étrangers pour la servir. Toutes ce que nous étions, demandâmes ce bonheur avec empressement: on en choisit quatre à qui l'on ôtat toute

omcommunication avec la communauté, par-ceque cette maladie est extrêmement contagieuse ; il n'y avoit donc pas d'apparence que la prédiction qu'elle m'avoit faite, s'accomplit. Le pourpre en Normandie est un mal extrêmement trompeur ; il sort à merveille: tous les symptomes sont heureux, & lorsqu'on croit n'avoir plus rien à craindre, un abscès dans la tête créve, & étouffe le malade. C'est ce qui arriva à Madame *du Plessis*. On la croyoit mieux, & comme j'allois en ville, on me chargea de demandes de ses nouvelles à la porte, car il n'étoit point permis d'entrer. J'y arrivai dans le moment où l'abscès commença à créver, & où elle tomboit en agonie. Il y avoit chés elle des papiers qui concernoient la conscience de plusieurs personnes, & qui ne devoient point être vû. On me fit monter pour les prendre. Je me mis à genoux ; mais la douleur que me causa un tel spectacle, ne me permit pas de démeurer : je sortis quelques minutes avant qu'elle expira. A peine fûs-je rentrée, que ce qu'elle m'avoit dit trois mois avant, me revint dans l'esprit, & je le fis remarquer à toutes celles qui l'avoient entendu comme moi.

Les quatres filles qui l'avoient servi pendant sa maladie, nous assûrent que ce tems avoit été pour elle celui des plus

hé-

héroïques vertus : désirs de voir Dieu, patience dans les souffrances, regrets de ses fautes. Elles vivent encore toutes les quatres, & n'en sauroient parler sans admiration. Elle n'avoit pas fait de testament, & comptoit tellement sur le respect & l'obéissance de son fils, qu'elle s'étoit contentée de dire de bouche ses dernières volontés à l'ami dont j'ai parlé, & qui l'assista à la mort. Son espérance n'a point été trompée. Il a satisfait à tout ce que sa mère avoit demandé de lui, quoiqu'il eût été parfaitement libre d'y manquer en justice.

Miss CHAMPETRE.

Je n'ai pas bien compris, ma Bonne, ce que vous nous avés dit sur la manière dont Madame *du Plessis* vit sa fille.

Madem. BONNE.

Plusieurs savans croyent que les âmes auroient entre elles une façon de se communiquer si la dissipation dans laquelle nous vivons, nous permettoit de nous appercevoir de cette puissance. Il est certain que dans le ciel nos âmes auront une communication entre elles : comment cela, Dieu le sait. Ce qu'il y a de certain, c'est qu'une âme n'ayant point de parties, ne peut être apperçue par aucun de nos sens.

Si donc Dieu a permis que cette Dame ait eû quelque rélation avec sa fille, ce ne peut être que d'entendement à entendement. Adieu, Mesdames! Notre leçon a été bien longue : il faut nous séparer.

CONVERSATION PARTICULIÉRE.

Madem. BONNE.   *Miss* CHAMPETRE.

Miss CHAMPETRE.

JE viens transportée de joye vous annoncer la plus heureuse nouvelle du monde. Rejouïsses-vous, ma Bonne! Il y a eû une fête dans le ciel.

Madem. BONNE.

Il faut en faire une sur la terre, Madame. Dieu, sans doute, a exaucé vos priéres par rapport à la conversion de votre époux.

Miss CHAMPETRE.

Ce ne sont pas aux miennes que Dieu a fait cette faveur; c'est sa compagne dans l'iniquité à qui, sans doute, il a bien voulu faire cette grace. La ferveur de sa conversion est telle, qu'elle peut éspérer d'être une des premiéres dans les royaumes des cieux.

Madem.

des **ADOLESCENTES.**

Madem. BONNE.

Vous me surprenés agréablement, ma chere. Faites-moi, je vous prie, le détail circonstancié d'un evenement si heureux.

Miss CHAMPETRE.

De tout mon cœur, ma Bonne; j'ai même besoin de vous le dire. Mon cœur est si plein de ma reconnoissance envers Dieu, que j'ai besoin de le décharger dans le vôtre : j'ai besoin encore que vous m'aidiés à le remercier. Je vous jure que dans mes transports de joye, je pourrois courir, ce me semble, tout l'Univers pour engager toutes les créatures à s'unir à moi.

Madem. BONNE.

Votre vive reconnoissance est encore une nouvelle grace de Dieu : il vous en a fait beaucoup, ma chere amie. Voyons comment il a conduit l'heureux évenement qui cause vos transports. Vous êtes vraiment hors de vous.

Miss CHAMPETRE.

Je suivis exactement vos conseils par rapport aux deux petites filles. Mon mari fut long-tems sans vouloir m'avouer qu'elles lui appartenoient : enfin, il me fit la moitié de la confidence, & convint qu'il en étoit le pere ; mais il me fit un roman tout du

TOM. IV.　　　R　　　mieux

mieux arrangé qu'il pût, pour me prouver qu'il les avoit eû d'une personne qui étoit morte depuis long-tems. Je lui laissai le plaisir de croire qu'il m'avoit trompé : cela servit même à mes desseins, car il n'avoit plus de prétexte pour me refuser l'entiére disposition de ces enfans qui ne dépendoient que de lui, puisqu'il m'assûroit qu'elles n'avoient plus de mère. Aussi-tôt je les fis habiller fort proprement, ce qui charma tellement la femme de charge qu'elle commença à devenir beaucoup plus civile à mon égard. Je caressai beaucoup les enfans, ce qui joint à l'habit neuf que je leur avois donné, me gagna absolument leur cœur. Je vous ai dit, ma Bonne, que ces deux petites étoient si méchantes que personne ne pouvoit les souffrir ; en vérité, leurs défauts étoient étrangers à leur caractère : elles l'ont excellent, & il arriva qu'après avoir commencé avec une horrible répugnance, elles m'attachèrent tellement qu'au bout d'un mois j'aurois beaucoup souffert si on me les avoit ôté.

Madem. BONNE.

Nous devons nous instruire mutuëllement, ma chère, & j'ai besoin d'accumuler les modèles des bonnes méthodes. Dites-moi, je vous prie, ma chère, comment vous
vous

vous y êtes prise pour corriger ces enfans, & tirer parti de leur heureux naturel?

Miss CHAMPETRE.

J'avois remarqué que la femme de charge qui les autorisoit à faire tout le mal qui convenoit à ses goûts particuliers, les contraignoit misérablement dans des bagatelles indifférentes. J'ai accordé toutes ces bagatelles, ce qui a transporté de joye ces petites créatures. Ensuite j'ai parlé à leur raison; je les ai convaincu qu'il étoit plus agréable pour elles de gagner l'amitié de toute la famille que d'en être détestées. Ces enfans étoient une cire molle: j'ai observé de ne les pas quitter de vûë un moment, & de leur donner bon exemple. Quand elles ont vû que je parlois honnêtement aux domestiques, elles ont pris mon ton. Ceux-ci qui étoient accoûtumés à n'en recevoir que des grossiéretés, ont été si surpris de ce changement, qu'il n'étoit question d'autre chose dans la maison. C'étoit l'entretien des repas: la mère enchantée des louanges qu'on donnoit à ses enfans, les leur rapportoit. Cela encourageoit les petites à bienfaire; je leur faisois remarquer combien il y a de plaisir à être aimées. Le bouteillier acheta de la toile pour se faire des chemises; je dis que je voulois y travailler : aussi-tôt mes petites briguent le plaisir de m'aider dans cet ouvrage. Cet homme qui voit avec quelle ardeur elles travaillent, leur apporte un nid d'oiseaux, un joli petit liévre, des fleurs. A châque présent je dis : voilà ce que c'est d'être bonnes ; on a tout ce qu'on veut. Une de nos servantes tomba malade : je lui portois les bouillons ; mes petites filles voulurent le faire aussi. Je me mettois à genoux avant d'entrer dans la chambre de cette fille ; je faisois un acte de foi comme quoi c'étoit à Jésus que j'allois rendre ce service. Mes enfans ont si bien pris cette foi, qu'elles saluent les pauvres qu'elles rencontrent, & disent à ceux qui s'en étonnent : c'est à Jésus que nous faisons cette révérence. Nous avions jetté tous les chiffons de marly que nous faisions, & nous ne travaillions plus qu'à faire du linge pour les pauvres du village. Cela étoit bien dur pour leurs petits doigts : elles s'en plaignirent. Je leur fis voir une image de Jésus crucifié, & leur appris que c'étoit pour elles qu'il avoit eû les mains percées de gros cloud. Elles touchèrent ces clouds, (car mon image étoit en relief,) se récrièrent sur la douleur que le bon Jésus avoit soufferte, & tout de suite l'ainée dit : cela toit bien plus dur que de la grosse toile.

Allons,

Allons, ma sœur ! travaillons pour Jésus cette grosse toile : puisqu'il a bien voulû avoir les mains clouées pour nous, nous pouvons bien avoir les doigts rouges pour lui.

Madem. BONNE.

Si on fait cela, ma chere, on dira que je vous ai gâtée, que je vous ai rendu papiste, idolâtre ; car ces deux mots sont synonymes à Londres. Comment ! osés-vous avoir un crucifix ?

Miss CHAMPETRE.

J'ai bien le portrait de mon pere, & de ma mere que je regarde avec bien du plaisir. Certainement, je n'adore pas mon crucifix, ni mes petites non plus ; nous savons fort bien que ce n'est que du bois qui n'a aucune divinité, ni aucune vertu ; mais mes enfans m'ont convaincu de l'utilité de ce moyen extérieur. Vingt discours que je leur avois fait sur la passion de Jésus-Christ, ont moins fait impression sur leur cerveau que cette image. Nous ne la regardons que comme un tableau historique propre à nous rappeller le trait de l'histoire sainte auquel il a rapport, & à fixer notre esprit par nos sens ; & pour empêcher ces enfans de se fixer tellement à cette copie qu'elles en oublient l'original, je fais avec elles des actes de foi en difant : je crois fermement que Jéfus qui eft actuëllement glorieux dans le ciel, a été crucifié pour moi fur la terre, comme ce tableau me le repréfente. Au refte, ma Bonne, j'ai vû un grand nombre de perfonnes de bon fens revenues du préjugé qu'on avoit contre vous à ce fujet. On fait bien que vous avés en horreur l'adoration des images, qui ne font pour vous qu'un fouvenir. N'avons-nous pas dans plufieurs de nos églifes un tableau de la Ste. *Céne?* Si c'étoit un crime, notre églife ne le permettroit pas.

Madem. BONNE.

Et que difoit la femme de charge en voyant tout cela ?

Mifs CHAMPETRE.

Cette pauvre créature n'avoit pas la moindre idée de réligion. Je la priai de venir dans ma chambre pour admirer les progrès des enfans. Elles répétoient le Saint Evangile en fa préfence ; j'y ajoûtois mes reflexions, & j'avois fouvent le plaifir de voir qu'elle étoit touchée jufqu'aux larmes. Elle tomba malade d'une efpéce de gale qui dégénéra en ulcére : je voulus moi-même la panfer. Je fûs bien furprife de la voir tomber à mes genoux en me difant
qu'elle

qu'elle étoit une misérable qui ne méritoit pas mes bontés. La présence de ses enfans ne lui permettant pas d'en dire d'avantage, elle me pria de les faire retirer, & en vérité, elle me fit une confession générale avec un cœur si pénétré de douleur, que je ne pûs m'empêcher de mêler mes larmes avec les siennes.

Madem. BONNE.

Et que sentiés-vous dans ce moment, ma chère ? Etiés-vous payée des violences que vous vous étiés faites ?

Miss CHAMPETRE.

Ah, ma Bonne ! mon cœur nageoit dans une joye si pure, que les termes me manquent pour m'exprimer. J'ai goûté ce que l'on appelle des plaisirs dans le monde. Quelle comparaison ! Ce sont de vrayes amertumes au prix de celui-là. Si nos Dames qui courent après le bonheur, & qui croyent le rencontrer dans les bals, les assemblées, pouvoient avoir goûté la milliéme partie de la satisfaction que je goûtai alors, elles renonceroient à tout pour se procurer celle-là. Pour moi, ma Bonne, je vous l'avoue, les plaisirs du monde ne me feront plus rien : m'en voilà dégoûtée pour jamais ; on n'en trouve de réels qu'en servant Dieu.

Madem.

Madem. BONNE.

Oui, ma chère; cependant, il ne récompense pas toûjours en cette vie d'une maniére aussi sensible ce que l'on fait pour lui. Souvent l'ingratitude, l'endurcissement des pauvres & des pécheurs, donnent un grand exercice à la foi : il faut qu'elle soit bien vive pour continuer à bienfaire sans être payée par l'ombre du succès. Et que disoit votre époux de tout cela ?

Miss CHAMPETRE.

Il étoit absent depuis un mois, il fut dans un étonnement inconcevable de voir le changement qui s'étoit fait dans sa maison. La priére publique, de bonnes lectures, le catéchisme s'y faisoient tous les jours dans la chambre de la femme de charge qui étoit au lit parceque son mal étoit à la jambe. Il crût d'abord que la nécessité seule la forçoit à supporter ces exercices qu'il supposoit très-ennuyeux, & me dit qu'il y avoit de la cruauté à y assujettir cette malheureuse. (Ce fût son terme). Je le priai de la voir, & lui promis de ne la pas gêner si elle le trouvoit mauvais. Ce fût par-là qu'il débuta en entrant dans sa chambre. Ah, Monsieur ! s'écria-t-elle, n'aurés-vous pas dégoûté Madame, de venir ici nous instruire ? Hélas ! ce seroit me priver de mon unique

satis-

satisfaction. J'avoue que je ne la mérite pas, & que connoissant tous mes crimes comme elle le fait, elle devroit m'avoir en horreur; mais sa charité a tout oublié, tout pardonné. Je vous jure, lui répondit mon époux, qu'elle ignore absolument tout ce qui s'est passé, & que je lui ai donné le change sur cet article. Elle a feint de vous croire, Monsieur, repliqua cette femme, mais certainement, vous ne l'avés pas trompé. Je dois lui rendre la justice qu'elle ne m'a jamais dit un seul mot qui pût me faire croire qu'elle me soupçonnât; mais lorsque je lui eûs fait l'aveu de tous mes crimes....

Et qui vous a porté à faire ce ridicule aveu? lui dit brusquement mon mari. Le désir de les réparer, répondit courageusement cette pécheresse pénitente. Les discours de Madame sur la religion m'avoient beaucoup ébranlé; mais quand je la vis à mes pieds panser un ulcére dont la vûë & la puanteur me font horreur à moi-même, cela me convainquit tout d'un coup de la vérité de la religion qu'elle enseignoit à mes enfans. Il n'y a que le secours de Dieu qui puisse faire faire de telles choses: je l'ai expérimenté par moi-même; j'en vois tous les jours des exemples chés vous. *Jeanne* la cuisinière qui se mettoit en colére cent fois par jour, est douce comme un mouton, demande excuse quand elle a brusqué quelqu'un, & ne boit que de l'eau à son dîner quand elle s'est fâchée tout à fait. Votre *Stoure* ne joue plus: votre grand-laquais ne s'est pas enyvré une seule fois depuis trois semaines. Au lieu d'entendre l'écurie retentir de juremens & de blasphémes qui la faisoient ressembler à l'enfer, on y entend chanter des pseaumes. Voilà, Monsieur, le fruit de cette religion dont vous vous mocqués. Moi-même, vous me connoissés: vous savés que j'aimois les bons morceaux, les liqueurs; j'ai renoncé à tout cela avec une facilité qui m'étonne. Lorsque je suis tentée, je prie Dieu, comme Madame me l'a récommandé, & aussi-tôt je sens un courage, une force. Allés, Monsieur! vous deviés suivre notre exemple à tous, & écouter Madame.

Madem. BONNE.

Je suis surprise & édifiée du zéle de cette femme. Et que lui répondit votre époux? Fût-il touché?

Miss CHAMPETRE.

Non encore, ma Bonne; il ne fût qu'étourdi de tout ce qu'il entendoit. Je le vis rêveur le reste du tems que nous passâmes à la campagne: il avoit de longues con-

conférences avec cette femme, & lui avoit fait jurer de ne m'en point parler. Enfin, il me l'envoya hier, & me fit prier de l'attendre dans la falle du jardin où il vouloit me voir feule.

Madem. BONNE.

Je vois bien que vous êtes devenue Miffionnaire, ma chère amie : ferés-vous auffi médecin par hafard ? Vous me dites qu'elle vint vous avertir ; je la croyois à la campagne étendue dans fon lit : auriés-vous fait cette guérifon ou ce miracle ?

Miss CHAMPETRE.

Vous me faites trop d'honneur, ma Bonne ; je ne fuis pas capable ni de l'un ni de l'autre. C'eft la diète qui a eû la gloire de cette cure. Cette femme avoit occafionné fon mal par la gourmandife & les liqueurs fortes. Le retranchement de ces deux caufes a détruit l'effet. Il eft vrai qu'elle un peu maigrie : elle s'en félicite, & dit gaiement qu'elle efpére maigrir d'avantage. Elle m'a prié de nous fuivre en ville de crainte de tout gâter en mon abfence ; j'ai auffi amené les deux petites que je vous préfenterai demain.

Madem. BONNE.

Je les verrai avec plaifir, ma chère ;
mais

mais achevés, je vous prie, de me dire tout ce qui concerne votre époux.

Miss CHAMPETRE.

Je le trouvai dans une agitation extraordinaire. Il m'avoua qu'il étoit parfaitement convaincu non seulement de l'existence de Dieu, mais encore de la vérité de la religion chrêtienne, par son excellence, sa pureté, & les admirables effets qu'elle produit. Notre femme de charge, par des discours simples pris dans la nature, & surtout par ses bons exemples, a plus fait, que tous les Docteurs ensemble, & Dieu a fait voir en cette occasion, comme en cent autres, qu'il sait employer les moyens les plus foibles pour opérer les plus grandes choses. Il ne me reste plus qu'à bénir Dieu, qu'à le prier de me donner le courage de pratiquer le bien; car je sens que le bon exemple que je donnerai, est seul capable de soûtenir la piété dans ma famille. Mon mari me laisse la maîtresse de régler mes occupations à mon gré, & j'en vais profiter pour renoncer absolument à tout ce qui pourroit me distraire de mes devoirs.

Lettre

Lettre de l'Auteur à ses Ecolières.

MESDAMES, après vous avoir recommandé si souvent la soumission aux ordres de la sage providence, il ne me reste plus qu'à pratiquer avec vous les leçons que nous avons prises à cet égard. Si je n'eusse consulté que l'affection que je vous porte, j'eusse fini au milieu de vous une vie que je vous avois consacrée ; mais Dieu me déclare sa volonté par une santé si languissante qu'il ne m'est plus possible de continuer nos exercices. Je vous deviens inutile ici, & le juste soin que je dois avoir de ma vie, m'engage à chercher un remède dans le changement de climat. Il faut donc nous séparer au moins pour plusieurs années, & Dieu sait seul le moment de notre réunion. Peut-être ne nous reverrons nous plus en cette vie, ou par votre mort, ou par la mienne. Tâchons que notre amitié qui n'a été qu'ébauchée dans ce monde, puisse continuer dans l'autre. Je vous ai fait tout le bien qui a été en mon pouvoir ; il m'en restoit un plus grand à vous faire : la disposition des choses ne me l'a pas permis, & je vous remets à cet égard entre les mains de la misé-

miséricorde de Dieu. Soyés fidéles à sa grace ; faites profiter le talent que vous avés reçu, & vous en aurés un autre par dessus. Si Dieu exauce mes priéres, il vous accordera, Mesdames, tout ce qui vous est nécessaire pour votre salut ; je le lui demande avec larmes tous les jours de ma vie. Je vous porte toutes dans mon cœur, & je prens à temoin ce même Dieu, que la perte de ma vie, de mes biens, de ma réputation, & du peu de santé dont je jouis encore, me paroîtroit une bagatelle si elle pouvoit vous conduire à Dieu ; mais quoique vous me soyés toutes chères, il en est quelqu'unes qui paroissent me toucher de plus près. Je ne les nommerai pas : elles pourront se reconnoître, & cela me suffit.

Il en est une qui me disoit deux jours avant mon départ, qu'elle aimeroit mieux mourir que d'offenser Dieu, & qu'avant d'aller dans les assemblées, elle lui demandoit avec instance de la préserver du péché ; qu'elle se souvienne que Dieu ne s'est point engagé à faire un miracle pour la retirer des occasions dangéreuses où elle se précipitera : tels sont les bals, les spectacles, en un mot, tous les lieux où elle pourroit être en danger de pécher.

Celle

Celle à qui Dieu a donné le courage de lui faire la prière du père de famille, doit chercher dans la prière la force de sacrifier les amusemens frivoles, ne jamais se décourager de ses fautes, mais s'en relever tout de suite en demandant pardon à Dieu, & n'y plus penser que pour s'en humilier devant lui. Elle doit se regarder comme chargée de rendre la vertu, les grandes vertus mêmes agréables à son époux, puisque Dieu l'a favorisée d'un mari qui aime vraiment le bien.

Miss *Champêtre* doit travailler à se purger des préjugés en tout genre. Dieu l'a avantagée d'un esprit supérieur & des occasions de sacrifices heroïques. Son esprit est fait pour le vrai, son cœur pour le bon ; qu'elle prenne bien garde à ne pas laisser inutiles ces talens reçus.

Enfin, la fille de mon cœur, celle qui m'a vû repandre si souvent sur elle des larmes améres, doit se souvenir qu'il n'y a point de milieu pour elle entre les grands vices ou les grands vertus. Il faut nécessairement qu'elle devienne une grande Sainte ou une reprouvée. Je lui prédis les plus grands malheurs dès cette vie, si elle ne correspond pas à l'éducation qu'elle a reçue, aux lumiéres vives que Dieu lui a don-

données. Son cœur tourmenté par les passions, déchiré par les remords, subira dès ce monde les peines de ses infidélités.

Lady *Sincère*, vous m'avés abandonné ; mais je ne vous oublierai jamais. Vous aimés le monde ; que vous en restera-t-il au moment de la mort ? le regret & le déseſpoir, une pauvreté affreuse pour l'autre vie, & des tourmens qui n'auront jamais de fin.

Je ne puis dire ce que je souhaiterois à celles qui pourroient être reconnues ; mais dans ma retraite je tâcherai d'être utile à toutes. Je prierai pour elles. Je consacre ma plume à ne jamais écrire que pour leur instruction. L'Angleterre me sera toûjours chère, & les Angloiſes l'objet de mon zéle. Qu'elles se souviennent qu'au jour du jugement nous serons jugées, moi sur ce que je leur aurai dit, & elles sur ce qu'elles auront entendu.

FIN

APPROBATION DU CENSEUR ROYAL.

J'AI LU par ordre de Monseigneur le Chancelier, un Ouvrage ayant pour titre : *Instructions pour les jeunes Dames qui entrent dans le monde, &c.* Et je crois qu'on peut en permettre le débit : à Paris le 19 Avril 1764.

Signé, L'ABBÉ GRAVES.

PERMISSION.

LOUIS, par la grace de Dieu, Roi de France & de Navare : A nos amés & féaux Conseillers, les Gens tenans nos Cours de Parlement, Maîtres des Requêtes ordinaires de notre Hôtel, Grand Conseil, Prévôt de Paris, Baillifs, Sénéchaux, leurs Lieutenans Civils, & autres nos Justiciers qu'il appartiendra, SALUT. Nos Amés JEAN DESAINT, l'Aîné, & CHARLES SAILLANT Libraires à Paris, Nous ont fait exposer qu'ils désireroient faire imprimer & donner au Public, un ouvrage qui a pour titre : *Instructions pour les jeunes Dames qui entrent dans le monde, &c.* S'il Nous plaisoit leur accorder nos Lettres de Permission pour ce nécessaires ; A CES CAUSES, voulant favorablement traiter les exposans, Nous leur avons permis & permettons par ces Présentes, de faire imprimer ledit Ouvrage, autant de fois que bon leur semblera, & de le vendre, faire vendre & débiter par tout notre Royaume, pendant le tems de *trois* années consécutives, à compter du jour de la date des Présentes. Faisons défenses à tous Imprimeurs, Libraires & autres personnes, de quelques qualité & condition qu'elles soient, d'en introduire d'impression étrangère dans aucun lieu de notre obéissance : A la charge que ces Présentes seront enregistrées tout au long sur le Regiftre de la Communauté des Imprimeurs & Libraires de Paris, dans trois mois de la date d'icelles ; que l'impression dudit Ouvrage sera faite dans notre Royaume & non ailleurs, en bon papier & beaux caractères, conformément à la feuille imprimée attachée pour modéle sous le contrefcel des Présentes ; que les Impétrants se conformeront en tout aux réglemens de la Librairie, & notamment à celui du 10 Avril 1725 ; qu'avant de l'exposer en vente, le manuscrit qui aura servi de copie à l'impression dudit Ouvrage, sera remis dans le même état où l'Approbation y aura été donnée, ès mains de notre très-cher & féal Chevalier Chancelier de France, le sieur DE LA MOIGNON, & qu'il en sera ensuite remis deux Exemplaires dans notre Bibliothéque publique, un dans celle de notre Château du Louvre, un dans celle dudit fieur DE LA MOIGNON & un dans celle de notre très-cher & féal Chevalier, Vice-Chancelier & Garde des Sceaux de France, le fieur DE MAUPEOU, le tout à peine de nullité des Préfentes : du contenu defquelles vous mandons & enjoignons de faire jouir lefdits Expofants & leurs ayans caufe, pleinement & paifiblement, fans fouffrir qu'il leur foit fait aucun trouble ou empêchement. Voulons qu'à la Copie des Préfentes, qui fera imprimée tout au long, au commencement ou à la fin dudit Ouvrage, foi foit ajoutée comme à l'original. Commandons au premier notre Huiffier ou Sergent fur ce requis, de faire, pour l'exécution d'icelles, tous Actes requis & néceffaires, fans demander autre permiffion, & non-obftant Clameur de Haro, Charte Normande & Lettres à ce contraire : CAR tel eft notre plaifir : DONNÉ à Paris le vingt-troifiéme jour du mois de Mai, l'an de Grace mil fept cent foixante-quatre, & de notre Régne le quarante-neuviéme : Par le Roi en fon Confeil :

Signé, LEBÉGUE.

Regiftré fur le Regiftre XVI, de la Chambre Royale & Syndicale des Libraires & Imprimeurs de Paris, N° 184, Folio 39, conformément au Réglement de 1723 : A Paris ce 30 Mai 1764.

Signé, LE BRETON, *Syndic.*

www.ingramcontent.com/pod-product-compliance
Lightning Source LLC
Chambersburg PA
CBHW052119230426
43671CB00009B/1047